U0894916

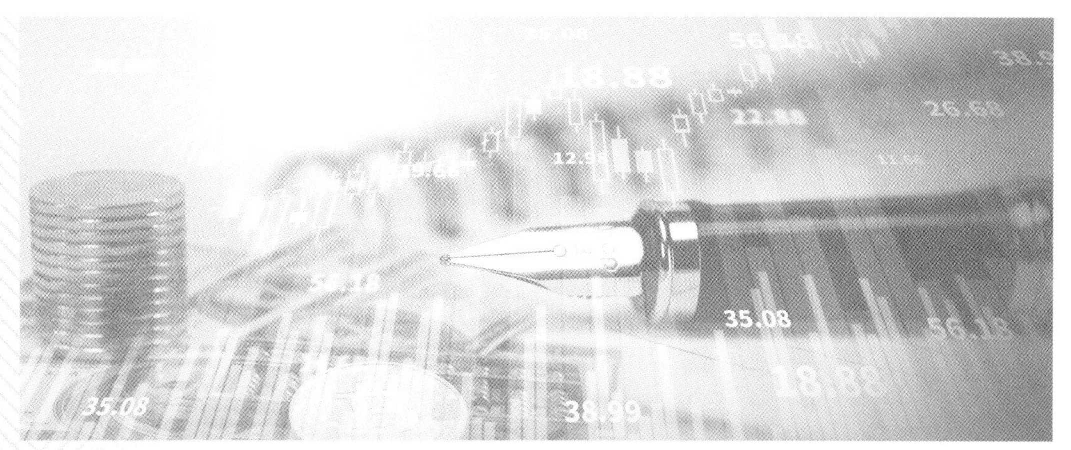

Research on China's Foreign Exchange Reserve Management
—Based on the Economic Analysis of Investment in US Treasury Bonds

中国外汇储备管理研究

——基于美债投资的经济学分析

郭德友 ／著

中国财经出版传媒集团
经济科学出版社
Economic Science Press

图书在版编目（CIP）数据

中国外汇储备管理研究：基于美债投资的经济学分析/郭德友著.—北京：经济科学出版社，2021.2
ISBN 978-7-5218-2362-2

Ⅰ.①中…　Ⅱ.①郭…　Ⅲ.①外汇储备-研究-中国
Ⅳ.①F822.2

中国版本图书馆CIP数据核字（2021）第026019号

责任编辑：杜　鹏　刘　悦
责任校对：王肖楠
责任印制：王世伟

中国外汇储备管理研究
——基于美债投资的经济学分析
郭德友　著
经济科学出版社出版、发行　新华书店经销
社址：北京市海淀区阜成路甲28号　邮编：100142
编辑部电话：010-88191441　发行部电话：010-88191522
网址：www.esp.com.cn
电子邮箱：esp_bj@163.com
天猫网店：经济科学出版社旗舰店
网址：http://jjkxcbs.tmall.com
固安华明印业有限公司印装
710×1000　16开　14.5印张　230000字
2021年7月第1版　2021年7月第1次印刷
ISBN 978-7-5218-2362-2　定价：76.00元

前　言

1978年党的十一届三中全会的召开，标志着中国迈入了以经济发展为中心的高速成长之路。随后的40年间，中国年均国内生产总值（GDP）的实际增长率到达9.4%，居于全球首位。从1993年的中等偏下收入国家，到2009年的中等偏上收入国家，再到2019年至今连续两年人均GDP突破1万美元，中国在改革开放的道路上乘风破浪、奋勇前行。正是在这期间，我们依靠对外经济的飞速发展和多边合作的不断深化积累了大量的主权财富——外汇储备：2006年超越日本成为全球第一大外汇储备国，2011年后外汇储备余额稳定在3万亿美元以上。庞大的外汇储备为中国进一步加强国际经济合作、展现中国特色社会主义市场经济的魅力奠定了坚实的财富基础。“一带一路”的不断发展、亚投行的全球号召力无不彰显出中国在纷繁复杂的世界经济中的突出影响与能力。

然而，任何经济体在其发展腾飞的道路上都面临着诸多选择与难题。恰如2007年次贷危机的爆发给我们如何面对国际金融市场的肆意生长和如何更加合理地管理巨额外汇储备提出了前所未有的挑战。虽然次贷危机源于商业信贷体系的失调，但其破坏力的展现以及影响范围的蔓延无不令我们深感忧虑。西方各国央行纷纷向市场注资，希望一举翻盘。但事与愿违，注资并未改变各国经济的运行轨迹，一时间全球金融资产的贬值速度超过以往任何年代。对于中国而言，这是改革开放以来第一次感受到持有大量外汇储备、投资他国债券存在巨大的资本损失风险。

如果说金融危机还无法撼动我们对投资美元、欧元债券的信心与选择，那么随着逆全球化思潮的抬头，中国外汇储备管理的脚步很快便走到了又一个十字路口。

2020 年，突如其来的非经济因素使全球经济遭受了沉痛打击。为了尽快企稳经济，美国寄希望于通过进一步实施量化宽松的货币政策扭转形势。截至 2020 年底，美国国债余额已突破 28 万亿美元，联邦政府财政赤字也达到 3.1 万亿美元。而当年美国 GDP 增速仅为 -3.5%，略好于英国、意大利等国家，且美元兑人民币的汇率水平在年内贬值超过 8%。

与西方国家形成鲜明对比的是，虽然 2020 年的国际经济环境不甚理想，但是，中国各族人民在以习近平同志为核心的党中央领导下，众志成城、攻坚克难，既成功取得了脱贫攻坚的决定性胜利，更是在全球经济下行的窗口期向世界展示了中国人民的伟大，使中国成为 2020 年全球唯一实现经济正增长的大型经济体，帮助世界人民稳定了经济复苏的信心。

与此同时，2020 年初的美股暴跌、石油价格危机以及不断攀升的美国政府债券余额让各国政府清醒地认识到一个重要课题：美元资产作为 20 世纪以来最为重要的储备资产是否还能够被信任。而对于中国来说，最为凸显的矛盾则是：大量持有美元债券是否会给主权财富的积累以及国内经济带来负面作用？更进一步，如果存在负面作用，那么中国外汇储备投资的方向将何去何从？

诚然，学术界对上述问题在短时期内还无法给出精准的答案，但令人振幅的是，中国正在努力降低对美元的依赖并加快去美元化进程：人民币国际化在向纵深发展，人民币汇率弹性空间增大，“一带一路”充分带动了友好国家的经济发展，数字货币已经进入实验阶段……所有这些努力都能促进中国外汇储备的积累和投资更加趋于科学化、合理化。

笔者相信，随着中国经济发展和金融改革的不断深入，无论是中国的金融体系，还是中国的外汇储备管理，都将在全世界舞动出中国特色社会主义市场经济的优雅与美丽，也必将推动早日实现中华民族的伟大复兴！

郭德友

2021 年 1 月

Contents

目录

第 1 章
绪　　论

1.1　研究的背景、目的

1.1.1　研究背景

外汇储备是一国国际储备的重要组成部分。它既能代表一国的国际清偿能力，也可用以稳定该国汇率水平、抵御外部经济的冲击。正是因为外汇储备具有如此重要的功能与作用，以特里芬、克拉克、阿科沃尔等为代表的经济学家，先后对外汇储备的需求因素、规模适度性的判断、储备货币的币种结构以及资产选择等问题进行了深入的探讨，并逐步形成了较为完备的外汇储备管理的理论体系。

1997 年亚洲金融危机爆发后，各国应对外部经济冲击的政策安排与实施效果充分凸显了外汇储备给一国国家经济遭受外部侵袭时起到的缓冲作用。同时，这也进一步激发了新兴市场与发展中国家对外汇储备积累的兴趣。在之后的数年间，以亚洲地区国家为代表的新兴市场和发展中国家迅速积累起规模庞大的外汇储备资产。中国便是其中的佼佼者。2000 年以后，中国[①]以年均33%[②]以上的外汇储备增长率，至2006年一举超越日本成为全球最大的外汇储备国。

与此同时，美国财政部国际资本系统（TIC）于2001年开始定期公布外国投资者对美元有价证券的持有情况。起初，该数据系统所公布的中国投资美元债券的情况并未引起我国学者的关注。但是，伴随着中国的外汇储备规模先后突破1万亿美元、2万亿美元，乃至近4万亿美元，我国持续积累的美国国债（treasury-securities）[③] 规模也在不断增加。因此，学者们逐渐加大了对中国投资美国国债的研究力度。特别是2007年后，美国次贷危机的爆发以及美国量化宽松货币政策推出，将美元资产的投资前景推向了一个令人担忧的境地。然而，在欧债危机没能被彻底解决前，中国购买美国国债似乎又成为一种不得已而为之的次优行为。这就使中国最多持有超过1.3万亿元美国国债的现实成了学者们争相研究的话题。

引发本书对上述经济行为进一步深思的现实是，伴随全球双边贸易摩擦的加剧以及2020年全球新冠肺炎的暴发，美国加深了中美两国贸易壁垒以及货币政策空间的不确定性。美国在近来更是毫无顾忌地引入无限QE，使美国国债的发行以及交易成为各国主权财富投资的争论焦点。大量美国国债以及美元有价证券的发行，使中国动用外汇储备投资美债的行为面临巨大的信用风险以及主权财富流失风险。虽然我国在过去5年不断降低投资美债的规模，但是截至2020年1月，该数字依然超过1万亿美元，位居全球第二。

另外，美元兑人民币汇率在过去同一时期内表现出强劲的升值态势，并且美元指数也表现出稳步上升的趋势。这既增加了我国的出口成本、影响国际收支平衡表经常项目净值的变化，又反过来提升了我国所持有的美元资产的全球购买力水平。

上述诸多局面的出现，使我国在讨论如何配置美国国债比例时产生了目标冲突：美元流动性过剩会使美元信用体系甚至美国主权信用遭到破坏（穆迪下调美国主权信用评级已经证实此种担忧），进而使我国持有的美国国债面

① 本书中所述中国外汇储备规模专指中国大陆省份的统计数据，未含港澳台地区。

② 笔者根据中国人民银行官网相关数计算得到。

③ 美国国债包括美国财政部发行的bond、bill和note，统称treasury securities，简称T-securities。

临到期能否被顺利兑付的风险；同时，汇率波动又会从资产选择角度刺激我国进一步增持美国国债。因此，在此背景下，如何配置我国外汇储备的币种以及美元资产的比例已然成为一个更加紧迫的研究内容。

目前我国学者关于中国投资美国国债的相关研究多是考察该投资行为的成本与收益问题，而相对缺少对投资美国国债可能带来的其他经济影响进行更为深入的分析，也较少进行政府间财富转移的探讨。面对美元从贬值到升值，以及美国国债违约风险的上升（美国国内已出现拒绝偿还我国美债本金的声音，值得忧虑），仅仅从成本—收益角度思考我国投资美国国债的效果是不够的。另外，从外汇储备投资管理的角度出发，如何在管理好规模庞大的美国国债的基础上完善中国的外汇储备投资管理体系也是当前我们必须要处理好的问题。因此，所有这些都促使我们需要进一步深化对中国投资美国国债行为的探究。

1.1.2 研究目的与意义

1.1.2.1 研究目的

中国的巨额外汇储备已给我国经济带来了诸多影响，有积极的，也有消极的。但是，近几年学者们对其中动用外汇储备投资美国国债的研究还处于起步阶段。无论从研究方法上，还是从研究结论上，都远未达到对我国外汇储备需求与规模研究的深度。而从美元的现实表现和美国量化宽松货币政策的实施角度来看，对我国投资美国国债行为的研究非常重要。

（1）从新的视角认识中国投资美国国债的成本。当前学者们的研究主要是从投资美国国债的成本与收益角度展开讨论的。这种研究方法易于理解，但不够深入，没有解释中国投资美国国债的行为对中美两国政府具有何种经济含义。更为重要的是，既有文献成果并未形成一个研究美国国债投资的理论框架，缺少经济学分析。这就需要我们逐步对其进行完善与补充，以期利用多种研究方法与分析框架，从不同角度理解、阐释中国投资美国国债的行为。

（2）探究投资美国国债给中国经济带来的影响。中国因持有外汇储备所带来的经济影响，特别是外汇占款对通货膨胀水平上涨的拉动作用已经被很多学者论述与检验。但是尚未有学者专门就投资美国国债对中国宏观经济的影响展开过讨论，也没有学者将通货膨胀的国际专递与投资他国国债的行为进行挂钩。因此，本书试图从一个较为新颖的角度探究投资美国国债给中国带来的经济影响。

（3）完善中国的外汇储备投资管理体系，针对中国投资美国国债行为提出相应的政策建议。既有研究成果多是从外汇储备的持有成本、投资收益等角度入手建议我国应对外汇储备进行多元化、分散化投资。而本书所做研究的最终目的则是在此基础上，立足 2020 年以来我国面临的纷繁复杂的国际经济形势，提出具有针对性的外汇储备投资管理对策，从而完善现有的外汇储备管理体系。

1.1.2.2 研究意义

（1）理论意义。全书是从一个全新的视角研究中国外汇储备投资管理问题。一方面，借助机会成本铸币税的原理，以政府预算约束为出发点，通过理论模型推导得到中国投资美国国债所支付的一种成本所具有现实的经济内涵；另一方面，本书通过构建代表性个人投资他国债券的消费效用最大化模型，探究了投资美国国债对中国通货膨胀的影响。这些都为研究中国投资美国国债的行为提供了新的思考路径与理论框架。

（2）现实意义。外币债券是外汇储备资产中重要的组成部分，而美国国债又因美元在全球货币体系中的重要地位成为当前国际储备体系中的代表性资产。目前在我国的外汇储备中，可观测到的美国国债超过 1.07 万亿美元，占美国全部在外国债的 15.99%。因此，对投资美国国债的研究是当前外汇储备管理研究中最重要的现实问题之一。同时，投资管理在外汇储备管理体系中又是最具操作意义的。无论我们对外汇储备需求、规模进行何种讨论，最终的落脚点都会回到站在如何使用好、管理好外汇储备资产上。因此，在美国开启“无限规模”量化宽松的货币政策背景下，深入理解、分析投资美国国债对中国经济的影响并由此获得的具有可操作性的外汇储备管理的政策空间就显得更具现实意义。

1.2 本书的研究思路

1.2.1 既有文献研究的不足

现有关于中国投资美国国债的研究多为基于成本—收益分析的研究框架，是对投资美国国债所产生的资本损益进行的估算，从而观察由此给中国带来的影响。它是较为传统的外汇储备管理研究方法之一。其最大的优点在于直观、易于理解。但是，这种传统的研究思路也存在以下两个方面的不足。

1.2.1.1 研究视角尚不全面

投资美国国债的成本—收益分析没能指出中国投资美国国债时的成本是否对于美国来说具有一定的现实意义。或者说，现有的相关讨论多是站在中国自身的角度观察投资过程中所获得的收益与付出的成本，鲜有论及投资过程中对美国经济带来的影响。所以在研究中国投资美国国债时，能否寻找一个较新的视角，丰富现有的研究体系便成了本书所关注与思考的出发点。

1.2.1.2 成本—收益分析中对“成本”的界定不尽相同

很多学者都对投资美国国债所面临的成本进行了研究。这其中既有资本投资的机会成本，也有金融资产价格波动引发的资本价值变动，还有一些学者考虑了汇率波动带来的成本损失。虽然学者们关于成本的研究比较丰富，但是视角较为分散，没有集中论述投资美国国债对中国经济的影响。那么，如果对这种成本分析进行扩展，我们是否可以逐步形成类似对外汇储备诸多效应（如外汇储备对通货膨胀的影响等）研究的研究框架呢？这也成为我们试图有所突破的切入点之一。

因此，考虑到成本—收益分析的上述不足，仅仅是进行定量分析还不能完全满足我们进一步认识中国投资美国国债行为的需要。这就要求我们进一步扩展思路，在完善既有研究方法的基础上，寻找研究投资美国国债的新视角，从而为中国的外汇储备管理提出具备操作性与现实可能性的政策建议。

1.2.2 基本框架

本书研究思路框架如图 1.1 所示。

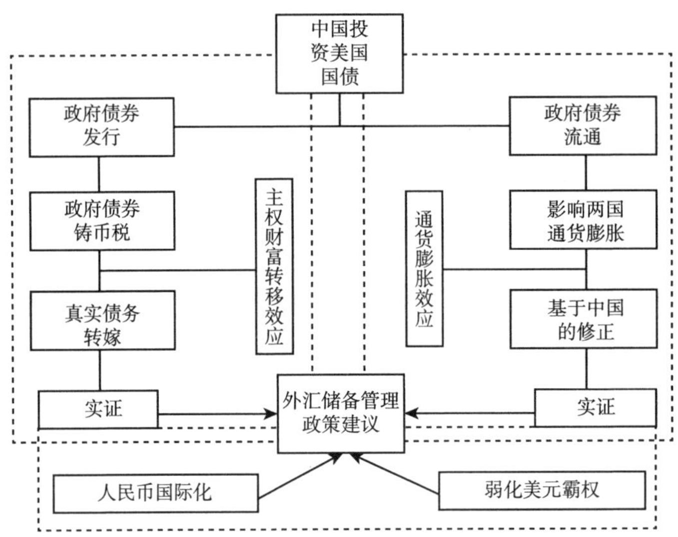

图 1.1 本书研究思路框架

资料来源：笔者编制。

本书是基于全球金融变迁的大背景，以中国投资的美国国债为切入点展开对外汇储备投资管理的探讨。全球经济的波动和美元汇率的起伏相继引发了我们对投资美国国债的收益、风险以及前景的担忧。而美国无限规模量化宽松货币政策的制定与实施更是加重了美元信用体系崩塌的预期，会对中国所持的巨额美元储备的整体价值产生了巨大冲击。鉴于此，笔者以中国所持有的巨额美国国债为研究对象，重点对该行为给中美两国带来的经济影响进行讨论，借此试图为中国的外汇储备管理提出一些能够适应美债投资的完善建议。

1.2.2.1　基于存在政府债券铸币税的分析视角

政府债券铸币税也称财政铸币税①，是指一国财政部门在发行债券过程中所获得的收益。虽然此种铸币税与货币发行铸币税一样，其计算方法尚未被学术界统一，但是不同学者已经对它的存在进行了较为详尽的阐述与证明。因此，我们有理由相信政府债券铸币税已经成为一国政府获取财富的一种路径，特别是当该债券出售给外国投资者时，该政府所获铸币税自然就成为该国的主权财富。与此同时，如果外国政府作为其中的投资者，那么后者由于投资前者发行的国债所支付的铸币税自然也就成了其主权财富的一种流失。

在这种思维逻辑下，中国投资美国国债的“主权财富转移效应”便应运而生。即中国投资美国国债时向美国政府支付的债券铸币税代表了中国主权财富的一部分转移到美国政府。这既是一种经济现象，同时也是对中国投资美国国债所担负成本的新的研究视角。

1.2.2.2　基于个人消费效用最大化的分析视角

政府发行债券除了可以获得铸币税收益外，是否会给其他国家带来经济影响呢？或者说，中国投资美国国债除了会发生主权财富转移效应外，是否还有其他经济效应的出现呢？我们对这个问题的思考先是源自外汇储备对中国通货膨胀的探讨。从货币数量论来看，外汇占款的增加势必会增加基础货币投放，进而造成物价水平的上涨（Khan，1976；Heller，1981；方先明等，2006）。可是由于中央银行持续性的采取公开市场操作，从结果上削弱了外汇储备形成的外汇占款对中国物价水平的影响，使外汇储备对我国通货膨胀的影响是有限的（高瞻，2010；李勇等，2011）。

进一步而言，因为美国国债是中国外汇储备的核心资产，那么对它的投资是否也会对物价水平造成影响呢？传统的货币数量论不能直接用来解释投资美国国债的经济行为，否则无异于对外汇储备与通货膨胀关系的重复探讨。

① Klein M，Neimann. Seigniorage：What is it and who gets？［J］. Weltwirtschaftliches Archiv，1990：205－221.

所以，本书试着从一个微观层面，通过个人的消费行为将政府债券在两国间的流动联结到一起，从而探究投资美国国债对中国物价水平的影响路径与影响效果。

1.2.3 研究路径

本书研究的切入点是对政府债券发行与流通中所产生的经济效应的关注。一方面，政府债券发行中会产生机会成本融资收益。这种收益从形式来看是与货币发行中的机会成本铸币税相类似的。所以也被学者们称为政府债券铸币税。另一方面，通过理论模型的推理，我们发现政府债券在被居民投资的过程中会对本国通货膨胀水平的上升产生拉动作用。这便使我们转而思考中国在投资美国国债的时候是否也会出现同样的经济效应。

基于政府债券在上述两个方面所产生的经济影响，我们得以将对投资美国国债行为的研究放入一个效应分析的框架之内。在此基础上，我们进一步提出了“主权财富转移效应”与“通货膨胀效应”。前者是指应为投资美国国债使中国需要向美国政府支付债券铸币税，从而形成了中国主权财富（外汇储备投资美国国债时的铸币税）转移到美国政府手中的现实。后者则是指投资美国国债给中国通货膨胀造成影响的经济效应。这就构成了全书以效应分析为研究主线的理论框架。

为了验证上述假设与模型分析，我们分别利用现实经济数据，对中国投资美国国债的两种效应进行了实证分析，得到了中国主权财富在过去几年的转移规模以及美国国债持有对中国通货膨胀上涨的影响路径。

1.2.4 研究的主要内容

全书共分为 12 个章节，分别从中国外汇储备规模与特点、美债投资的主权财富转移、美债投资的通货膨胀转移以及中国外储管理策略等方面进行探讨。

第 1 章是绪论。通过对目前国际经济环境的描述以及美国经济波动、美元先抑后扬的汇率现实的介绍，引申出本书所要研究的出发点、研究路径以及整体安排。

第 2 章系统性地对外汇储备管理的相关理论进行了梳理，分析了外汇储备管理的思维逻辑与理论体系架构，总结出目前外汇储备投资管理研究的主要内容与方法，为后面的研究提供了基本的理论依据。

第 3 章对国内外学者已开展的外汇储备管理研究及文献进行了回顾与总结，从而找出其中的研究不足，借以提出本书的研究初衷与研究视角，做到对全书的提纲挈领。

第 4 章系统地梳理了中国外汇储备规模增长的态势，从多个角度分析了中国外汇储备过剩的基本情况，并结合相关数据概括出造成中国持有高额外汇储备的原因。

第 5 章对中国投资的美国国债的规模、结构等做了详尽的描述与分析，并找出了中国投资美国国债的原因以及面临的金融风险，进而阐明了研究投资美国国债对中国经济影响的现实重要性。

第 6 章是核心章节之一。在这一章节，我们构建了两国之间的政府债券铸币税支付模型，提出了“主权财富转移效应”的概念。

第 7 章的实证研究中测算了中国在投资美国国债时支付的债券铸币税成本。

第 8 章从另一角度分析投资美国国债所产的经济影响，即通货膨胀效应。我们在此章节通过构建代表性个人消费效用最大化模型确认了此种效应的存在。

第 9 章对该模型进行了修正。

第 10 章详细观察了中国过去 40 年来通货膨胀的变化。

第 11 章细致探讨了中国外汇储备增长、投资美国国债与国内消费者物价指数（CPI）之间的联系。

第 12 章是全书的政策建议部分。这里我们结合前述各章节的研究结论，针对中国投资美国国债的双重效应，对中国外汇储备管理提出了完善对策，构建了一个多层次管理的外汇储备投资管理体系，并设想了推动人民国际化、应对美元风险的具体方法。

1.3 研究的方法与创新点

1.3.1 研究方法

1.3.1.1 理论与实际相结合

本书以外汇储备相关理论为依据，通过多个指标对外汇储备规模的适度性分析得出中国外汇储备过剩的基本现实。并在此基础上进一步以理论模型的推导及其结果为指导，实证研究了中国投资美国国债给中国产生的经济效应。

1.3.1.2 定性与定量分析相结合

本书通过政府预算约束模型的构建，定性分析了投资美国国债对中国经济具体影响，并以此为依托通过对大量数据的采集与测算，得到了能够被研究者直观对比的数据信息。并且对于通货膨胀效应的研究更是运用多种统计方法（OLS 估计与 VAR 模型等）加以研究，获得了较为充分的数学结果用以证实定性分析的结论。

1.3.1.3 宏观梳理与微观分析相结合

本书借助一系列宏观经济数据对中国外汇储备的规模、结构等特点进行了梳理与分析。而后对于中国投资美国国债的经济行为则是加入了代表性个人—政府的微观效用分析方法，从一个更为深入的角度建立起本书的理论模型与研究基点，为后面的实证研究提供了参考标准。

1.3.2 创新之处

1.3.2.1 延伸了研究中国投资美国国债的成本—收益分析方法

全书从政府债券在发行中存在铸币税的全新视角提出了“主权财富转移

效应”的概念，并量化了中国投资美国国债时所付出的铸币税成本。已有的诸多文献在分析中国投资美国国债的成本与收益的过程中，多是注意了其中货币收付特征，而没能指出伴随中国购买美国国债经济行为的出现，除了投资本身的成本与收益外是否对中美两国政府而言具有其他的更为现实的经济意义。本书则是通过理论模型的构建，发现了美国政府债券发行中存在铸币税收益，而这恰恰是中国投资美国国债时存在一种尚未被论及的经济成本，并认为这种铸币税的支付与获取的过程属于“主权财富转移效应”。

1.3.2.2 立足政府债券流通过程中给一国通货膨胀带来的影响，提出“通货膨胀效应”

通过“通货膨胀效应”考察中国投资美国国债过程中除去主权财富流失以外需要付出的其他经济成本，国内学者基于美债投资的研究多是单纯的成本—收益分析，而相对缺乏对其宏观经济影响的深入探讨。笔者则是将投资美国国债、外汇储备增长以及中国通货膨胀相联系，构建起代表性个人消费效用最大化分析的理论模型，试图找到投资美国国债对中国通货膨胀产生影响的经济路径。虽然研究结果表明该经济路径受阻于中国的外汇管理体制，但并不妨碍该路径存在的可能性。这为进一步拓宽有关投资美国国债研究的思考空间提供了有针对性的方向与视角。

1.3.2.3 提出基于投资美国国债行为的外汇储备管理完善建议

虽然既有文献已经对中国外汇储备的需求、规模适度性、币种结构优化以及资产配置均提出了建设性意见。但是鲜有立足于中国投资巨额美国国债的角度进行完善外汇储备投资管理的政策建议。因此，本书从外汇储备投资管理的体系构建、对储备资产的投资考核，以及外汇储备资产配置等方面提出了一系列外汇储备投资管理的完善建议，特别是在最后从货币替代的角度分析了中美贸易摩擦问题，并提出推动人民币国际化的行为路径。

第 2 章
外汇储备管理理论

对中国动用外汇储备投资美债行为的研究与讨论，要求我们理顺现有外汇储备管理的理论体系与主要内容，为深入探讨中国投资美国国债奠定坚实的理论基础。因此，本章作为全书的论述基点，将在梳理现有外汇储备管理理论体系的基础上，重点阐述外汇储备管理理论的主要内容。

2.1 外汇储备

2.1.1 国际储备

在开始界定外汇储备的概念之前，我们先要明确与理解一个概念，即国际储备。它是外汇储备赖以存在的前提，也是各国政府全部储备资产的总称。

2.1.1.1 国际储备的界定

国际储备（international reserves）是指一国官方持有的，用于国际收支、稳定汇率和作为对外偿债保证的国际间普遍接受的各种流动资产的总和，也称官方储备或自由储备。1965 年“十国集团[①]”将其定义为：各国货币当局占有的那些在国际收支出现逆差时可以直接或通过其他资产有保障的兑换性来支付该国汇率的所有资产。而国际货币基金组织（International Monetary Fund institution，IMF）则在其《国际收支手册》中指出，国际储备是中央当局实际直接有效控制的资产。

从上述概念界定中不难看出，一国的国际储备主要是指用来应对可能出现的外部经济失衡的储备资产的总和。它能充分展示该国在国际金融市场中的清偿能力。《新帕尔格雷夫经济学大辞典》中对“国际清偿力”的定义是：“一个国家的货币机构能用来弥补国际收支不平衡（当汇率固定时）或影响货币交换价值（当汇率浮动时）的资产储备，即国际清偿力，它包括有条件和无条件两种。前者是指借贷资金，一般只能在贷款者所规定的条件下获得；后者是指有关国家所拥有，并可独自使用的储备资产。”简而言之，国际清偿力是指一国能够应对国际收支失衡和外汇市场波动的能力。这种能力最终体现为该国所持有的国际储备资产的规模与质量以及在国际市场上（包括国际政府间）的资金借贷能力。

因此，国际储备是一国国际清偿力的重要组成部分。它一般会体现在一国中央银行的资产负债表中的资产项目内。这一点是与国际货币基金组织有关国际储备划分标准相一致的，即国际清偿力除包括国际储备的内容以外，还包括一国政府向外借款的能力。也可以说，国际储备狭义上是一国的国际清偿力，广义上还包括该国可以借入国际资金的潜在能力。所以部分国内学者（彭文华，2009）[②] 将国际清偿力界定为狭义的国际储备显然是不合适的。

2.1.1.2 国际储备的构成

国际货币基金组织（IMF）在《国际收支手册》中给出国际储备含义的

① “十国集团”（Group－10）也称巴黎俱乐部（Paris Club），成立于 1961 年 11 月，是一个非正式的官方机构，专门为负债国和债权国提供债务安排。该俱乐部包括美国、英国、法国等在内的 19 个成员，但国际上将其中的核心成员，即美国、英国、法国、德国、意大利、日本、荷兰、加拿大、比利时以及瑞典称为“十国集团”。

② 彭文华. 国际金融［M］. 重庆：重庆大学出版社，2009.

同时，还指出储备资产是由黄金、特别提款权、在基金组织的储备头寸、使用该组织的信贷和非居民现有债权组成。世界各国政府现在所持有的国际储备主要包括黄金储备、外汇储备、在 IMF 的普通提款权以及特别提款权四种形式。在此，我们先要明确除外汇储备以外的其他储备形式。

（1）黄金储备。

黄金成为国际储备资产的历史可谓十分久远。在成为国际储备之前，其先是各国的绝对购买力与货币形式。正如马克思所说：货币天然是金银。从公元前 2000 年的古亚细亚①，即幼发拉底河流域开始，黄金已经成为一国正式流通的通货形式。而到 18 世纪后，随着金本位制的正式确立，各国逐渐形成了国际金本位制。至此，黄金自然成为该货币制度下各国的国际储备资产。

1944 年布雷顿森林体系的形成进一步使黄金成为各国努力维持固定汇率安排的基本储备资产，同时也使美国、德国以及意大利等国先后累积了大量的黄金储备。截至 2020 年 5 月，中央银行官方持有黄金储备规模排名前十位的国家如表 2.1 所示。

表 2.1　　截至 2020 年 5 月官方黄金储备规模排名前十的国家

序号	国家	规模（吨）	黄金占国际储备比例（%）
1	美国	8 133.5	78.3
2	德国	3 364.2	74.3
3	意大利	2 451.8	69.5
4	法国	2 436.0	63.4
5	俄罗斯	2 299.2	21.1
6	中国	1 948.3	3.3
7	瑞士	1 040.0	6.3
8	日本	765.2	2.9
9	印度	641.8	6.8
10	荷兰	612.5	70.5

资料来源：世界黄金协会统计数据。

① 2000 年前古亚细亚国的金币被发现，是迄今为止人类历史上最为早期的金币记载。

从表 2.1 中不难看出，美联储在布雷顿森林体系至今的很长时期，一直拥有着巨量的黄金储备，遥遥领先于排名第二位的德国。同时，排名前四位的美国、德国、意大利、法国以及第十位的荷兰，其黄金储备规模占各自国家国际储备资产的比例均超过 60%，同样领先于其他五个国家。从全球范围内来看，黄金储备占国际储备资产比例超过 60% 的国家还有哈萨克斯坦、葡萄牙、委内瑞拉等，具体排名如表 2.2 所示。其中，委内瑞拉以 81.2% 的占比超过美国位居第一。这一点确实出乎意料，但也符合很多发展中国家央行的行为思路：保持黄金储备的高比例，进而保证与本国经济发展相适应的国际清偿能力，同时还能抵御持有国际储备货币及其资产可能面临的汇率波动风险。

表 2.2　　截至 2020 年 5 月本国黄金储备占比排名前十的国家

序号	国家	黄金占国际储备比例（%）	规模（吨）
1	委内瑞拉	81.2	161.2
2	美国	78.3	8 133.5
3	德国	74.3	3 364.2
4	葡萄牙	73.0	382.5
5	荷兰	70.5	612.5
6	意大利	69.5	2 451.8
7	塞浦路斯	68.1	13.9
8	哈萨克斯坦	67.7	388.3
9	法国	63.4	2 436.0
10	希腊	63.4	113.7

资料来源：世界黄金协会统计数据。

就我国而言，在过去的 20 年间，黄金储备从 395 吨增加到 1 948.3 吨，增幅为 393.24%，位居全球主要经济体第二位，仅次于俄罗斯 473.43% 的增幅。这也体现了我国近年来在国际储备资产管理中较为务实、多元化的资产配置策略。

（2）普通提款权。

一国在国际货币基金组织的普通提款权也被称为储备头寸。之所以该头寸可以被称作“普通提款权”，是因为该部头寸余额是成员根据自身所缴纳会费规模可自由行使的提款权。

从原理上讲，此部分提款权的行使过程如下：当一个国家加入国际货币基金组织时，必须按一定的份额向该组织缴纳一笔资金，称之为份额；按照IMF规定，认缴的份额25%必须以黄金或可兑换货币缴纳，其余75%需以本国货币缴纳；当成员发生国际收支困难时，有权以本国货币抵押的形式向IMF申请提用可兑换货币；提用数额分五档，每档25%，最高不超过已认缴份额的125%；申请条件逐档严格，第一档最为宽松，一般只要提出申请，便可提用，其余四档为信用提款权；期限一般为3~5年。

实际上，普通提款权的出现与存在正是布雷顿森林体系时期成立国际货币基金组织后，为重点解决成员调节国际收支平衡问题的所创设的一个缓冲基金与协调机制。

（3）特别提款权（SDR）。

我们在知道了什么是普通提款权后，需要进一步理清特别提款权出现以及存在的意义和功能。从名称上看，显然普通与特别具有两种不同的意思。最为简单的概括是：特别提款权是国际货币基金组织内部的一种记账单位，可被成员根据所持份额兑换为可流通的货币进行国际收支逆差的调节或归还基金组织贷款。

特别提款权是基金组织于1969年被创设出来的，被纳入成员官方储备的国际储备资产项中。它既不是货币，也不是对基金组织的债权，而是基金组织成员申请兑换可用货币的潜在求偿权。迄今为止，基金组织向成员分配了2 042亿特别提款权（相当于大约2 910亿美元），其中包括在全球金融危机之后于2009年分配的1 826亿特别提款权。

特别提款权的价值最初确定为相当于0.888671克纯金，当时也相当于1美元。在布雷顿森林体系解体后，特别提款权价值被重新定义为一篮子货币。在2015年11月结束的当年检查中，基金组织执行董事会决定人民币（RMB）满足纳入特别提款权篮子的标准（见专栏1）。根据此决定，自2016年10月

1日起，人民币与美元、欧元、日元和英镑一起，构成特别提款权篮子货币。也是在2016年前后，人民币成为SDR的篮子货币在我国学术界与金融界引发了一系列讨论，有兴趣的读者可以稍花时间加以关注。

专栏1：将货币纳入特别提款权篮子的标准

（1）货币国的贸易出口标准。货币发行国必须是基金组织的成员或是某货币联盟，该联盟包括基金组织成员，而该成员系世界前五大出口国之一。中国则是在2015年的全球贸易占比中位居第一，为14%。美国为9%，德国为8%。所以完全符合此标准。

（2）国际货币基金组织认为其货币为“可自由使用的”货币。该货币在国际交易支付中广泛使用，并在主要外汇市场上广泛交易。

人民币在2015年的全球贸易领域被用作交易货币的规模已超越瑞士法郎，成为全球第七大支付货币。

（3）特别提款权利率（SDRi）。特别提款权利率为计算基金组织向成员提供非优惠借款收取的利率以及向成员支付其在基金组织的有偿债权人头寸提供了基础。对成员特别提款权持有额支付的利息和对其特别提款权分配而收取的利息也按此利率计算。自2016年10月1日起，中国人民币被纳入特别提款权篮子，中国国债3个月基准收益率被纳入特别提款权利率篮子。

（4）权重分配公式。IMF采用新的公式（货币发行国的出口和综合金融指标具有相同的权重）来确定特别提款权篮子中的货币权重。通过权重，IMF再计算1单位特别提款权中5种货币的固定数量，从而加权计算出1单位特别提款权所对应的美元价格。

（5）人民币加入SDR对基金组织的操作影响。自2016年10月1日起，人民币成为篮子货币后，可被成员在基金组织的金融交易中自由使用。

（6）现行SDR的价格计算，如表2.3所示。

表 2.3　2020 年 5 月 19 日特别提款权货币篮子构成及其货币兑换率

货币	2015 年检查中确定的权重（%）	1 单位 SDR 中的固定货币数量	兑美元汇率	等值美元价格
美元	41.73	0.58252	1	0.58252
欧元	30.93	0.38671	1.0937	0.42294
人民币	8.33	1.0174	0.1408	0.14325
日元	8.09	11.9	0.009278	0.11041
英镑	10.92	0.085946	1.2261	0.10538
SDR	—		—	1.36450
			SDR/美元	0.73287

资料来源：IMF 官方网站公开数据。

2.1.2　外汇储备

如前所述，外汇储备是以外币表示的储备资产，是国际储备中易于进行国际支付的重要形式。它包括各种货币现钞、外国有价证券资产，例如美国国债①、机构债券、股权投资等。它既能反映出一国在一定时期内的国际收支状况，又能帮助一国应对、缓解外部经济失衡的冲击，特别是国际金融危机的侵袭。1997 年发生在亚洲的金融危机很好地说明了这一点：中国政府通过合理运用外汇储备，既保证了自身经济的稳定，还及时、迅速地帮助中国香港地区抵御了来自国际资本市场的投机冲击。因此，在过去的 50 年间，以新兴市场和发展中国家为代表的经济体，在不断提升自身经济实力和经济地位的同时，迅速积累起大量的外汇储备。

对于外汇储备，各国根据自身的贸易活动以及资本流动状况，将其划分为不同类型的储备货币资产。这些资产大多是以国际储备货币及其有价证券等形式构成，因而具备官方持有、自由兑换、高度流动性等基本特征，能够被各国央行及时变现用以进行国际支付与清偿。目前，世界范围内的主要国

---

① 本书中的美国国债与美债表示同一个意思。

际储备货币包括美元、欧元、日元、英镑等。

需要指出的是，在现有的国内外诸多文献中，学者们经常将一国的外汇储备（foreign exchange reserves）称为国际储备（international reserves）加以探讨。这是因为除美国、德国等国家外，黄金储备、普通提款权以及特别提款权等在一国的国际储备中所占比例相对较小。外汇储备基本上能够反映该国的国际储备规模状况。因此，用外汇储备代替国际储备加以研究是可以被接受的。鉴于此，本书在后续讨论中不再单独区分国际储备与外汇储备两个概念，除非需要单独探讨国际储备构成等问题。当然，从数学含义上看，我们所指外汇储备均为剔除黄金储备、普通提款权以及特别提款权后的储备规模。

2.2 外汇储备管理的研究逻辑

2.2.1 外汇储备管理的思维逻辑

外汇储备管理是指一国对本国外会储备的需求、规模以及资产配置等问题进行管理的制度规范和战略部署。它的出现是与时俱进的，是逐步适应国际经济发展的。其在不同历史阶段表现出的特征各有不同。

在金本位阶段，世界各国普遍没有积累大量的外汇储备。这一时期，黄金作为本位币是首要的储备资产，也由此形成了国际金本位制。各国均以所持有的黄金作为调节国际收支的工具与手段。我们现在所说的外汇储备体系尚未形成。因此，外汇储备管理并不是主要的研究课题。

第二次世界大战后，布雷顿森林体系成为世界范围的货币体系。美元成为继黄金之后的最为重要的储备资产。各国若想较好地在世界经济的舞台展开合作，保持本币与美元的固定汇率关系，除了保留黄金资产外，持有相当比例的美元调节汇率水平成了必需。从这个时候起，美元及其有价证券便成为各国必不可少的外汇储备。虽然“特里芬”难题的存在使美元—黄金的固有联系难以维持，但是重视持有外币资产的经济行为已经成为各国顺利地、平稳地参与国际经济合作的重要前提。因此，外汇储备管理从此时正式成为经济理论界所关注的课题。

虽然牙买加协定的推出彻底改变了固定汇率安排在国际经济领域的重要地位，弱化了发达国家央行干预汇率对外汇储备需求的依赖。但是，新兴市场和发展中国家在20世纪80年代后的迅速发展及其对稳定的汇率水平的追求进一步促进了该类型国家对外汇储备管理的研究。尤其是这些国家在经济高速发展的过程中，不仅仅需要考虑如何利用外汇储备调节国际收支，更重要的是如何利用好手中已有的外汇储备，降低汇率、主权信用等对国内经济的负面影响。

可以看出，外汇储备管理是对外汇储备的从无到有，从适度规模到优化配置的渐进式讨论。因此，我们认为现有外汇储备管理相关研究的思维逻辑首先是为什么需要外汇储备；其次是考察需要多少外汇储备；再其次是研究如何配置外汇储备；最后是观察外汇储备的配置效果。这样的逐级递进的思维逻辑与研究路径可以用图2.1加以描述。

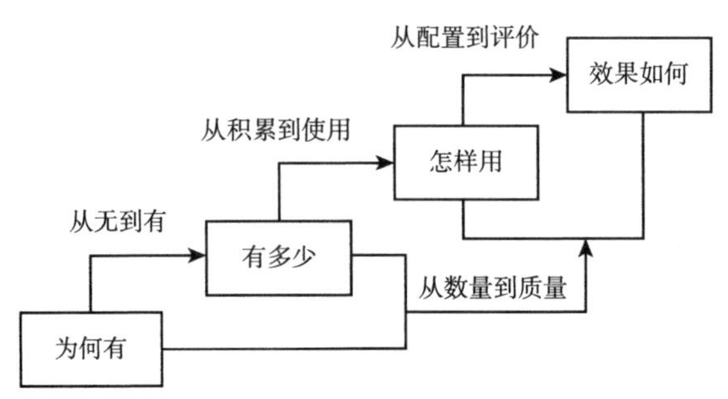

图2.1　外汇储备管理的思维逻辑

2.2.2　外汇储备管理的理论体系

外汇储备管理体的理论体系是指针对一国开展外汇储备的需求、规模以及资产运用等方面管理所做探讨的理论总体框架。它是目前各国，尤其是新兴市场和发展中国家在国际储备管理研究中最为重要的组成部分。依据前面对外汇储备管理思维逻辑的分析，外汇储备管理主要包含外汇储备的需求管理、适度规模管理、资产管理等。笔者将图 2.1 从三种管理视角进行描绘，得到图 2.2。

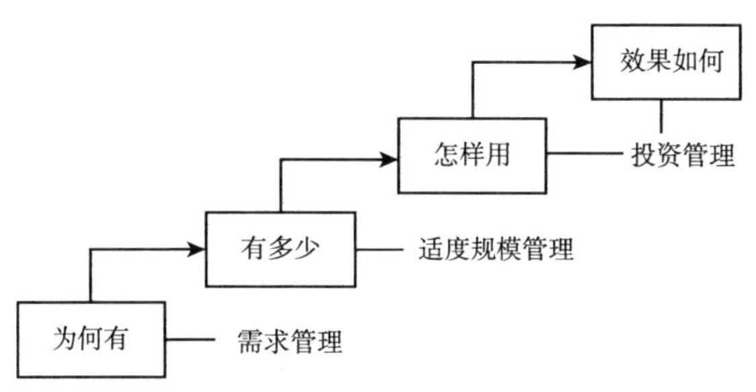

图 2.2　外汇储备管理的视角

由图 2.2 我们可以更为清楚地看到外汇储备管理各种视角所反映的研究内容与方向。进一步，因为各个管理视角所涵盖的内容是多方面的，所以外汇储备管理的基本理论也是多角度的。我们将外汇储备管理的理论体系及其主要内容归纳为图 2.3。

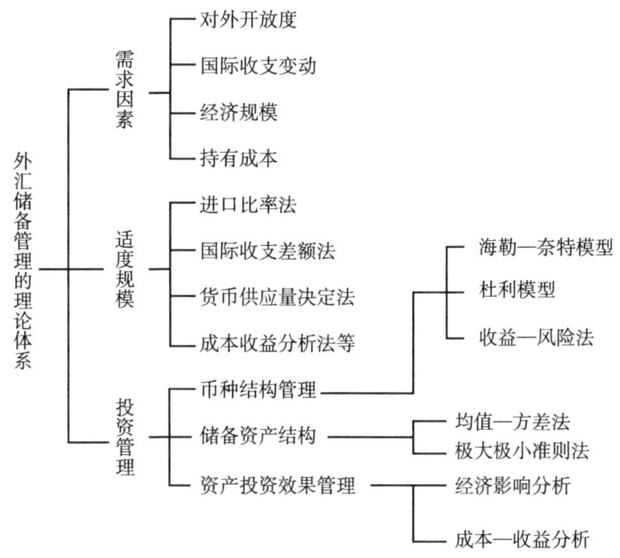

图 2.3　外汇储备管理的理论体系

资料来源：笔者编制。

2.3 外汇储备需求因素理论

外汇储备需求管理理论主要是从影响一国储备需求的相关因素入手展开的研究。在这个过程中，国内外学者们借助线性回归、VAR 模型等多种计量分析方法来观察不同经济变量对外汇储备需求的决定作用。最早开启外汇储备需求理论研究之门的学者是克拉克（Clark，1970）① 和海勒（Heller，1978）② 等。他们都将一国的经济规模（主要是国民收入）作为储备需求的决定因素来进行研究，并指出国民收入是影响外汇储备需求的重要参考指标，且持有充足的外汇储备能够减小国民收入受到干扰时遭受的损失。目前，学者们在实际研究中侧重于从国际收支变动、外汇储备的持有成本以及汇率制度等影响因素对储备需求进行探讨。

2.3.1 经济规模

一般说来，一个国家经济规模越大、固定资产投资越多从而经济发展速度越快，国际储备水平就相对越高。反之，则国际储备相对较少。但是在检验经济规模变量对储备规模的影响程度时，出现了两种相反的观点。一种观点认为国际储备水平与经济规模之间存在“平方根规则”现象，即持有国际储备存在规模经济现象；另一种观点则认为中央银行持有储备不存在规模经济问题。

2.3.2 对外开放度

对外开放程度包括外贸在一国国民经济中的地位和作用、贸易条件和出

---

① Clark P. B.. Optimum International Reserves and the Speed Adjustment [J]. The Jounal of Political Economy, 1970 (3): 356－376.

② Heller R, Knight M. Reserve Currency Preferenees of Central Bank [M]. Princeton University, 1978.

口商品在国际市场上的竞争能力等。由于贸易收支往往是决定国际收支最重要的因素，国际储备最基本的作用是弥补国际收支逆差，因而对外开放程度对于一国国际储备量具有极其重要的影响。对外开放程度可以用边际进口倾向（进口总额/国内生产总值）来衡量，边际进口倾向越大，对外开放程度越大，对外经济交往越紧密。根据凯恩斯的开放经济模型，边际进口倾向与国际储备需求量呈反向关系。因为，边际进口倾向越大，宏观收入的经济政策（如货币财政政策）越能对经济（特别是进口总额）产生影响，国际储备需求量就越少。因此，边际进口倾向又可作为衡量平衡国际收支失衡所采用国内收入政策与动用国际储备两种调节措施之间的替代程度。但一些货币主义学者认为，对外开放程度是用来衡量一国经济暴露于外部经济世界风险的大小，边际进口倾向越大，所承受来自外部经济的风险越大，需要更多的国际储备，即边际进口倾向与国际储备需求成正向关系。

2.3.3 国际收支变动

过去的 50 年，许多研究证实了国际收支变动程度对储备规模的增长具有显著的正向影响。国际收支差额的波动在每一个国家都是存在的。它给一国的对外支付带来了风险。因此，为了防范国际收支差额波动所带来的风险，各国加大了对国际储备的需求量。但每个国家差额波动的方向与大小却是不一样的，国际收支差额波动幅度越大，所需的国际储备越多，两者呈正向关系。

2.3.4 持有外汇储备的机会成本

当一国国际收支出现严重亏损性失衡时，往往要采用财政政策、货币政策、外汇与外贸管制等手段进行调节。这种调节往往会引起经济震荡，导致经济损失。因此，避免了这种调节的损失就被认为是持有国际储备的利益。持有国际储备的利益越大，所需的国际储备也就越多。该国想要持有更多的国际储备，就必然要牺牲消费和投资的福利水平。国际储备的机会成本等于将国际储备进行其他投资可以获得的收益。超额的国际储备意味着潜在投资收益的减少和机会成本的增加。如果从边际成本和边际效用的角度来考虑国际储备的适度性，就要求持有国际储备的边际成本与其边际效用相等。因此，国际储备的数量与持有国际储备机会成本成反比。

2.3.5 汇率制度与汇率波动

在浮动汇率制度下，汇率随外汇市场供求关系的变化而上下波动，从而缓解了国际收支的失衡程度。同时，各国也必承担用国际储备资产维持固定汇率关系的义务。因此，相比之下，实行浮动汇率制度所需的国际储备要比实行固定汇率制度所需的国际储备要少。在相同的汇率制度下，汇率波动状况对国际储备有重要的作用和影响。汇率波动对国际储备的需求主要是从国际储备干预外汇市场、稳定汇率功能的角度而言的。汇率波动频繁，为稳定汇率，国家就需要动用大量的国际储备来干预外汇市场，这就加大了对国际储备的需求。此外，一些学者认为货币供应量与国际储备量之间可能呈正向关系。国外一些学者对货币市场与国际储备之间的关系进行实证研究表明，货币流通量在长期内对国际储备需求几乎无影响；但在短期内，货币市场失衡会对国际储备产生影响：货币供给大于需求，将导致国际储备持有量的减少；货币供给小于需求，将导致国际储备持有量的增加。

2.4 外汇储备适度规模管理理论

学术界在研究影响一国外汇储备需求的基础上，逐步将关注的目光投入观测一国外汇储备的适度规模（或称最优规模）上来。如果一国的外汇储备规模过小，势必直接影响其国际清偿力，削弱其在国际经济交往中的公信力，甚至难以调节国际收支失衡以及汇率波动。而如果该国外汇储备过于庞大，则会形成中央银行等部门的资产负担：持有外汇储备资产需要承担汇率风险等成本。目前，各国学者主要通过以下五个指标对外汇储备的适度规模进行考察。

2.4.1 进口比率法

进口比率法是研究外汇储备适度规模最为早期的方法。特里芬（Triffin，1960）[①] 在针对美元在布雷顿森林体系中的作用与窘境时，关注到一国外汇储备弥补暂时收支逆差的充足性问题。他根据世界各国的统计研究认为：一国储备资产占年度进口额的比例一般以40%为宜，若低于30%就需采用调节措施，而20%则是最低限度。即一国储备量应满足3个月的进口量需要。特里芬还认为，储备的充足性是一国货币政策的重要目标。只要该国储备资产高于最低标准，该国就不会使用货币政策对国内经济进行调整。这种用进口指标来确定一国外汇储备规模的做法在20世纪60年代后逐渐被各国认同，并已成为各国确定外汇储备适度规模的基本方法。

受到特里芬所提出的进口比率法的启迪后，学者们又将其他经济变量作为参照对象运用到衡量外汇储备对规模适度性的研究中，如储备与国民生产总值的比率、储备与外债的比率等。这些比例指标的使用大大丰富了外汇储备适度规模的研究与探讨，并且已经成为判断一国外汇储备规模适度性的普遍指标。

2.4.2 国际收支差额法

国际收支差额理论认为，外汇储备的需求量主要取决于一国的国际收支差额：国际收支顺差，所需外汇储备就比较少，外汇储备额只需要满足进出口时差造成的收支差额即可；国际收支逆差，外汇储备除需满足特里芬的进口比例标准外，还必须完全弥补进出口之间的差额。在确定一国一定时期外汇储备的适度规模时，既要考虑该国当年的国际收支差额，还要考虑国际收支顺差、逆差、平衡三种情况的出现频率及其发展趋势。例如，如果一国国际收支出现逆差，且一段时期内逆差出现的频率比较高，逆差额呈现逐渐扩

① Triffin R. Gold and the Dollar Crisis [M]. New Haven. Yale University Press, 1960.

大的趋势，那么该国适度的外汇储备规模必须高于特里芬标准。

2.4.3 定性分析法

定性分析法在20世纪70年代中期被凯伯和范等经济学家提出。他们首先分析并确定影响外汇储备需求量的诸多因素；其次根据这些因素影响力的强弱排序，综合计算出调整系数。这种方法是对进口比率法和国际收支差额论的外汇储备适度规模分析方法的修正，从而弥补了它们只是从静态的、局部的经济变化确定外汇储备规模的局限。该方法的基本观点是：储备的短缺或过剩会直接影响某些关键的经济变量（如国内货币供应量等），或间接地鼓励实行某些经济政策。因而通过考察国家施行的经济政策和某些关键的经济变量的变化，可以得出外汇储备水平是否适度的结论。

用定性分析法确定外汇储备适度规模的决定因素主要有六个方面：一是储备资产质量；二是各国经济政策的合作态度；三是国际收支调节效力；四是政府采取调节措施的谨慎态度；五是国家国际清偿力的来源及稳定程度；六是国际收支的动向以及经济状况。可以看出，此方法考虑的因素较为全面且能够更加真实地切合经济发展的现状，为外汇储备适度规模的考察提供了一个更为深入的研究视角。但是，由于其中的许多因素难以量化，因而无法从一个全局的角度对外汇储备的适度规模给出一个精确的数值指标。

2.4.4 成本—收益分析法

前面的多种衡量一国外汇储备规模是否适度的方法均是从一国的宏观经济与外汇储备规模之间的联系入手的，而没有考虑持有外汇储备时给国家带来的经济成本问题。因此，以海勒和阿科沃尔为代表的西方学者先后建立起以持有外汇储备的成本和收益为考察对象的外汇储备适度规模的研究方法①。

① 王爱俭. 国际金融理论研究：进展与评述［M］. 北京：中国金融出版社，2005.

在这里，持有外汇储备的成本主要是指机会成本，即因持有外汇储备而放弃其他资产投资的收益损失。当持有外汇储备的边际收益等于边际成本时，外汇储备水平即为最优的、适度的规模。

第一，海勒模型。海勒用边际进口倾向的倒数（1/m）和储备消耗概率（π）的乘积来反映储备的边际收益。因为边际进口倾向的倒数实际上反映的是放弃持有储备、被迫停止进口所造成的国民收入的损失，也可被看作是潜在的资本收益。也就是说，如果持有该外汇储备时能够满足进口需要，就不会由于被迫停止进口给国民收入带来损失。对于持有储备的边际机会成本，海勒使用资本的社会收益率与持有储备本身的收益率之差来表示（r）。因此，根据边际成本 = 边际收益，得到：

$$r = \pi / m$$

海勒假设国际收支失衡时，一国储备的平均变动额为 H，且顺差和逆差的概率相等，为 0.5。如果一国国际收支在时间 t 内连续发生逆差，则 $\pi = 0.5^t$，两边取对数，解得 $t = \lg\pi / \lg 0.5$。由此，在时间 t 内用于弥补收支逆差的储备需求量（R_{opt}）应为：

$$R_{opt} = Ht = H\lg(rm) / \lg 0.5$$

海勒利用这一模型对样本国家（或地区）的储备状况进行实际检验，并观察这些国家的外汇储备实际规模是否处于最佳状态。显然，如果 $R/R_{opt} = 1$，则处于最优状态；如果 $R/R_{opt} < 1$，则说明储备不足，反之储备过剩。海勒在研究中发现，该模型的结果与当时的实际情况还是比较符合的。

第二，阿科沃尔模型。海勒模型主要是基于对发达经济体的数值模拟与考察，而没有专门研究发展中国家的经济现实，从而并未注意到两种经济体之间在人口、经济实力等方面的差异。因此，阿科沃尔在海勒模型的基础上，建立起以发展中国家所持有的外汇储备为考察对象的修正模型。他认为，发展中国家在实行固定汇率制的情况下，如果储备资产不足，面对国际收支逆差的出现，最可能实施的政策是对进口实行直接限制或实施外汇管制，从而避免外汇储备的进一步流失。相反，如果该国拥有充足的外汇储备，那么就不必放弃进口，从而节省下因放弃进口所造成的生产成本的增加（如国内生产进口替代品等)。

基于此，阿科沃尔将持有外汇储备的机会成本归结为放弃进口而在国内进行投资生产的产品量，持有外汇储备的收益是用一国动用外汇储备应对国际收支逆差时避免的国内总产出的调节量。从而，他得出最优的外汇储备规模决定模型：

$$R_{opt}=\frac{D}{\lg\pi}(\lg m+\lg q_2-\lg q_1)$$

其中，D 是国际收支逆差额；π 是逆差出现的概率；m 是该国单位资本的产出效率，即资本产出比率的倒数；q_1 是该国追加资本中的进口比重；q_2 是进口资本品占该国总产出的比重。

可以说，无论是海勒还是阿科沃尔，甚至是基于他们分析模型进行进一步研究的其他学者，都通过成本收益的定量分析方法将持有外汇储备的经济行为与国内社会生产相联系，而不是将外汇储备视为一种外生变量与其他经济指标独立出来加以测度。

2.4.5 货币供应量决定法

货币供应量决定论的代表学者是约翰逊。他把货币主义收支平衡理论应用到清偿力理论中来，认为一国持有的储备量取决于国家货币供应量，即外汇储备规模取决于一国货币数量以及基础货币中储备货币所占的比例。

该理论认为，外汇储备的增加或减少从本质上讲是货币运动的结果。如果国内货币供应量增长率低于国内货币需求量增长率，货币供给不能满足其国内需求时，利率的上扬会通过出口或者抛售国外资产的方式使国外货币回流，引起国内现金余额的增加，导致国际收支逆差减少或顺差的增加。反之，如果货币供应超过货币需求，多余的货币就会通过进口或购买国外金融资产等方式流向国外，导致顺差的减少或逆差的增加。从而，该理论认为适度的货应量决定适度的外汇储备规模，但忽略货币数量来讨论国际储备规模，所以得出的结论并不准确。

2.5 外汇储备投资管理理论

外汇储备投资管理理论是对外汇储备资产进行质量、数量以及经济影响进行分析的理论。由于外汇储备资产既可以是外币，也可以是外币有价证券或其他海外金融资产，所以该理论既包括对储备币种结构的研究，也包括对储备资产选择的论述。同时，基于对现有储备资产的考察，该理论还涵盖了对外汇储备投资效果的研究，如图2.3所示。

2.5.1 外汇储备投资及其管理

2.5.1.1 外汇储备投资

外汇储备投资是一国外汇储备管理的重要内容。它是指外汇储备持有国通过使用外汇储备对外币资产进行投资，保证外汇储备资产保值、增值的管理方式与策略。外汇储备投资并不是新生事物。它在外汇储备成为国际储备资产的核心组成部分之后，自然而然地成为一国储备资产管理的重要途径与内容。特别是伴随着第二次世界大战结束后，新兴市场国家和发展中国家逐步积累巨额的外汇储备后，如何安全、高效地使用好该笔资金就成为各国货币当局理论与实践中的重要课题与难题。

外汇储备资产作为一国货币当局重要的货币资源，确保其流动性与安全性是合理、科学地进行国际收支调节以及外债清偿的首要前提。但与此同时，在全球金融风险越发多样化与复杂化的今天，单纯地保持外汇储备的流动性与安全性，无疑会造成规模庞大的储备资产的价值损失甚至流失。因此，通过多样化的管理与策略，做好储备资产在流动性、安全性和盈利性三者之间的平衡是外汇储备投资的核心原则与目标。

2.5.1.2 外汇储备投资管理及其主要模式

外汇储备投资管理是对外汇储备投资的风险、成本、收益等方面进行识别、测度以及考核的制度规范。其核心目标是使外汇储备投资在保证安全性和流动性的前提下满足外汇储备的盈利性要求。具体来说，就是通过合理的规范，例如制度框架、经济理论模型等，对外汇储备的币种结构、资产选择等进行管理，从而实现外汇储备的优化配置。

外汇储备投资管理中，无论是对币种结构的讨论还是对资产选择的分析，其核心的理论依据都是马克维茨的现代资产组合理论。货币管理当局利用该理论，通过对国际储备货币或金融资产的风险与收益的综合考察，将外汇储备投向多种不同风险的金融资产，降低乃至消除投资的非系统性风险，从而在保证收益水平不变的情况下降低整体外汇储备投资风险。依据此管理原则，目前主要的外汇储备管理模式可以被划分为三种。

第一，保守型投资管理模式：在安排储备资产结构时将安全性放在第一位，流动性放在第二位，而盈利性放在末位。其典型代表为日本。实行这类模式的国家通常有两种情况：一种是拥有足够的外汇储备，不需要依靠储备资产自身的资本运营来增值，以满足对外汇储备的超额需求；另一种是储备资产获取能力非常有限，对现有储备资产的保值是首要任务。

第二，积极型资产管理模式：一是在储备资产的安排中，注意安全性、流动性和盈利性的结合，既不将储备资产全部投资于国债，也不将绝大部分储备资产投资于投资基金、股票和公司债券上；二是根据本国对储备资产的使用要求确定安全性、流动性以及盈利性的顺序，在可承受的风险范围内争取收益最大化，并据此进行资产组合管理。

第三，激进型投资管理模式：在用储备资产进行投资时更注重资产盈利性大小，而将资产的安全性、流动性放在第二位。例如意大利专业银行曾经将几十亿美元的外汇储备委托给美国长期资产管理公司运作；在长期资产管理公司1998 年出现重大投资失误之前的 5 年中，其投资年平均回报率超过 40%。

2.5.2 外汇储备币种结构管理理论

2.5.2.1 海勒—奈特模型

海勒（Heller）和奈特（Knight）于1978 年在其著作 *Reserve Currency Pref-*

erences of Central banks 中系统地研究了中央银行是如何对外汇储备货币进行选择的①。在研究中，一方面肯定了马克维茨资产组合理论中分散储备货币的观点；另一方面也质疑资产组合基本理论应用于储备货币选择的实际适用性。在选择储备货币的时候，单纯从储备货币的收益率和风险（方差）角度来定是不现实的。在他们看来，汇率风险和交易成本的存在使现实中一个国家（或地区）的汇率制度安排和贸易收支结构对储备货币的配置发挥着关键作用。

海勒—奈特模型主要从外汇储备资产的职能角度出发，认为汇率制度安排和留收支结构对外汇储备货币选择有重要的影响，比单纯从收益和风险角度研究储备货币的配置更丰富。虽然海勒—奈特模型在研究储备货币选择时简单易行，但是这种方法还存在一些不足。第一，其研究的基础是外汇储备的基本职能，缺乏对各种储备货币收益率和风险的考虑，实际上在中央银行管理外汇储备币种结构时，考虑这些因素是十分必要的。第二，外债偿还是影响外汇储备币种结构的另外一项重要因素，尤其是对新兴国家和地区而言，持有外汇储备的一个根本动机是预防债务危机的发生。持有相应数量的储备货币不但可以消除因为汇率波动带来的风险，还可以消除债务到期时产生的汇兑费用，但是在海勒—奈特模型中缺少外债偿还因素。第三，海勒—奈特模型是计量回归模型，各项回归系数依赖于数据本身的质量。一般计量经济模型是对过去事件的模拟再现，对于未来情况的预测也仅是依据现有数据列的一种趋势变动情况，而对于如何组合外汇储备货币却不能给出可靠结论。海勒—奈特模型的最根本意义在于得出了汇率制度安排和贸易收支结构对储备货币选择的影响。

2.5.2.2 杜利模型

杜利等（Dooley et al.）在《外汇储备的币种组合》一文中建立了更具现实性的模型②。杜利同海勒和奈特一样，认为在决定储备币种分配时，交易成

① Heller R, Knight M. Reserve Currency Preferenees of Central Bank [M]. Princeton University, 1978.

② Dooley M., Lizondo J. The Curreney Composition of Foreign Exehange Reserves [R]. IMF Staff Dissertations, 1989 (36).

本的影响要远大于对外汇资产风险和收益的考虑。所以也摒弃了“均值一方差分析”的资产选择原理，而采用回归分析法建立模型进行研究。杜利模型的回归方程如下：

$$\frac{A_{i,k,t}}{A_{i,t}} = \beta_0 + \sum_{v=1,v\neq t}^{5} \beta_{1,v}(TR_{i,v,t}/TT_{i,t}) + \sum_{v=1,v\neq t}^{5} \beta_{2,v}(D_{i,v,t}/TT_{i,t}) + \sum_{s=1}^{5} \beta_{3,s}E_{i,s,t} + \mu_{i,t}$$

其中，t=1，…，T 为时期数；i=1，…，n 为国家数；k=1，…，5 代表 5 个储备货币国家，即美国、英国、德国、法国和日本；s=1，…，5 代表汇率安排状况。$A_{i,k,t}$是在 t 期 i 国所拥有的储备中以 k 国货币持有的部分（年末数，以美元计）；$TR_{i,v,t}$是在 t 期的贸易总流量，等于 i 国与储备货币国 v 之间的出口与进口之和；$D_{i,v,t}$是在 t 期 i 国已储备货币 v 国的货币形式付出的偿债支付；$E_{i,s,t}$是在 t 期 i 国所采用的汇率安排（指钉住或自由浮动等）；$A_{i,t}$是在 t 期 i 国的所持有的外汇储备总额（年末数，以美元计）；$TT_{i,t}$是在 t 期 i 国出口、进口和利息支付额之和。

尽管杜利模型是目前最为完善的储备币种决定模型，但也存在一定的局限性，主要表现在：对现实的模拟只能是一种近似的状况。比如在计算贸易流量时，以进出口地区的贸易结构来反映各种外汇资产在贸易中所占的份额，这与现实差距较大。同样，该模型更多地能够说明“是什么”的问题，难以对“应该怎样”的问题提供现实指导。

2.5.3 外汇储备资产结构管理理论

外汇储备资产结构管理是同一储备币种下的资产配置问题，其核心内容是在一定的风险和收益水平的约束下，确定各资产形式间的最优比例。其基本的理论依据包括均值—方差准则的资产选择理论和基于极大极小投资准则的资产选择理论。

2.5.3.1 依据风险—收益标准对外汇储备资产进行分类管理

金融资产的风险指标通常可以用流动性标准来衡量，即资产的变现能力：

储备资产的变现能力越强，其风险程度越低；反之风险程度越高。因此，按照该标准可以把储备资产分为三类：一级储备，包括现金、后期存款、短期国库券及商业票据等，但它们的收益率最低；二级储备，包括各种定期存单、大额存单及中期国库券；三级储备主要是指各种长期投资工具，它们的变现能力最差，但相对收益最高。如何配置国际储备中上述三个级别资产的比例则取决于一国的国际收支状况、进出口收付的时间差异等。满足日常进口支付及当年还本付息所需的外汇，应该以一级储备的形式存在；与中长期出口信贷及长期债务相对应的外汇储备应该以二级或者三级储备形式存在。

2.5.3.2 根据分级储备资产进行投资组合管理

在按照风险—收益标准进行了资产分类后，需要证券投资理论进行管理。第一，期限组合管理。在资产的期限安排上，先要保证一级储备和二级储备所需的变现时间，只有在这两部分储备的规模确定后才能考虑将其余储备进行长期投资。第二，风险组合管理。鉴于国际储备资产对一国的对外经济活动的保障作用，其承受风险的能力通常低于私人部门持有的外汇资产。许多国家都限制把国际储备投向有国家风险的政府债券和企业债券，往往选择那些信誉良好、政治稳定的政府债券和欧洲债券进行投资。第三，币种组合管理。如前所述，币种多元化是国际储备管理的重要理论。尽管国际储备目前主要集中在美元、欧元、日元等国际货币上，而且汇率波动也主要表现为这三种货币之间的相互升值或贬值，如果均等的持有多种货币，从长期看它们之间的波动可以相互抵消，但是在短期内一国外汇储备的来源可能是集中于某种货币，而对外支付又是其他货币。这样就会产生由汇率波动带来的支付风险。因此，等分各种储备货币的权重是过于主观的。各国应该根据本国外汇储备的来源以及到期支付所需的币种结构，运用金融投资以及衍生工具等投资理论进行管理。

（1）均值—方差准则的资产选择理论。托宾（Tobin）和马克维茨（Markowitz）于 1952 年提出了均值—方差资产选择理论①。该理论认为，投资

① Tobin，Markowitz H. Portfolio Selection［J］. Journa lof Finance，1952（7）：77 - 91.

者的最优化行为是在资产组合的风险和收益之间选择的最佳平衡：对于给定的预期收益水平，求解具有最小风险的资产组合；或者对于给定的风险水平，求解获得最大期望收益的资产组合。均值—方差模型实际上是使用精确的数学语言表达了“不要把所有鸡蛋放在一个篮子里”的投资理念。马克维茨的均值—方差模型（M-V 模型）使用无差异曲线来描述投资者行为。在收益风险坐标图中的一条无差异曲线上的不同点，对应于不同的资产组合，但是这些组合给投资者带来的期望效用水平是相同的。与一般无差异曲线所不同的是，该无差异曲线不是凸向原点，而是向上倾斜的。这反映了更高的收益伴随着更高的风险。无差异曲线与资产组合相切之处，就是求解所得的投资差所选择的资产组合的期望收益率和方差风险。

（2）基于极大极小投资准则的资产选择理论。针对方差作为度量工具的缺陷，学者们又提出许多新的风险度量工具以及基于这些风险度量工具和新决策准则的资产组合选择模型。从资产选择理论发展的过程来看，用来描述风险的统计量除方差外，还有半方差、绝对离差、价值离差、VaR 等，甚至还有 Levy 分布等形如“尖顶肥尾”的分布函数。这些都是对风险的合适而且直观的度量方法，只是通常无法像方差那样给出最优资产组合的解析表达式。

1991 年康诺（Konno）和岩奈（Yainazaki）① 研究并建立一个投资组合的线性规划模型，采用均偏差的绝对值作为风险衡量，从而替代马克维茨的方差风险衡量方法。该模型中不需要对收益率做出任何的分布约束，其研究结果表明在收益率服从多重正态分布的情况下，估计的结果和马克维茨的均值—方差的资产选择结果相近，两者的风险函数值有倍数关联。斯潘兰扎（Speranza，1993）② 则提出利用收益半偏差的绝对值构成性组合来作为风险函数的线性规划模型，实际上就是采用比平均值高的和比平均值低的差异来线性组合衡量风险。在这个模型中同样不需要对收益率的分布做出任分布假

① Konno H.，Yainazaki H. Mean-Absolute Deviation Portfolio Optimization Model and lts Applicationto Tokyo stock Market［J］. Management Science 1991，37（5）：519 – 531.

② Speranza M. G. Linear programming models for Portfolio optimization［J］. Finance，1993（14）：107 – 123.

设，而且可以调整不同线性组合的系数来实现风险规避、风险中性和风险偏好不同类型的投资要求。

杨（Young，1996）① 基于极小极大准则使用最小收益作为衡量资产波动的指标，更为确切地说是采用资产收益的一阶矩阵，考虑资产下行风险的一种估计。而在均值方差中是采用方差作为资产波动的衡量指标。在一般正态分布状况下，这两者的估计结果相差不多。杨（1998）② 还提出了一个大中取小的投资分析方法，这种研究分析方法基于历史数据算出在观测期间的某一种投资组合的最大损失，选择某种组合方式使最大损失控制在最小的限制内，即通常所说的大中取小的极大极小组合原则。极大极小投资原则是在代表性数据的基础上进行研究的，而不是建立在可预测概率分布函数的基础上。

徐才等（Cai X et al.，2000）③ 期望通过最小化潜在的最大风险来配置资产组合，并定义风险为：在 n 种资产中收益率的绝对偏差的期望。在这个风险规则下求解最优的资产组合比例分为两步，第一步是将个别资产的期望收益和风险按照从小到大的顺序排列；第二步是根据排列的次序计算出最佳的组合。彭飞等（2004）④ 根据心理实验中人们面对财富量的变动会做出不对称的反应这一事实，即投资者对盈利和亏损的反应是不一致的。基于这样的事实情况，他们起一个证券资产选择的极大极小价值离差模型（minimax value-deviation portfolio selection model，MMVD），并通过引进收益均衡因子（retun tradeoff actor）模拟现实投资中人们的不对称反应。

可见，外汇储备管理理论发展至今已经形成了较为完备的理论体系。学者们渐渐地将对外汇储备的研究从量的关注转移到质的把握上。同时，币种

---

① Young M. R. A minimax Portfolio seleetion rule with linear programming solution [R]. Working Dissertation，1996：9612 -9614.

② Young M. R. A minimax-Portfolio Seleetion rule With linear Programming solution [J]. Manageme-ni Seience，1998 (44)：673 -683.

③ Cai X，Teo K，YANG X，et al. Portfolio Optimization Under A Minimax rule [J]. Management Seienee，2000，46 (7)：957 -972.

④ 彭飞，史本山，黄登仕. 极大极小价值离差的资产选择模型研究 [J]. 管理学报，2004 (11)：290 -294.

结构配置理论和资产选择理论共同形成了外汇储备投资管理理论的基本框架。伴随着研究方法的丰富与改进，现有的外汇储备投资管理理论为我们能够更为深入地探讨中国外汇储备投资管理，特别是有关中国投资美国国债的诸多问题，提供了坚实的理论基础与广阔的分析视角。

第 3 章 外汇储备管理研究文献述评

学术界关于外汇储备管理的相关研究正式起始于 20 世纪 60 年代。当时特里芬先就美元在布雷顿森林体系中的重要作用与自身币值稳定的矛盾展开了研究。从文献规模上看，一个明显的研究密集度分割线是在 2012 年。该年之前的研究颇为集中，而后对于外汇储备尤其是中国外汇储备的研究相对发展缓慢。这主要是由于我国汇率改革以及外汇储备规模与运用空间在近年来相对稳定，研究方法并未有明显进步。

3.1 较早期的研究内容

3.1.1 国外研究情况

从 20 世纪六七十年代开始，随着特里芬难题的出现，有关如何解决美元作为国际储备货币所面临的诸多难题的研究便逐步被广泛关注与探讨。既有学术界的研究成果主要集中在外汇储备（或国际储备）[①] 的需求分析、最优

① 此处，国外学者在对外汇储备进行研究时，多是以国际储备（international reserve，剔除黄金储备）作为对象展开的。故本书对相关的国外文献的梳理不再对外汇储备与国际储备进行区分。

或适度规模的测算以及外汇储备结构管理等方面。

3.1.1.1 关于外汇储备需求与最优规模的研究

1970年，美国学者凯利（Kelly）① 和克拉克（Clark）② 先后对国际储备的需求与规模进行了开创性的详细研究。前者具有前瞻性地设计了一国国际储备需求的测算模型，并确认了一国进出口变化以及国民收入的变化对储备需求均具有显著性影响。而后者则是在其博士学位论文研究的基础上，构建了一个分析国际储备的最优规模及其调整速度的一般均衡框架。他指出一国应持有充足的国际储备用以应对国民收入受到干扰时可能面临的损失；同时为了保证国民收入受到较小的振动，持有大量国际储备且缓慢地调整其规模是十分必要的。

同是20世纪70年代，弗伦克尔（Frenkel）等的诸多研究也具有重要的学术价值与理论意义。其中，比尔森（Bilson）和弗伦克尔（1979）③ 利用修正的国际储备需求测度模型，进一步研究了当一国国际储备规模偏离既定目标后的调整速度问题。他们得出了不同于克拉克等的研究结论：中央银行对国际储备规模的调整是迅速而积极的；且较之拥有超额国际储备，当一国国际储备水平低于目标规模时，这种调整速度更为迅捷。

爱德华兹（Edwards，1981）④ 探讨了欠发达国家的外汇储备需求与汇率政策变化的关系问题。笔者根据1964~1972年41个欠发达国家的内外部经济数据，对储备需求的问题进行了实证分析。结果表明，一方面，欠发达国家常常利用汇率调整来解决国际收支的失衡；另一方面，采用固定汇率制的国家会持有更多的外汇储备。同时，文章还指出，发达国家与欠发

① Kelly M. G. The demand for international reserves [J]. American Economic Review, 1970, 60 (4): 655-667.

② Clark P. B. Optimum International Reserves and the Speed Adjustment [J]. The Journal of Political Economy, 1970 (3): 356-376.

③ Bilosn J. F., Frenkel J. A. International Reserves: Adjustment Dynamics [J]. Economics Letters, 1979, 4 (3): 267-270.

④ Edwards S. A note on the demand for international reserves by less developed countries [R]. UCLA Department. of Economics working paper No. 222, November, 1981.

达国家对持有外汇储备的动机存在很大区别。他在随后的另一篇文章（爱德华兹，1983）①中，对影响一国储备变动的两个方面因素进行了动态分析：一是期望的储备规模和实际的储备规模之间差额的变化所造成的储备量的变动；二是用货币手段对国际收支调整所引发的外汇储备变动。通过对1965～1972年23个采用固定汇率制的发展中国家相关数据的研究，爱德华兹肯定了上述两个方面对外汇储备变动的影响。同时，他还进一步指出，一国的对外开放程度与国际清偿能力对该国外汇储备影响的重要性是仅次于该国经济规模的变化。

兰德尔-米尔斯（Landell-Mills，1988）②在分别利用极大似然估计与普通最小二乘法对1978～1986年24个国家的样本数据进行研究时发现，对于在国际市场上举债困难的国家而言，国际借贷成本对其自身的国际储备需求具有显著的影响效果。

金（Kim，1989）③通过建立包含多因素的国际储备货币需求模型，对小型开放经济体的最优储备需求进行了分析。他的模型为探讨在外部经济失衡情况下一国的最优国际储备需求规模提供了一个理论基础与分析框架。模型结果显示，该国的外部经济失衡程度和调整外部结构的过程与成本是影响最优国际储备需求的关键因素。莫森和马丽茜（Mohsen Bahmani-Oskooee and Malixi，1991）④还将实际有效汇率作为考察一国国际储备需求的重要变量。在对15个欠发达国家的研究中，他们发现在1971～1985年，实际汇率的贬值是可以降低一国国际储备的需求规模。

白丁格尔（Badinger，2000）⑤详细地分析了欧元诞生后，欧元区11个国

---

① Edwards S. The Demand for International Reserves and Exchange Rate Adjustments: The case of LDC'S, 1964－1972［R］. NBER Working Paper, No. 1063, January 1983.

② Landell-Mills J. M. The Demand for International Reserves and their Opportunity Cost［R］. IMF working paper, wp/88/105, December 1988.

③ Kim I. External Adjustment and the Optimal Demand for International Reserves［R］. IMF Working Paper 89/90, October 27, 1989.

④ Bahmani-Oskooee, Malixi M. Effects of devaluation on the LDCs Demand for International Reserves［J］. Journal of Economic Development volume 16, 1991 (11).

⑤ Badinger H. The Demand for International Reserves in the Eurosystem［R］. IEF Working Paper Nr. 37, December 2000.

家整体以及各自的国际储备资产的变化与影响因素。1999 年开始使用的欧元改变了账面上欧元区既有的储备规模，从 1998 年 12 月 31 日的 3 450 亿美元减少为 2 870 亿美元。他认为这主要是由于技术层面的原因，即储备资产与储备货币统计口径随着欧元的产生而发生改变。同时，他在估算欧元区理想的储备规模后发现，欧元区的实际储备总量已经超过该规模 1 000 亿美元。他指出，这种局面的形成在很大程度上是因为区域内各国经济发展不平衡致使各国的储备规模无法实现自我优化。他还强调，区域内密切的贸易合作可以降低整体的国际储备需求。他还建议超额积累的 1 000 亿美元储备应被合理使用，增加其投资收益，更不可如免费午餐一样被任意挥霍。

艾泽曼和马龙（Aizenman and Marion，2001）① 结合 1997 年亚洲金融危机中韩国的现实表现，对一国国际储备需求规模的不确定性进行了深入分析。他们通过建立新兴经济体国际储备不确定性下国际借贷资金供给与需求的代理人模型，发现一国国际储备规模的不确定具有非对称效应。一方面，当预期国际储备规模大于可能出现的国际援助数量时，储备量变动的影响力是有限的。但另一方面，相同规模储备量的变动却会因私人部门对该新兴市场国家债务清偿能力评级的下降或是悲观预期的上升，造成该国在国际市场上举债能力的下降。

在 2002 年，艾泽曼和马龙②又对 125 个发展中国家在 1980 ~ 1996 年的国际储备需求与实际规模进行了实证检验。结果显示，考虑到国际市场的贸易往来、汇率制度以及政治因素等方面，国际储备需求模型很好地契合了现实经济中的实际储备规模。但是在 1997 年亚洲金融危机以后，东亚国家的国际储备规模迅速增长，并且已经不再符合前述模型估计的数量。因此，他们通过改进模型变量并加以验证发现：一方面，主权信用风险和用以弥补财政负债的高成本税负机制是造成国际储备大量积累的重要因素；另一方面，那些高贴现率、政治不稳定或者政治腐败的国家往往倾向于持有较少的国际储

① Aizenman J.，Marion N. Reserve Uncertainty and the Supply of International Credit［R］. UCSC Department of Economics Working Paper No. 492，July 2001.

② Aizenman J.，Marion N.，The high demand for international reserves in the far east：What's going on?［R］. NBER Working Paper 9266，2002（10）.

备。他们的模型还揭示出，当金融危机增加经济冲击的波动性、加深政府对损失的厌恶程度时，同样会提高部分国家对国际储备的依赖。

弗拉德和马龙（Flood and Marion，2002）① 随后注意到，截至1999年底，全球的外汇储备持有规模相当于当年全球17周的经济进口量。这个数字是1960年的两倍，较之1990年初也增长了20%。他们运用储备缓冲模型对布雷顿森林体系后，全球浮动汇率制下外汇储备需求的变动进行了研究。上述模型的分析结果显示，与固定汇率制相比，浮动汇率制下全球储备规模的变动并未发生根本的变化，且布雷顿森林体系与当前国际货币体系制度下，全球国际储备需求的浮动区间在10%～15%。

艾泽曼和李（Aizenman and Lee，2005）② 通过构建国际储备需求分析模型比较了预警功能与重商主义倾向对一国国际储备需求的影响。模型显示，前者的影响力更为重要。随后，他们选取了1980～2000年包括中国在内的部分发展中国家的历史数据，进一步验证了国际储备具有对本国经济自我保护的预警功能。

波尔和雷耶斯（Ball and Reyes，2006）③ 则对弗拉德和马龙之前的研究做了进一步发展。他们利用两阶段最小二乘法，从利率内生性角度出发，结合持有国际储备存在的机会成本，认为市场利率对于一国国际储备需求具有显著的决定作用。这一点是在弗拉德和马龙研究中所未能确认的。同样，蔡等（Choi et al.，2006）④ 也在弗拉德和马龙（2002）的研究基础上，将一国对外投资组合（包括负债、资产、净额以及总量）的波动性作为影响国际储备需求的因素进行考察。他们的研究结果显示，一国对外投资组合的波动性越强越会促使该国持有更多的国际储备资产，且这个特征在20世纪90年代的表

① Flood R, Marion N. Holding International Reserves in an Era of High Capital Mobility [R]. IMF working paper WP/02/62, April 2002.

② Aizenman J., Lee J. International Reserves: Precautionary vs. Mercantilist Views, Theory and Evidence [R]. Working Paper, WP/05/198, October 2005.

③ Ball Christopher P., Reyes Javier A., International Reserve Holdings: Interest Rates Matter! [EB]. http://ssrn.com/abstract=922054.

④ Choi, Changkyu, Baek, Seung-Gwan, Portfolio-Flow Volatility and Demand for International Reserves [J]. Seoul Journal of Economics, 2006, 19 (2): 199-214.

现要强于80年代。同时，他们还指出资本账户的开放也对国际储备需求的上升产生了重要的积极作用。

西法尔利和帕拉蒂尼奥（Cifarelli and Paladino，2006）① 选取了五个亚洲国家和五个拉丁美洲国家为研究对象，利用1985～2004年的月度数据重新审视了新兴市场国家“超额”积累国际储备的原因与目的。他们以随机缓冲储备模型为出发点，再一次考察了多种经济因素与国际储备需求之间的长期协整关系。他们的研究表明，综合考虑样本国家面对美国联邦储备基金实际利率与实际汇率的变化以及他们自身对“汇率浮动的恐惧”和重商主义的倾向，部分学者夸大了国际储备规模“过多”的结论。

在对传统储备需求分析的模型与研究思路的改进中，萨玛林斯基（Sumlinski，2008）和奥波斯菲尔德等②（Obstfeld et al.，2008）③ 在同一年都做出了大胆的尝试，并得到了新颖的结论。前者用统计分布的规律描述了影响国际储备（不包含黄金）变动的因素。他指出在1961～2006年的不同考察期内，样本国家的国际储备增长率与其规模大小（国际储备占GDP的比例）联系并不紧密。但如果以人口规模为参照指标对1948～2006年样本国家的90%国际储备余额进行考察，他们发现上述两种变量的log分布是符合齐普夫定律（Zipf's law）的。

奥波斯菲尔德等则是将之前外汇储备需求模型改造为“金融稳定模型”（financial stability model），并将影响一国外汇储备需求的金融稳定因素归纳为金融开放、金融深化、汇率制度等。他们利用1979～2004年134个国家的面板数据，对传统的外汇储备需求模型与改进后的模型进行了对比。研究结果显示，除了传统模型中的经济规模、进口依存度等相关影响因素外，金融开放、金融深化、钉住汇率制度等金融稳定状况同样能对一国的外汇储备需求产生正向的、积极的作用。同时，他们还指出，除中国等少数国家在2003

---

① Cifarelli G.，Paladino G. The International Reserves Glut：Is it for Real？［J］. Dipartimento Di Scienze Economiche No. 142，January 2006.

② Sumlinski M. International Reserves—Too Much of a Zipf's Thing［R］. IMF Working Paper，WP/08/11，January 2008.

③ Obstfeld M.，Shambaugh J. C.，Taylor A. M.，Financial Stability，The Trilemma，and International Reserves［R］. NBER Working Paper 14217，2008（8）.

年、2004 年出现了急速的外汇储备增长外，大部分被考察国家确实是按照模型估算的预期规模去积累国际储备的。这一点与之前部分学者认为大部分新兴市场国家都出现了超额储备积累是相左的。

程和钱（Cheung and Qian，2007）① 在对 1997 年金融危机之后的亚洲国家积累国际储备的研究过程中引入对“马克鲁普夫人衣橱假设”② 和“琼斯效应”③ 的思考。他们构建了一个国际储备需求的最优规模模型，并在此基础上加入了琼斯效应假设。通过对韩国、菲律宾等国家的观察与检验，他们发现在辨别一国的国际储备是否如马克鲁普夫人衣橱中的衣服一样越多越好时，所考察的国家在 1997 年后迅速积累国际储备的过程中确实存在琼斯效应。这些国家从心理上会存在如果国际储备不如周边其他国家多的时候，会更容易遭受投机冲击威胁的担心。从而，在整体上形成该地区国际储备余额越来越多的现实。同时，他们也指出，借用上述两种理论来解释亚洲地区国际储备增长的现实可以被视为是一种新视角的、非经济因素的分析，并不会否认其他经济要素对国际储备需求的影响作用。

进一步来看，伯纳德（Bernard，2011）④ 结合程与钱引入的“琼斯效应”，借助国际储备需求模型、最优规模模型等多种方法对中美洲地区国家的适度国际储备规模进行了研究。他发现在 2000～2008 年，汇率变化对中美洲国家国际储备需求具有重要影响，而且该地区确实显示出了“琼斯效应”的存在；同时，样本国家的实际储备数量普遍小于模型估计的最优规模。因此，他建议上述国家在积极通过 IMF 获取资金援助的同时，应重视国际储备在降低经济脆弱性方面的作用，并适时增加实际储备数量。

---

① Cheung Y.，Qian X. W.，Hoarding of International Reserves：Mrs. Machlup's Wardrobe and the Joneses［R］. CESifo Working Paper No. 2065，2007（7）.

② “马克卢普夫人衣橱理论”（Mrs Machlup's wardrobe theory）是美国经济学家马克卢普（F. Macklup）提出的，用以分析说明国际储备的充足性问题。他把金融当局增加储备的愿望同他夫人增加衣橱中的服装来比拟，认为金融当局基本上年复一年地希望扩大储备规模，就像他的夫人每年都想增添新的服装一样。

③ “琼斯效应”是营销学中的概念，它指消费者依据他人对某一商品的购买行为来决定自己的购买行为，即消费效仿行为。

④ Bernard K. M. International Reserve Adequacy in Central America［R］. IMF Working Paper，WP/11/144，June 2011.

3.1.1.2 关于外汇储备功能的研究

外汇储备的基本职能在第2章已做详细介绍。学者们对于这个课题的研究主要集中在外汇储备对一国国际收支调节的稳定功能以及对外部冲击的缓解功能等方面。布依特和伊顿（Buiter and Eaton，1983）① 详细分析了国际储备货币对世界范畴内通货膨胀的影响。他们建立了跨期分析模型，对封闭经济与开放经济中一国货币成为国际储备货币后所产生的效果进行了解释。他们认为在金融资本自给自足的情况下，一国通货膨胀水平的高低可以被看作货币管理当局对前后时期福利取向不同的结果。当一国选用他国货币作为储备货币后，其需求规模在长期内取决于该种货币所带来的潜在收益。同时，这种积累储备货币的行为并不会影响稳定状态下该国的通胀水平。但是，如果该国储备需求维持在到一个较高地水平时，那么它将推升储备货币发行国的通胀水平，甚至推动世界范围内整体通胀水平的上升。

德拉斯和弗伦克尔（Dellas and Frenkel，1989）② 从国际储备货币的发行国与持有国的角度分析了货币管理部门对国际储备的态度与使用策略。一方面，伴随着增加本国货币的储备风险水平，发行国存在利用通货膨胀政策来向货币储备国征收更高的通货膨胀税的偏好；另一方面，发达国家与发展中国家的经验数据表明，储备货币持有国会根据储备货币的风险状况（均值—方差）来选择储备资产的组合形式与规模。

杜利等（Dooley et al.，2004）③ 对新兴市场国家的国际储备资产选择与管理所表现出的一些新趋势进行了探讨。他们发现很多新兴市场国家的政府开始重视对储备资产进行组合管理，形成多元化的储备结构。与此同时，在所谓核心货币边缘国的金融政策实施中，对外汇和金融市场的干预已经成为

① Buite W. H.，Eaton J. International Balance of Payments：Financing and Adjustment [R]. NBER Working Paper，No. 1120，May 1983.

② Dellas H. Currency Switch and the Choice of an International Reserve Currency [R]. IMF Working Paper，WP/89/27，April 1989.

③ Dooley M. P.，Folkerts-Landau D.，Garber P. The Revived Bretton Woods System：The Effects of Periphery Intervention and Reserve Management on Interest Rates and Exchange Rates in Enter Countries [R]. NBER Working Paper 10332，March 2004.

一种发展战略。而这种干预与管理的结果是对美元短期债券需求的激增，以及对欧元等其他货币在储备资产中份额的提升。

马尔多纳多等（Maldonado et al.，2004）① 将资本流动看作内生性条件纳入一般均衡框架内讨论国际储备在巴西的作用。他们首先对非金融危机时期资本流动与外汇储备下降之间的关系进行了界定；其次修正了 1998 年金融危机时期巴西在面临预期外汇储备减少情况下的静态均衡模型；最后他们通过该模型发现显著的资本流入与外汇储备积累能够扩大自由贸易协定对巴西的进出口的影响作用。而当巴西本币升值时该效应会有所下降。

洪（Hong，2005）② 较为详细地描述了当今世界范围内国际收支失衡的基本状况：美国作为输出美元的经济体，在努力实现经济增长的情况下，需要通过逆差来满足其他国家（贸易顺差或交易的便利性）对美元的需求。他指出，上述失衡的存在与当前以美元为主导货币的国际储备体系是密不可分的。虽然现在的国际储备体系已经较好地满足了世界范围内经济交往与金融一体化的需要，但它还是很难作为调节各国国际收支失衡的有效机制。因此，他认为，更为根本地、高效地解决全球范围内国际收支失衡问题的方法是建立全球统一的货币形式，从而改变一国发行而其他国家渴求的经济现象。

珍妮和朗西埃（Jeanne and Rancière，2006）③ 从一国国际收支平衡表入手，为小型开放经济体建立了一个最优国际储备规模分析模型，用以分析出现外部资本限制状态下国际储备的作用。该模型结果显示，亚洲国家所积累的过多的国际储备可以调整国内经济与外部经济失衡，特别是可以用来保证经济在出现资本流动停滞时的稳定性。

艾泽曼和李在 2006 年④又将 2005 年提出的“金融重商主义”引入对亚洲

---

① Maldonado W. L.，Tourinho O. A.，Valli M. Endogenous Foreign Capital Flow in a Cge Model for Brazil：The Role of International Reserves［R］. Texto Para Discussão No. 1042，September 2004.

② Hong P. Global imbalances and the international reserve system［EB］. http：//ssrn. com/abstract = 720225，May 2005.

③ Jeanne O，Rancière R. The Optimal Level of International Reserves for Emerging Market Countries：Formulas and Applications［R］. IMF working paper，wp/06/229，2006（10）.

④ Aizenman J.，Lee J. Financial Versus Monetary Mercantilism：Long-Run View of Large International Reserves Hoarding［R］. IMF Working Paper，WP/06/280，August 2006.

国家国际储备积累的研究中。他们把“金融重商主义”界定为通过金融手段，如优惠的金融借贷、地方银行补助基金等，促进对外出口以换取、积累国际储备的经济政策。与货币重商主义相比，它缺乏充足的透明度，对一国出口的促进与国际储备增长的激励会起到长期的、间接的影响，且离不开货币金融体制的约束。他们的研究表明，在过去的10年间，日本与韩国金融部门的政策倾向对出口以及国际储备的积累起到了积极作用。在另一篇文章中，艾泽曼（2009b）① 进一步为发展中国家应对去杠杆化与资产甩卖外部性问题（fire-sale externalities）提出了政策建议。他按照庇古税的基本理念，设计了一种“对外借款征税及国际储备与补贴”（external borrowing-tax-cum-IR-subsidy）的政策理论模型。依据该模型，一国可以通过向对外借款征税来应对资本流动性冲击时资产变现价值不足的问题。同时，这种政策手段还可以提高运用国际储备资产化解去杠杆化危机时自我保险（self-insurance）功能的有效性。

艾泽曼和易孙（Aizenman and Sun Y，2009）② 分别就贸易因素与金融市场因素对新兴市场国家运用国际储备进行了考察。他们将拥有大量国际储备的新兴市场国家划分为两个样本组：在危机的初始阶段动用（消耗）国际储备来调整外部经济的国家和不倾向于动用储备进行实时调节的国家。他们发现，对于第一组国家而言，对外贸易因素的变动更能影响其国际储备需求；而金融市场的变化对第二组国家的国际储备需求影响更为显著。同时，他们还发现，样本中的国家在面对外部经济恶化时，较之本币汇率贬值而言，它们更担心国际储备的流失。因此，这些国家现实中的政策安排便是先通过货币贬值来解决国际收支失衡。对于这种政策空间的选择，艾泽曼和赫捷臣（Aizenman and Hutchison，2010）③ 还通过对外汇市场压力（exchange market

① Aizenman J. Hoarding international reserves versus a Pigovian Tax-Cum-Subsidy scheme: Reflections on the Deleveraging Crisis of 2008 – 09, and a cost benefit analysis [R]. NBER Working Paper 15484, 2009 (11).

② Aizenman J., Sun Y., The Financial Crisis and Sizable International Rserves Depletion: from 'Fear of Floating' to the 'Fear of Losing International Reserves'? [R]. NBER Working Paper 15308, 2009 (10).

③ Aizenman J., Hutchison M. M., Exchange Market Pressure and Absorption by International Reserves: Emerging Market and Fear of Reserve Loss during the 2008 – 09 crises [R]. NBER Working Paper 16260, 2010 (9).

pressures，EMP）的考察进行了验证与肯定。

多明戈兹等（Dominguez et al.，2011）[①] 对2008~2010年金融危机期间一国动用国际储备的现实操作及其作用进行了系统的研究。与之前艾泽曼（2009a、2009b）等学者不同的是，他们将外汇储备的变动作为研究重点，并将其划分为利息收入、主动性管理（外汇储备买卖）与被动性管理（外汇储备价格变动）三个方面的变动加以阐释；同时，他们选择国际货币基金组织最新生成的SDDS（special data dissemination standard）储备数据为依据进行考察。综合这些新的视角与数据，他们发现韩国、俄罗斯、巴西等国家在金融危机期间（2009年前后）对外汇储备实施主动性管理，并在危机后迅速实施反向操作以重新积累国际储备。不过，同时期的发达国家（除瑞士外）并未对外汇储备实施显著的主动性管理。

3.1.1.3 关于储备货币竞争的研究

德拉斯（1989）[②] 从通货膨胀税的角度出发，思考了国际储备货币发行国是否会为了减低自身债务而采取提高通货膨胀率策略的可能。他从国际储备货币的储备国和发行国两个角度出发，发现一旦储备货币发行国存在通过提高非预期通货膨胀率来缓解对外债务时，储备国便会理性地将储备货币转换为其他货币。这便会削弱货币发行国未来所获得铸币税（这里是指通货膨胀税）收益。同时，德拉斯还认为，资本外逃的存在如同进行储备货币替代一样，能够遏制超额的货币创造。

拉瓦斯瓦米（Ramaswamy，1999）[③] 模拟分析了一国的外汇储备中各种货币的最优组成结构。他在事先设定货币回报率的基础上发现，中央银行更倾向于使用美元作为主要的储备货币与计价标的。如果一国央行能够从其他货币中获得更高的回报，那么必然会削弱美元的持有份额，但是这样却又会进

① Dominguez K. M. E.，Hashimoto Y.，Ito T. International Reserves and the Global Financial Crisis [R]. NBER Working Paper 17362，2011（8）.

② Dellas H.，Currency Switch and the Choice of an International Reserve Currency [R]. IMF Working Paper，WP/89/27，1989（4）.

③ Ramaswamy S. Reserve Currency Allocation：an Alternative Methodology [R]. BIS Working Paper No. 72，August 1999.

一步造成整个汇率市场的波动。同时，在美元份额下降的过程中，他的模型显示英镑的国际储备地位将会得到提升。

艾肯格林和马西森（Eichengreen and Mathieson，2000）① 对欧元的诞生与运行后国际储备货币会出现明显改变的论断予以了否定。他们认为很多发展中国家以及部分发达工业化国家不具备转换所持美元为欧元或其他货币的根本动力。这一方面取决于该国的对外贸易、金融资本流动以及汇率的钉住机制；另一方面还取决于不同储备货币自身的稳定性与收益性。这也从一个角度说明国际货币体系改革的步伐是缓慢的、渐进的，甚至是间断的。另外，他们还对黄金在国际储备中的地位进行了探讨，并指出以欧元区各国为代表的发达国家已经开始重新审视起黄金的重要作用，并且签订了限制黄金出售总量的制度安排。

金和弗兰克尔（Chinn and Frankel，2005）② 在欧元诞生 6 年后开始思考其对美元的替代效应。他们在归纳了过去一段时间全球主要国家中央银行外汇储备货币币种结构的变化后，对 1999 ~2004 年不同央行持有美元或欧元等储备货币的影响因素进行了分析。结果发现，一国的通货膨胀水平、汇率制度、经济规模等多种变量对储备货币的选择具有显著影响，而所担负外债情况的影响效应不甚明显。进一步地，他们还预测在欧洲国家能够紧密合作的情况下，到 2022 年，欧元在国际货币体系中作为储备货币的地位将超越美国。

艾肯格林（2005）③ 系统性地梳理了自 20 世纪以来，国际储备货币的演变历程。他从历史的角度分析了从黄金到英镑再到美元的变迁历史，指出国际储备货币的演变是伴随着该货币发行国的经济、金融发展以及世界经济的变化而变化的；从过去到可预见的未来，多种货币将在看似赢家通吃的游戏中轮流担负起主要国际储备货币的职责；而这种局面又是很难改

① Eichengreen B.，Mathieson D. J. The Currency Composition of Foreign Exchange Reserves：Retrospect and Prospect ［R］. IMF Working Paper，WP/00/13，July 2000.

② Chinn M.，Frankel J. Will the Euro Eventually Surpass the Dollar as Leading International Reserve Currency?［R］. Havard University RWP05 -064，2005（12）.

③ Eichengreen B. Sterling's Past，Dollar's Future：Historical Perspectives on Reserve Currency Competition［R］. NBER Working Paper 11336，May 2005.

变的。他还认为未来的20～40年中，除非中国能够很好地解决诸如汇率机制、外汇管制等诸多问题，否则人民币成为一种主要的国际储备货币还为时尚早。

林姆（Lim，2006）[①] 从理论与数据两个大的方面，系统论述了美元和欧元在国际储备货币体系中的地位以及未来的发展趋势。他首先对既往经济学家有关储备货币的选择与地位的诸多文献与观点进行了总结与归纳。其次，他针对欧元对美元经济地位的冲击进行了多层次的对比分析与讨论。他指出，考虑到一种货币内在价值的稳定性及其背后该国的经济状况，特别是“网络外部性”的存在，目前的欧元在国际储备货币体系、国际贸易交易系统以及外汇市场中的表现还无法改变美元在国际货币体系中的主导地位。最后他也认同前面艾肯格林（2005）观点的前瞻性。即，如果美国的国际收支持续逆差将逐渐削弱美元的价值稳定性，同时也会削弱美元作为储备货币与交易货币的网络外部性作用，进而增强欧元的国际竞争力。

帕帕约安努等（Papaioannou，Portes，Siourounis，2006）[②] 深入探讨了在国际储备货币体系中美元、欧元等货币在储备货币贮藏国的构成问题。他们构建了包含储备货币转换成本、中央银行需求等变量的国际储备规模最优化分析框架，对“金砖四国”[③] 以及其他发展中国家国际储备货币组成的现状与未来趋势进行了解释。他们认为，考虑到美元的低风险性以及国际贸易中的便利性等因素，持有更多的美元储备是合乎情理的。而通过模型的测算，他们认为欧元在储备货币中的比例应略低于现实中的情况。另外，从长远来看，他们还指出，随着欧元债券和以欧元计价的金融资产的流通，以及欧元区与新兴市场国家贸易的进一步发展，欧元在国际储备货币体系中的地位会

① Lim E-G. The Euro's Challenge to the Dollar: Different Views from Economists and Evidence from COFER (Currency Composition of Foreign Exchange Reserves) and Other Data [J]. IMF Working Paper, WP/06/153, June 2006.

② Papaioannou E., Portes R., Siourounis G. Optimal Currency Shares in International Reserves: The Impact of the Euro and The Prospects for the Dollar [J]. NBER Working Paper 12333, June 2006.

③ “金砖四国”是英文“BRIC”的中文释义，它与砖块（brick）音同。它们分别指巴西（Brazil）、俄罗斯（Russia）、印度（India）以及中国（China），故取四个国家英文名称的第一个字母组成BRIC。

得到稳步提升。

坎佐内里等（Canzoneri，Cumby，Diba，Lopez-Salido，2008）① 将对国际货币体系中的美元等关键货币影响力的考察放到了新开放宏观经济（NOEM）的分析框架中。他们借助两国—两部门研究模型发现，在两国经济互动关系上，美国所实施的货币政策或出现的经济波动会给另一方带来更为深刻的影响；同时，美国也会更容易受到金融市场冲击的影响，例如，美国债券遭到抛售后会引起本国消费水平的锐减。虽然坎佐内里等的研究并未直接揭示美元作为国际储备货币的作用或功能，但是“美国债券遭到抛售”的情景假设是值得我们去深入思考与探讨的。这是目前乃至未来很多国家所担心与困惑的问题。

类似地，维瑟拉和基米诺（Viceira and Gimeno，2010）② 也注意到欧元的突出功能与作用。他们在坎贝尔等（Campbell et al.，2003）③ 的研究基础上，证实了欧元作为一种风险对冲资产能够帮助保守型的投资者规避利率风险与通货膨胀风险。同时，他们利用 CAPM 分析方法，对欧元区各国股票市场一体化进程的利弊进行了讨论。结果显示，上述一体化进程可以在区域内分散金融风险的同时给投资者带来更好的收益。

但是，金伯格（Goldberg，2010）④ 并不认同美元在国际货币体系中的地位正在或将会下降。她在系统梳理了 1995 ~ 2009 年全球经济对美元的关注与使用情况后，认为美元虽然在过去一段时间受到欧元等货币的挑战，但这不足以动摇其在全球范围内的国际影响与重要作用；目前国际货币体系框架内的汇率安排、国际贸易的交换媒介、国际储备资产的选择以及外汇市场等领域对美元的偏好与依赖依旧十分突出。不过，她也为自己的研究结论留出了足够的想象空间，即美元也有可能同英镑一样，其功能与地位会随经济环境

① Canzoneri M.，Cumby R. E.，Diba B.，Lopez-Salido D.，The Macroeconomic Implications of a Key Currency [R]. NBER Working Paper 14242，2008（8）.

② Viceira L. M.，Gimeno R. THE EURO AS A RESERVE CURRENCY FOR GLOBAL INVESTORS [R]. Documentos de Trabajo NO. 1014，2010.

③ Cambell，Chan J. Y.，Y，Viveira L. M.，A multivariate model of strategic asset allocation [J]. Journal of Financial Economics，Vol. 67（1），2003，pp. 41 - 80.

④ Goldberg L. S.，Is the International Role of the Dollar Changing? [J]. Current Issues in Economic and Finance，Volume 16，No. 1，2010（1）. pp. 1 - 7.

的波动而改变。

除了探讨欧元对美元的替代作用外，艾肯格林和弗朗德罗（Eichengreen and Flandreau，2008、2010）还先后证明了美元对英镑的替代作用可以追溯到到两次世界大战期间，而不是第二次世界大战之后。而且，在2010年的研究中，他们还肯定了美联储对为美元逐步成为最重要的国际储备货币的推动作用。而艾泽曼等（Aizenman，Jinjarak，Park，2010）[①] 则是看到随着国际金融市场的变化以及金融危机的爆发，新兴市场国家广泛地签署了货币互换协议。因此，他们尝试探究这种货币互换协议能否对外汇储备起到积极的替代作用。依据研究结果，他们认为在亚洲、拉丁美洲等地区的国家间形成的货币互换协议，能对各国外汇储备的积累起到一定补充作用，也能够放缓为了预防经济冲击而积累外汇储备的步伐，但无法替代外汇储备成为一国应对外部经济失衡的主要经济手段。

3.1.1.4 关于外汇储备成本的研究

豪纳（Hauner，2005）[②] 提出了一个概念框架，即将国际储备的机会成本问题纳入一种财政收支范畴来探讨。他分别构建了表示持有国际储备机会成本与收益的估计模型，对1990~2004年100个国家所持国际储备状况进行了系统分析。结果显示，在1990~2001年大量积累储备的国家已经面临一种转折——2002~2004年他们开始出现较大规模的货币损失。究其原因，豪纳认为这是因持有国际储备的资金未能实施对外债务的偿还或进行投资，从而增加了机会成本，同时美元等主导货币的低利率趋势又放大了上述机会成本损失。因此，他的建议是适当增加国际储备的盈利能力，例如改变持有形式、加大对外国长期债券的投资等。叶亚提（Yeyati，2006）[③] 对一直以来持有国际储备的成本高低进行了反思。他在建立以主权信用回报为持有国际储备机

① Aizenman J., Jinjarak Y., Park D., International Reserves and Swap Lines: Substitutes or Complements? [R]. NBER Working Paper 15804, 2010 (5).

② Hauner D. A Fiscal Price Tag for International Reserves [R]. IMF Working Paper, WP/05/81, April 2005.

③ Yeyati E. The Cost of Reserves [R]. UTDT working paper, October 2006.

会成本的计算模型后，通过数据模拟与估计认为，之前有关文献高估了持有国际储备作为一国经济自我保护稳定器时所付出的成本。

3.1.1.5 关于中国外汇储备管理的研究

国外学者对外汇储备管理的研究已经较为充分和完整，但是对针对中国的研究较少。不过，我们还是找到了一些较有代表性的研究成果。刘昆（Liu K，2007）① 通过42个国家的样本研究发现，外汇储备在1997年亚洲金融危机中发挥了重要作用，并且样本国家在危机后对外汇储备的注视程度和积累速度明显增加，同时贸易结算、国际收支变动等因素对外汇储备需求的影响颇为显著。进一步来看，他确认到2006年为止，中国外汇储备属于超额持有状态，并建议为了避免未来外汇储备持有成本的升高，从长远来看，中国应逐步促进人民币的自由兑换、资本账户的自由化，在短期则应将外汇储备资产投资到国际资本市场以实现更高的回报。

艾泽曼（2009a）② 敏锐地将审慎性监管、“去杠杆”等问题与国际储备的作用联系到一起。他首先指出金融一体化进程中，审慎性监管推动了监管套利的发生，使资本流向缺乏监管的国家，并逐步积聚了潜在的金融风险。其次他发现，当危机爆发后，面对去杠杆化进程中资本的消耗，国际储备对于不同国家起到了不同的作用。例如印度依靠储备资产消耗与卢比贬值（均为20%）来应对危机，而中国却几乎没有动用外汇储备。最后他还特别强调，金融危机不仅推动了人民币升值，还促使中国的外汇储备规模继续攀升。在这种情况下，他担心中国以促进出口来缓解外部冲击的重商主义政策取向会最终演变为竞争性贬值与“以邻为壑”的贸易政策。因此，他建议中国采用适当的财政政策加以配合。

何（He Y，2009）③ 重点研究了2001～2008年外汇储备变动趋势、国内

① Liu K. How to Manage China's Foreign Exchange Reserves? [R]. 2007.

② Aizenman J., On the Paradox of prudential regulation in the globalized economy; International reserves and the crisis: A Reassessment [R]. NBER Working Paper 14779, 2009 (5).

③ He Y. A Test on Determinants of China's Demand for International Reserves [D]. Ohio USA, The College of Arts and Sciences of Ohio University, 2009.

生产总值（GDP）、平均进口倾向以及利率四大因素对中国外汇储备需求的影响。他通过对季度数据的实证检验发现，前三种影响因素对外汇储备需求具有积极的推动作用，而利率则起到了负面影响。同时，上述四种因素中，外汇储备的变动趋势对储备需求的影响最为显著，然后是GDP、平均进口倾向以及利率。

依文（Wen Y，2011）① 则通过含有中国和他国的两国分析框架，以国内居民储蓄行为作为研究对象构建了一个一般均衡分析框架。研究结果表明，中国超过2.4万亿美元（截至2010年底）的外汇储备是经济高速发展的产物。但它已经严重影响居民储蓄与消费行为，降低了居民的效用水平。并且，他还通过模型分析指出，如果不是因中国拥有一个较好的金融市场体系，人民币理应贬值而不是持续升值。

在中国外汇储备投资方面，关根（Eiichi Sekine）② 首先在2007年对中国成立外汇储备资产管理公司——中国投资公司（China Investment Corporation，CIC）的重要性与现实意义做了充分的肯定。其次他又（Eiichi Sekine，2009）③ 以中投为研究对象，从中投公司的投资策略、投资标的、组织结构等方面对中国运用外汇储备的路径与策略进行了较为详尽的分析。他指出，在中国已经持有巨额外汇储备的前提下，对储备资产进行投资可以从以下三个方面加以完善：第一，客观地评估外汇储备的组成成分是什么并使它们利润最大化、风险最小化；第二，优化持有储备货币，形成美元、欧元以及黄金等相结合的储备结构，便于应对可能出现的外债危机；第三，利用外汇储备帮助中国企业实施海外扩张，收购大型基础设施和先进的技术，投资战略资源和蓝筹公司，发放贷款给其他国家，或收购房地产和大宗商品等。

① Wen Y. Making Sense of China's Excessive Foreign Reserves [R]. Federal Reserve Bank of St. Louis Working Paper Series, 2011.

② Sekine E. China Seeks to Actively Invest Foreign Exchange Reserves [J]. Nomura Capital Market Review, 2007, 10 (4).

③ Sekine E. China's Foreign Exchange Reserves and China Investment Corporation's Steps towards Diversifying How It Manages Its Portion of Them [J]. Nomura Journal of Capital Markets Winter, 2009, 1 (4).

与关根的研究类似，萨索（Sasso，2010）[①] 借助对国家外汇投资公司（State Foreign Exchange Investment Company，SFEIC）投资策略与方向的分析，指出了中国正在运用外汇储备进行海外投资的新趋势。他认为，中国已经步入了从主动（或者说是被动）积累外汇储备到积极运用外汇储备的发展阶段。在面对非洲、欧洲等地区对中国资本的青睐与关注时，SFEIC 已经并且还会发挥更加重要的作用。但是在他国给人民币升值施加压力的背景下，如何增加海外投资的透明度、提高投资收益等将是未来需要解决的关键问题。

3.1.2 国内学者的研究

3.1.2.1 关于外汇储备需求影响因素的研究

诚如上一章所述，根据传统理论，影响一国外汇储备需求与增长的主要因素包括经济规模、对外开放度、国际收支变动等方面。较早期的国内学者多是借助构建含有多种变量的外汇储备需求函数（方程式）来观察不同因素的影响效果。如黄继[②]在 2002 年的研究中，以最小二乘法的回归分析方法得到了 1992 ~2001 年中国外汇储备的需求函数，并发现外汇储备需求量与国内生产总值、出口的变动性以及人民币汇率的变动性都呈现出正向相关关系。

类似地，胡燕京和高向艳（2005）[③] 在对 1984 ~2003 年我国外汇储备规模影响因素的分析中得到了两个层次的结果：一是国家外债余额、汇率及其制度变动是决定因素，它们对我国外汇储备增长具有重要影响；二是我国同期的进口规模、进出口贸易差额的变化、实际利用外资额以及国际收支经常账户差额能够间接影响外汇储备的规模。张书家和费逸（2009）[④] 则发现 1978 ~2006 年我国外汇储备增长是国内生产总值、储蓄投资率缺口、外贸依

---

① Sasso L. New Trends in China's Foreign Investment Strategy [J]. The International Spectator, 42: 399 -407.

② 黄继. 关于中国外汇储备需求的动态分析 [J]. 世界经济文汇, 2002 (6): 62 -69.

③ 胡燕京, 高向艳. 中国外汇储备规模及其影响因素的实证分析 [J]. 广东金融学院学报, 2005 (1): 65 -69.

④ 张书家, 费逸. 中国外汇储备影响因素的理论与实证分析 [J]. 理论界, 2009 (8): 56 -58.

存度、外债余额、汇率升值多种因素共同作用的结果，且它们对外汇储备都具有正向影响。

刘振彪、朱向文和欧显兵（2004）① 以及窦祥胜（2005）② 分别在借助一般线性回归模型的基础上，通过构建多变量误差修正模型（ECM），探讨了1985～2002年影响中国外汇储备需求的长期与短期因素。结果显示，在长期内，中国的外汇储备规模主要决定于进口倾向、债务风险、国民收入和国际收支波动程度等因素，反映了我国外汇储备用于经常性交易需求与风险防范的功能。同时，就短期的动态调整来看，作者认为除了上述因素外，货币政策也是影响考察期内外汇储备规模的重要因素。

巴曙松和朱元倩（2007）③ 采用描述非线性参数关系的广义可加模型对人民币有效汇率、利率以及消费品总额对外汇储备的影响进行了详尽分析。他们通过对1995年1月至2007年3月相关数据的演算发现，人民币有效汇率和利差对外汇储备的线性影响是负向的，消费品零售总额对外汇储备的线性影响是正向的。而人民币汇率弹性的增大则是有效汇率对外汇储备产生非线性影响的重要因素之一。因此，他们建议中国控制外汇储备增长不能仅仅依靠人民币的单边升值，还需要通过扩大外汇市场中人民币的汇率弹性加以配合。

易行健（2007）④ 以中国外汇储备为被解释变量，以人民币实际有效汇率、实际利差、消费品零售总额、通货膨胀率等为解释变量建立了中国外汇储备需求函数，并选取1996～2004年的相关数据协整检验了诸多变量与外汇储备之间的联系。他发现，人民币实际有效汇率指数、进口依存度、消费品零售总额以及实际利差等都显著地影响中国外汇储备需求，并且误差修正模型还进一步显示商品零售总额的增长、人民币实际有效汇率的波动、国内外

---

① 刘振彪，朱向文，欧显兵．我国国际储备需求的实证分析［J］．中南大学学报（社会科学版），2004（5）：622－625．

② 窦祥胜．中国国际储备需求的理论与实证分析［J］．统计研究，2005（10）：56－58．

③ 巴曙松，朱元倩．基于可加模型的外汇储备影响因素的实证分析［J］．金融研究，2007（11）：1－12．

④ 易行健．人民币实际有效汇率波动对外汇储备影响的实证研究：1996～2004［J］．数量经济技术经济研究，2007（1）：3－10．

实际利率差与进口波动率的短期波动，以及滞后的外汇储备增长率都对外汇储备的增长产生显著的影响。

谭燕芝和张运东（2011）① 则是利用向量误差修正模型（VEC）和协整检验对比分析了中国和日本在1999～2008年多种经济变量对外汇储备增长的影响。作者通过对实证结果的分析发现，对外贸易规模和经济总量与中国外汇储备规模均呈正相关关系，名义有效汇率的正向作用却不显著。而日本则是只有经济总量的增长在长期内表现出对外汇储备增长的带动作用。究其原因，他们认为主要是中国的外汇管理制度更为苛刻。

黄寿峰和陈浪南（2011）② 较为新颖地采用了结构变化单位根（ZA）检验和结构变化协整（GH）检验考察人民币汇率对外汇储备规模的影响。1994～2008年的数据表明，无论是人民币的名义有效汇率还是真实有效汇率对外汇储备的影响都不显著；而2003～2008年，人民币汇率升值预期与外汇储备增长具有交互作用，即人民币升值会促进外汇储备增长，而外汇储备增长又会带动人民币升值预期的增加。这一点同样被谢太峰与刘妍（2011）③ 的研究所证实。不过比较有意思的是，他们在2012年的另一篇文章④中，在构建了综合国际收支和外汇储备需求视角的汇率波动存货缓冲模型基础上，利用1994～2008年的数据对人民币汇率波动所进行的实证分析得到了不尽相同的结论：短期内人民币汇率升值能够抑制外汇储备增长；长期内的汇率波动却对外汇储备增长与有正向的拉动作用。

张冬（2012）⑤ 则是将我国的贸易出口额增加、FDI流入与外汇储备规模放入误差修正模型的框架中，通过对1985～2008年的数据实证得到前两者是

① 谭燕芝，张运东．外汇储备规模的宏观经济影响因素分析——基于中国、日本的比较研究［J］．国际金融研究，2011（2）：61－68.

② 黄寿峰，陈浪南．人民币汇率、升值预期与外汇储备相关性研究［J］．管理科学学报，2011（3）：60－71.

③ 谢太峰，刘妍．人民币汇率与我国外汇储备关系的实证分析［J］．金融理论与实践，2011（10）：33－36.

④ 陈浪南，黄寿峰．人民币汇率波动影响我国外汇储备变动的理论模型与实证研究［J］．系统工程理论与实践，2012（7）：1452－1463.

⑤ 张冬．中国外汇储备增长贡献因素的实证分析——基于贸易出口和FDI流入的分析［J］．对外经贸，2012（4）：109－111.

我国外汇储备增长的重要因素的结论，且贸易出口额的作用要略大于FDI流入的影响。

孙中叶（2012）① 同样证实了对外贸易增长对中国外汇储备的正向影响。不过，其现实落脚点在于强调我国应该采用更加开放型的平衡贸易策略来缓解外汇储备增长给我国经济造成的负面影响（金融风险和贸易摩擦）。

当然，因素分析除了运用一般线性回归和误差修正模型外，还可以通过更为直观的格兰杰因果检验来完成。例如，胡兵和韩雨（2012）② 通过格兰杰因果检验发现，1989~2010年我国外汇储备增长主要是受到国内生产总值、净出口、外商直接投资和对外经济合作的影响，且净出口的影响力度最大。他们认为这是与我国长期以来贸易顺差所形成的外汇头寸剩余相一致的。另外，鉴于结构性向量自回归（SVAR）近年来在宏观经济研究中的广泛运用，李培军（2012）③ 利用其确认了1985~2009年我国的经济规模、进口规模以及有管理的浮动汇率制度对外汇储备增长具有显著的正向带动作用，而外商直接投资的增加则会造成外汇储备规模的下降。

另外，肖文、刘莉云和刘寅飞（2012）④ 的研究则是借鉴了凯恩斯的货币需求理论三分法，从多个角度细分我国外汇储备的需求。他们基于阿科沃尔的分析模型，对我国外汇储备的增长与需求因素做了修正，并将外汇储备的需求划分为交易性储备需求、调节性储备需求、干预性储备需求等六个方面。通过对1994~2010年的相关数据的分析，他们认为在我国的外汇储备中，20世纪90年代以FDI利润汇出储备、交易性和调节性储备、偿债性储备为主；2000年以后则以干预性储备、FDI利润汇出储备、偿债性储备、居民用汇储备为主。同时根据不同的需求角度，他们还模拟了考察期内每年中国

---

① 孙中叶．开放型平衡发展贸易战略构建——外汇储备规模增加的诱因视角［J］．金融理论与实践，2012（2）：26-29．

② 胡兵，韩雨．基于格兰杰因果检验的中国外汇储备决定机制研究［J］．求索，2012（6）：36-37．

③ 李培军．中国外汇储备需求的实证分析——基于SVAR方法的分析［J］．东北财经大学学报，2012（4）：57-62．

④ 肖文，刘莉云，刘寅飞．中国外汇储备适度规模与需求结构研究——基于修正的Agarwal模型［J］．财贸经济，2012（3）：46-52．

的适度外汇储备规模，与实际储备规模的对比显示，我国已有的外汇储备已经远远超过现实需要规模。

童锦治、赵川和孙健（2012）[①] 构建了一个用以分析出口退税对外汇储备影响的大国一般均衡经济模型。模型显示，在贸易盈余条件下，出口退税率的变化会改变出口产品的价格和数量，进而影响其贸易盈余量，最终导致该经济体在长期均衡时外汇储备量的变化。他们据此通过向量误差修正模型（VEC）进行实证研究表明，由于我国出口商品的退税率弹性普遍较低，加之出口退税政策调整存在不对称性，出口退税率的降低增长了长期均衡时的中国外汇储备规模。

周爱民、吴明华和宋敏（2012）[②] 采用带有两个结构内生突变点的单位根检验方法分析了 1994 ~2011 年中国外贸差额和外汇储备规模月度数据的变动情况。他们的研究显示，中国外贸差额的变化与外汇储备增长在大部分时间里是同步的，只是幅度不同。同时，他们还进一步预测未来一段时间内，随着人民币汇率改革的深入，中国外贸顺差与外汇储备增长还会持续。因此，他们认为引导国内资源的优化配置、加强资本出入监管、改变外汇储备的投资模式都是解决外汇储备增长过快的合理方法。

另外，刘红忠和周赟（2008）[③] 试着将对外汇储备的研究向效用理论的方向延伸。他们将产出冲击与消费平滑作为我国国际储备主动性需求的影响因子，把分析消费与储蓄的跨期效用模型运用于国际储备需求的研究与测算之中。他们的模型推理表明：主动性储备需求与产出冲击发生的概率和冲击大小，以及代表行为人的相对风险厌恶系数和其主观贴现率呈正向关系，而与经济增长速度呈反向关系。进一步来说，他们还通过数值模拟发现，我国主动性储备约占 2007 年 GDP 的 6%（相当于我国 2007 年底国际储备的 12%），说明我国 2005 年以后增加的国际储备存在较大的被动性，目前的国

① 童锦治，赵川，孙健. 出口退税、贸易盈余和外汇储备的一般均衡分析与中国的实证［J］. 经济研究，2012（4）：124 -135.

② 周爱民，吴明华，宋敏. 中国外贸差额及外汇储备月度变动特征——基于结构突变的数据分析［J］. 系统工程与理论实践，2012（4）：2129 -2134.

③ 刘红忠，周赟. 基于产出冲击的国际储备需求的跨期均衡分析——真实经济的视角［J］. 财经研究，2008（8）：17 -28.

际储备持有额已经从一定程度上脱离了实体经济的基本需求。

白晓和燕罗明（2012）① 则是将对我国外汇储备需求的研究放入 Jeanne-Rancière 跨期消费效用最大化模型的基础框架内，并加入人民币汇率波动因素，以及资本骤停冲击因素。研究表明，我国外汇储备在 2004 年之前是不足的，2004 年后逐步达到 J-R 模型测算的最适值，并且近年来有所超额。

谷宇（2013）② 在金融稳定视角下，借助扩展的外汇储备缓冲存货模型分析了影响中国外汇储备的需求因素。他指出，产出、内外部流动性、外汇储备波动成本对外汇储备需求存在正向冲击，而外汇储备持有成本对外汇储备需求存在负向冲击。在短期动态调整的问题上，他利用 Heaviside 阶梯函数对外汇储备需求进行分解后发现，在人民币持续升值的背景下，重商主义倾向和预防性需求是中国外汇储备短期调整的重要因素。

3.1.2.2 关于我国外汇储备规模适度性的研究

早在 2002 年中国外汇储备突破 2 700 亿美元时，张鹏（2003）③ 已经指出中国外汇储备的增速与实际规模是过高的。他对比了中国、日本、美国以及韩国等国家的外汇储备余额，并从外汇储备与进口额及进出口总量的对比分析中发现，虽然出口增加是拉动一国外汇储备增加的必然因素，但是无论是中国还是当时的日本，其外汇储备已经大大超过了用于应对 3～6 个月进口需求的缓冲规模，并且年均 33% 的增长率同样远远高于我国的 GDP 增长率，属于过快增长的范畴。除了以进出口额为参照对象外，王丹和李海婴（2004）④ 还利用实际储备趋势（外汇储备/GDP）的概念来衡量中国的外汇储备适度规模。他们基本上认同外汇储备不应超过 GDP2.4%～4% 的比例。同时考虑到进口需求、汇率制度等因素，他们认为中国外汇储备的合理规模

---

① 白晓燕，罗明．基于资本急停预防的中国外汇储备需求研究［J］．世界经济研究，2012（6）：16－23.

② 谷宇．金融稳定视角下中国外汇储备需求的影响因素分析——兼论外汇储备短期调整的非对称性［J］．财经科学，2013（1）：47－59.

③ 张鹏．论中国外汇储备规模和增速的不合理性［J］．财经研究，2003（6）：8－12.

④ 王丹，李海婴．中国外汇储备规模实证检验研究［J］．武汉理工大学学报（社会科学版），2004（8）：425－427.

应该在2 000亿美元左右、据此，他们确认了2003年底的中国外汇储备属于超额持有。

2004年以后，中国外汇储备的规模出现了迅猛增长。所以近几年来国内学者对其的关注更为突出。史祥鸿（2008）① 对阿格沃尔模型进行了修订，依据中国现行的汇率制度，将外债余额、汇率干预等因素加入其中，测算出2006年和2007年中国外汇储备适度规模的上限分别为6 465.63亿美元和7 653亿美元。而实际储备规模则分别多出近5 000亿美元和7 500亿美元。这说明在国际收支双顺差、强制结售汇等背景下，中国的外汇储备是严重过剩的。

杨雷（2009）② 从风险可控的角度出发，综合考虑进出口需求、外债余额、外资企业利润汇出等因素，认为2008年中国外汇储备的上限规模应在M2的25%左右，即1.6万亿美元。李斌和李岸潮（2009）③ 认为1985~2006年中（除1993年），中国外汇储备的实际规模均高于适度规模。并且在2002年后该趋势越发明显，并已经使中国的外汇储备严重偏离适度规模。

李巍和张志超（2009）④ 以保证金融稳定为持有外汇储备的目标，结合经济增长、跨境资本流动等因素，利用面板数据模型对中国的适度外汇储备规模进行了测度。他们的研究结果显示，在2009年，基于金融稳定的中国最小外汇储备规模应在1.4万~1.5万亿美元，较为充裕的规模在1.5万~2.55万亿美元。所以他们认为2009年中国超过2万亿美元的外汇储备并不过量。同样是基于中国的金融稳定因素，王永茂（2011）⑤ 利用Obstfeld金融稳定—开放模型考察了1995~2011年中国外汇储备规模的适度性。他的研究表明，2007年前中国的实际外汇储备规模较之模型预测的最优值呈现出高低错落的

---

① 史祥鸿. 基于现行汇率制度的外汇储备规模研究［J］. 国际金融研究，2008（7）：75－80.

② 杨雷. 中国外汇储备的合理规模及政策建议［J］. 财政研究，2009（11）：49－52.

③ 李斌，李岸潮. 中国外汇储备适度规模问题的实证研究［J］. 统计与决策，2009（5）：100－101.

④ 李巍，张志超. 一个基于金融稳定的外汇储备分析框架——兼论中国外汇储备的适度规模［J］. 经济研究，2009（8）：27－36.

⑤ 王永茂. 基于金融稳定功能视角的中国外汇储备规模探讨［J］. 统计与决策，2012（20）：165－167.

态势，但是在2007～2010年，实际储备规模是明显过剩的，而2011年又有所不足。

李佳和王庆皓（2010）[①] 重点考察了2007年金融危机后，中国外汇储备对经济调整的功能与作用，并指出2004年后，中国的实际外汇储备规模逐步超出了由货币供应量、货币当局国外负债、贸易进口共同决定的适度规模。特别是2007年金融危机后，这种偏离程度进一步加深。

王群林（2011）[②] 在综合考虑国内生产总值、外债余额、年均汇率等影响因素后认为，1985～2006年中国外汇储备规模呈现出阶段性特征：1985～1990年外汇储备的实际规模与适度规模基本一致；1991～1993年外汇储备不足；1994～1998年中国外汇储备过量；1999～2003年外汇储备不足；2004年中国外汇储备快速增长，但在2005年后，中国的实际外汇储备又逐步回归到适度水平。

杨艺和陶永诚（2011）[③] 采用效用最大化分析框架和平滑代表行为人消费研究方法，对1994～2009年中国外汇储备的适度规模做了分析。他们认为在考察期间中国适度的外汇储备规模波动区间应该占GDP的25%～30%。这一指标明显大于王丹和李海婴（2004）的观点。不过，即使大幅上调了该比例，杨艺和陶永诚还是认为中国外汇储备的实际规模是过剩的。

周光友和罗素梅（2011）[④] 首先借鉴凯恩斯的货币需求划分方法，并加入保证需求后将外汇储备需求界定为四个方面：投机需求、保证需求、预防需求和交易需求。他们指出上述四种需求存在“漏斗效应”，并且在动态调整中是相互交织、相互替代的。由此，通过将上述需求因素细化为多种经济变量后进行数据估测，他们认为中国的外汇储备规模是明显过剩的：到2009年超过最优规模17 448亿美元。因此，他们建议当务之急是合理利用好超额持

① 李佳，王庆皓．后金融危机时期中国外汇储备的适度规模研究［J］．广东金融学院学报，2010（11）：54－60.

② 王群林．中国外汇储备适度规模实证分析［J］．国际金融研究，2008（9）：73－79.

③ 杨艺，陶永诚．中国国际储备适度规模测度1994－2009——基于效用最大化分析框架的数值模拟［J］．国际金融研究，2011（6）：9－13.

④ 周光友，罗素梅．外汇储备最优规模的动态决定——基于多层次替代效应的分析框架［J］．金融研究，2011（5）：29－41.

有的外汇储备，而并非人为降低储备规模。

刘冬雨（2011）[①] 基于Jeanne和Rancière的资本骤停（sudden stop）效用最大化模型估测了中国2007～2009年的最优外汇储备规模：即12 535.62亿美元、14 933.78亿美元和16 124.44亿美元。这三个数字是少于中国实际外汇储备规模的，也就是说中国的外汇储备处于过剩状态。同样是基于资本骤停危机的出现，杨权和裴晓婧（2011）[②] 在考虑了货币危机并引入金融风险因素和资本账户开放度等变量后，通过测算外汇储备最优规模的面板数据回归模型肯定了中国外汇储备过剩的现实，但指出东亚地区除了中国和中国台湾地区外，自2000年以来多数国家的外汇储备并非超额持有，反而是普遍不足的。这就反驳了“东亚经济体”过度持有外汇储备的论断。

宿玉海和张雪莹（2011）[③] 在加入偿债性外汇储备、预防性外汇储备和民间外汇需求三个要素后，利用改进的阿格沃尔模型对1994～2010年中国外汇储备适度规模及其影响因素进行了实证研究。结果表明，进口额、出口额、GDP和外商直接投资对我国外汇储备能够产生长期的影响；外债余额尤其是短期外债余额和广义货币供应量会在短期内对外汇储备规模产生影响。

饶晓辉（2012）[④] 以资本账户出现危机为假设背景，测算了为了维持平滑消费，中国最优外汇储备持有量约为GDP的27.4%。而在与现实的对比中他进一步发现，2005年是一个转折点：2005年以前中国的实际外汇储备虽然逐年上升，但还是低于适度规模，而2005年之后实际外汇储备规模的迅速积累拉大了其与适度规模的差距，呈现出外汇储备过剩的局面。

陶士贵和刘骏斌（2014）[⑤] 选取2009～2013年的月度数据，在用OLS模型分析了外汇储备规模与收益、汇率等风险因素关系的基础上，通过VAR模

---

① 刘冬雨．中国外汇储备的最优规模：理论与实证［D］．山东：山东大学，2011．

② 杨权，裴晓婧．资本账户开放、金融风险与最优外汇储备［J］．国际金融研究，2011（7）：21－33．

③ 宿玉海，张雪莹．对我国外汇储备超适度规模的实证分析——基于改进的阿格沃尔模型［J］．财经科学，2011（10）：22－28．

④ 饶晓辉．平滑消费视角下中国外汇储备的最适持有量［J］．经济科学，2012（4）：14－23．

⑤ 陶士贵，刘骏斌．美元量化宽松条件下中国外汇储备的收益与安全［J］．财经科学，2014（9）．

型的实证发现：欧元汇率波动和中美利差已经成为外汇储备规模变动的重要原因；2009 年后，我国外汇储备在保持美元、欧元资产比例基本稳定的状态下，其收益性偏低。进而他们认为外汇储备的平均收益率对中国外汇储备规模增长的贡献极低，中国外汇储备的管理原则依然是规避风险。因此，他们建议管理部门应重视外汇储备收益率的高低，主动结合市场表现对币种结构进行动态调整，从寻找适合的具有较大投资价值的金融工具等方向进行外汇储备管理改革。

3.1.2.3 关于外汇储备对中国经济影响的研究

（1）持有外汇储备的成本与收益。

国内学者对中国持有外汇储备的成本研究主要集中在以下三个方面。一是因外汇占款所引发的中央银行货币冲销成本，如时卫平（2005）① 计算了 1994 年至 2004 年 6 月末我国央行冲销成本为 8 377.3 亿元；二是持有外汇储备的机会成本，如沈姗姗（2010）② 结合我国的外汇储备投资情况发现，到 2008 年持有的机会成本从 314 亿美元增加到 2 299 亿美元，占我国 GDP 的 5.23%；三是持有外汇储备时因汇率变化造成的资本损失，张明（2010）③ 指出由于我国主要持有美元资产，而美元对人民币贬值造成的 2007 年外汇储备的资本损失为 3 460 亿元人民币，并且自 2003 年至 2009 年 9 月底，美元国际购买力下降给中国造成的资本损失超过 5 000 亿美元。张冀和王乐（2011）④ 还测算了人民币升值的背景下，因国际资本投机和货币当局债券利息冲销造成的外汇储备资本损失率为储备资产的 3% ~6%。

李翀（2011）⑤ 综合考虑中央银行票据利息损失、人民币汇率变化的汇

---

① 时卫干．对中央银行干预及冲销操作成本的研究［R］．经济发展论坛工作论文，No. FC20050054.

② 沈姗姗．中国外汇储备结构优化研究［D］．武汉：华东科技大学，2010.

③ 张明．略论中国外汇储备面临的潜在资本损失［J］．经济理论与经济管理，2010（1）：19 - 23.

④ 张冀，王乐．基于数值模拟下的中国外汇储备潜在损失分析［J］．财经研究，2011（6）：47 - 57.

⑤ 李翀．论我国外汇储备的性质和损益［J］．中山大学学报社会科学版，2012（2）：173 - 180.

兑损失和发达国家价格水平上升的购买力损失三个因素认为，中国 2006 ~ 2010 年外汇储备账面损失最大的是汇兑损失，累计达到 1 477.25 亿美元；然后是购买力损失，累计达到 885.43 亿美元；最小的是中央银行票据利息损失，累计达到 101.33 亿美元。王珍和赵瑞君（2012）[①] 则将冲销成本、资本损失、FDI 利润汇回、外债付息成本、热钱流入的投机成本及机会成本加总，得到 2005 ~ 2010 年我国外汇储备的总成本为 13 704 亿美元，占我国 2010 年末外汇储备的 48%。

在收益方面的测算上，国内学者主要是从储备资产的收益情况来考察中国外汇储备的投资收益。这当中，既要考虑金融资产本身的到期收益，也要考虑不同货币之间的汇率波动等问题。张斌、王勋和华秀萍（2010）[②] 估算了以美元计价的中国外汇储备的名义收益率。更为重要的是，他们提出并构建了外汇储备名义有效收益率（nerfer）和真实有效收益率（rerfer）。前者是以货币篮子衡量的加权收益，后者则是以商品和服务为篮子权重进行衡量的真实收益。他们利用 COFER 和 TIC 数据，对 2002 ~ 2009 年中国外汇储备进行测度的实证表明，考察期内以美元计价的外汇储备名义收益率均值超过 7%，名义有效收益率达到 5%，而真实有效收益率仅达到 3%。同时考虑到 2007 年以后中国外汇储备名义收益率与真实有效收益率多次出现相反的走势，他们建议未来对外汇储备收益的考察应该重点关注真实财富的保值增值，而不仅仅是名义收益水平的变化。

张斌和王勋（2012）[③] 在前面的基础上进一步分解得到影响外汇储备名义收益与真实有效收益的主要因素：储备资产收益率和储备货币汇率是名义收益率变化的重要因素；储备资产收益率和储备货币真实购买力的变化主导了真实收益率的变化情况；而币种结构、投资工具结构等对名义收益率和真实收益率影响有限。另据回归分析，他们推断美国金融市场风险溢价是影响

① 王珍，赵瑞君．我国外汇储备的成本—收益分析［J］．统计研究，2012（11）：49 - 54.

② 张斌，王勋，华秀萍．中国外汇储备的名义收益率和真实收益率［J］．经济研究，2010（10）：115 - 128.

③ 张斌，王勋．中国外汇储备名义收益率与真实收益率变动的影响因素分析［J］．中国社会科学，2012（1）：62 - 75.

中国外汇储备名义收益率变动的重要因素，美元汇率和大宗商品价格变化则左右了中国外汇储备真实收益率的走势。

与此同时，我国学者还经常将持有外汇储备的收益与成本放在一起讨论，从而得到一个“净收益”的概念。张曙光和张斌（2007）[①] 曾经在文章中对中国外汇储备资产的损益进行了估算，根据计算公式[②]他们发现，除了用一年期央票收益率替代国内投资收率，其他情形下计算出的外汇储备资产投资损益均为负值，说明我国在持有外汇储备资产的同时积累了大量的机会成本。

李众敏（2008）[③] 以货币当局、商业银行和居民为研究主体，测算出外汇储备给中国带来的“净收益”为每年－764.9亿美元。喻海燕、朱孟楠（2009）[④] 计算了1994～2008年我国外汇储备的机会成本、干预成本和冲销成本及投资收益，扣除各项成本后，我国外汇储备的净收益为－4 982.15亿元。还有王珍和赵瑞君（2012）也在文章中将包括外汇储备的投资收益和降低金融危机风险的收益在内的总收益与持有成本叠加后得到2005～2010年我国持有外汇储备的“净收益”为－6 417亿美元。

（2）外汇储备增长对通货膨胀、货币政策等的影响。

首先，第一个被国内学者长期关注的问题便是外汇储备对货币政策及货币供给的影响。这种影响主要体现在：外汇储备增加会导致货币供给量扩张，增强了货币供给的内生性特点，还会改变行业、部门间的货币供给结构，从而加大货币政策的操作难度，也会引发货币政策和汇率政策冲突（康立，2006）。[⑤]

张曙光和张斌2007年的研究中，在预测中国外汇储备到2010年期间将保持持续增长态势的基础上，重点分析了外汇储备积累对我国中央银行货币

---

① 张曙光，张斌. 外汇储备持续积累的经济后果［J］. 经济研究，2007（4）：18－29.

② 张斌等在文中定义：当年外汇资产的损益＝（外汇资产收益率－国内投资收益率）×外汇资产规模×当期汇率

③ 李众敏. 我国外汇储备的成本、收益及其分布状况研究［J］. 经济社会体制比较，2008（4）：87－93.

④ 喻海燕，朱孟楠. 世界金融危机背景下我国外汇储备管理研究：基于管理收益的思考［J］. 经济学家，2009（10）：79－86.

⑤ 康立. 中国外汇储备对货币政策的影响［J］. 中南财经政法大学学报，2006（1）：84－144.

政策操作的影响。他们从中央银行资产负债表入手，充分探讨了外汇储备增长对中国货币供给以及中央银行货币冲销行为的影响。他们认为，持续性的外汇储备积累会迫使中央银行发行大量的央票进行对冲。这样一来中央银行不但需要承担沉重的利息负担，还会抬高国债利率水平上升。进一步来说，他们还认为中国依靠贸易顺差积累外汇储备的方式还会给产业结构带来了负面影响——资源配置偏向可贸易部门，从而造成中国内部经济的结构性失衡。

其次，学者们还不遗余力地将外汇储备增长是否对物价水平的上升形成推力进行了较为充分的探讨。不过，就研究结果来看，目前学术界还未对这个问题形成一致的意见。部分学者研究发现，外汇储备积累确实会对国内物价水平产生向上的牵引力。方先明等（2006）① 利用费雪方程式，在货币数量与物价水平之间的关系上肯定了外汇储备增加会产生通货膨胀效用。张鹏、柳欣（2009）② 则是实证检验了我国外汇储备对通货膨胀水平上涨的正向影响。高瞻（2010）③ 是从国际收支平衡表入手，通过 IS-LM-BP 模型阐释了外汇储备变动会引起物价水平的变化。许涤龙等（2010）④ 还借助 VAR 的方法，在对 2000～2009 年相关数据的分析中观察到外汇储备增加较之我国货币供给的增加在长期内对物价水平上升的影响力更为显著。惠晓峰和王馨润（2013）⑤ 同样基于 VAR 模型的实证分析佐证了外汇储备增长对我国通货膨胀的长期影响，但在短期内，由于央行货币冲销行为的实施，前者对后者的冲击效果并不明显。特别是 2008～2011 年，货币供应量 M2 对通货膨胀的影响更为明显。

王三兴和饶为民（2011）⑥ 对东亚地区国家应对超额外汇储备给本国通

① 方先明，裴平，张谊浩. 外汇储备增加的通货膨胀效应和货币冲销政策的有效性——基于中国统计数据的实证检验［J］. 金融研究，2006（7）：13－21.

② 张鹏，柳欣. 我国外汇储备变动对通货膨胀的影响［J］. 世界经济研究，2009（2）：35－39.

③ 高瞻. 我国外汇储备、汇率变动对通货膨胀的影响——基于国际收支视角的分析［J］. 国际金融研究，2010（11）：4－10.

④ 许涤龙，邱士勤，席玲慧. 外汇储备增长对物价水平影响的实证研究［J］. 统计与决策，2010（14）：101－103.

⑤ 惠晓峰，王馨润. 中国外汇储备对通货膨胀影响的实证分析［J］. 管理科学，2013（4）.

⑥ 王三兴，饶为民. 超额外汇储备、汇率稳定与流动性对冲［J］. 财政研究，2011（7）：27－30.

货膨胀带来的影响进行分析并指出：在债券规模有限的市场，中央银行发行票据对冲流动性过剩的行为较之发行债券而言效果并不理想，例如2007年中国的情况。由此，他们建议东亚地区国家应该通过保持国际收支平衡和采取更为灵活的汇率制度来抑制外汇储备的被动增长。

另外，考虑到我国货币冲销政策的采用，很多学者在研究中同样强调了外汇储备在现实经济中对我国物价水平的影响是有限的。例如，方先明等（2006）、高瞻（2010）还在各自的研究中，先后对我国2001~2005年以及1992~2010年的经济数据通过因果检验与VEC模型证实了央行的外汇冲销政策能够削弱外汇储备增加给物价上涨带来的压力。类似地，范德胜（2007）[①]也强调中央银行的货币冲销使短期内无法观测到外汇储备迅速增加对物价水平上升的直接影响。李勇等（2011）[②]则是通过VAR和SVAR分析发现，我国外汇储备对物价的影响效果要小于前者对股价以及房价的影响。

3.1.2.4 关于储备币种与资产配置的研究

赵洪岩（2006）[③]假设中国外汇储备以持有美元和欧元两种货币为前提，将外汇储备变化量可以分解成收益、外汇占款的变化和外汇储备资产损益三个部分。以此方法，他估算出外汇储备中欧元资产比例在2005~2006年为25%，且2000年后的年收益率平均为2.4%。盛柳刚和赵洪岩（2007）[④]则是进一步在此基础上，利用CUSUM test检验对2003年前后两个阶段估计了欧元比例、收益率，并估计了第二阶段的热钱数量。他们的研究结果与赵洪岩（2006）接近：在2000年至2002年底，欧元比例在中国外汇储备中所占的比重约为7.2%，2003年后欧元资产比例上升至26.7%；外汇储备的年平均收

① 范德胜. 我国巨额外汇储备对货币供应量和物价的影响研究［J］. 南京社会科学，2007（7）：16-21.

② 李勇，邓晶，王有贵. 中国通胀、资产价格及货币政策间关系研究——基于开放经济视角的分析［J］. 国际金融研究，2011（10）：23-29.

③ 赵洪岩. 中国外汇储备收益率与欧元资产所占比例分析［J］. CCER中国经济观察，2006（2）：38.

④ 盛柳刚，赵洪岩. 外汇储备收益率、币种结构和热钱［J］. 经济学（季刊），2007（7）：1255-1276.

益率在 2003 年前约为 4.8%，之后在 2.3% ~2.5%。同时，他们还指出，2003 ~2006 年中国并未出现明显的热钱流入。

杨胜刚和谭卓（2007）[①] 利用层次分析法（the analytical hierarchy process，AHP），从贸易结构、外债结构以及风险收益三个方面，对中国外汇储备中的美元、欧元、日元等币种结构进行了优化估计：（1）仅考虑贸易收支结构时，利用 AHP 得出的币种结构为：欧元 30.55%、日元 14.79%、英镑 10.2% 和美元 44.46%，这与我国的实际贸易收支结构大体一致；（2）若仅为了偿付外债，我国外汇储备货币结构应为：欧元 15%、日元 10%、英镑 12%、美元 63%；（3）利用 AHP 模型得出的我国外汇储备货币组合在风险与收益上均优于现实中的货币组合。

杨胜刚、龙张红和陈珂（2008）[②] 又以贝恩德·谢雷尔（Bernd Scherer，2003）[③] 的模型为基础，从市场组合基准和流动性组合基准为落脚点，在考虑不同的风险制度和风险厌恶程度的情况下，对中国外汇储备币种的最优结构进行了测算。他们得到了不同条件下外汇储备币种的调整方向，如果当风险回避意识不变时，在国家高度关注外汇储备的安全性而忽略收益性的情况下，应该是多投资日元和少量英镑；如果国家的风险规避意识很强，外汇储备投资应以美元为主，欧元和日元次之，英镑的比重最低，具体的比重区间可以为：美元为 36% ~46%、欧元为 23% ~31%、日元为 16% ~27% 和英镑为 6% ~12%。

杨胜刚和龙张红（2009）[④] 还沿用 Ramaswamy 提出的方法，借鉴模糊决策理论的满意度概念，建立了一个包含多种宏观经济变量和收益—风险因素在内的多约束、多目标的最优化币种结构动态调整模型。模型结果显示，当

① 杨胜刚，谭卓．基于层次分析法的中国外汇储备货币结构管理研究［J］．财经理论与实践，2007（3）：2－7．

② 杨胜刚，龙张红，陈珂．基于双基准与多风险制度下的中国外汇储备币种结构配置研究［J］．国际金融研究，2008（12）：49－56．

③ B. Scherer，A. Gintschel. Currency Allocation as Dual Benchmark Optimization［OL］．http：//www.modelizacion.es/PDF，2003．

④ 杨胜刚，龙张红．基于模糊决策理论的中国外汇储备币种结构研究［J］．财经理论与实践，2009（3）：8－13．

美元或者欧元的最低收益率可能值逐渐增大时，应减少日元的比重，而增大美元、欧元和英镑的比重；而当分别提高美元利率、欧元利率和英镑利率时，应分别提高本国货币的比重而降低除本国货币之外的其他三种货币的比重；但当提高日元的利率时，不仅仅需要增大日元的比重，还应增大英镑的比重，而美元和欧元的比重应有所下降。

刘莉亚（2009）① 采用着重于风险—收益分析的马柯维茨资产组合模型，对2000~2007年中国外汇储备的币种结构进行了分层次研究。在假设储备货币只有美元、欧元、日元、英镑和瑞士法郎五种时，她得到的结论是：（1）只考虑货币的利率收益时，考察期内不应持有美元和瑞士法郎，而应主要持有英镑与日元；（2）结合海勒—奈特模型加入中国贸易结构因素，以及结合杜利模型加入外债结构因素后，美元的权重提高在20%左右，欧元在9%左右，而英镑和日元的地位有所下降；（3）在进一步加入人民币汇率制度因素后，作者对中国外汇储备币种结构的估算显示2005年后美元在其中的比例明显下降，由50%以上降为37%左右，而欧元、日元和英镑的权重均有所提高。

孔立平（2010）② 较为全面地分析了不同影响因素下中国外汇储备的币种结构与最优选择问题。他认为，一国外汇储备的币种结构可以分别从资产组合（风险—收益）、贸易结构、外债结构、外商直接投资、汇率制度等方面进行考察。基于此，他构建了适宜中国经济发展的外汇储备币种最优结构测算模型，并计算出：美元不处于主导地位，占比在31%~37%；日元储备的占比在8%~11%；欧元的占比有实质性提高，在50%~55%。英镑及其他货币应占9%~13%。

张斌（2011）③ 借助之前持续性的研究成果，通过对比以中国进口商品和服务篮子作为计价物的不同货币种类下的外汇储备真实收益率，思考了亚

① 刘莉亚．新汇率制度下我国外汇储备最优币种结构配置的理论分析与实证计算［J］．财贸经济，2009（11）：24-29.

② 孔立平．全球金融危机下中国外汇储备币种构成的选择［J］．国际金融研究，2010（3）：64-72.

③ 张斌．亚洲经济体是否应该在外汇储备中增加亚洲货币资产——基于中国的答案［J］．国际金融研究，2011（3）：11-17.

洲地区国家如何配置储备资产，以期更为有效地实现外汇储备保值增值的目标。他集中考察了以各国长期国债为标的资产的主要亚洲货币资产和美元资产的真实收益率情况，并建议中国可以通过增持亚洲国家和澳大利亚的资产替代美元资产来增加外汇储备收益。这是因为无论是从真实收益率来看，还是从名义收益率来看，美元长期国债的收益是偏低的，只是分别稍高于马来西亚和日本的长期国债。

马杰和张灿（2012）① 通过构建 DCC-GARCH-CVaR 模型，以贸易外债结构为条件分别对中国外汇储备的结构进行了无约束和有约束的优化调整分析。他们的研究表明，在 2002 年 1 月至 2011 年 3 月，以美元、欧元、日元和英镑作为中国外汇储备备选货币的假设前提下，无论是否有约束条件，四种货币在外汇储备中的权重变化较大，并且美元的权重依然是最为突出的。不过，如果在考虑了贸易外债结构的约束后，美元权重则由 80% 以上下降到 50% ~ 70%。同时，其他三种货币的权重分别有所增加。这就说明美元与其他货币之间存在显著的“跷跷板”效应。另外，他们还指出欧元的实证估测权重要低于既往研究水平，说明欧元的储备地位存在被高估的可能，而英镑和日元的权重依然不低，说明它们在国际储备货币体系中的重要地位仍很稳定。

肖林（2012）② 从大宗商品投资的角度间接地研究了中国外汇储备的币种结构。他认为按照现行的汇率制度与水平，在考虑铁矿石、大豆、棉花等商品进口对中国的重要性后，结合 VEC 模型，在中国的外汇储备中应提高澳元、加元的持有币种，相对降低美元及美元资产的投资比例。

石凯、刘力臻和聂丽（2012）③ 根据美国财政部 TIC 数据和国际货币基金组织官方外汇储备货币构成数据，通过均值—方差分析框架测算了 2007 ~ 2011 年具有最小风险的币种构成，继而使用动态最优化方法构建币种结构调整的动态最优路径。他们建议在币种结构的调整问题上，2011 年后我们应逐

① 马杰，张灿．DCC-GARCH-CVaR 模型与中国外汇储备结构动态优化［J］．世界经济，2012（7）：62－82．

② 肖林．大宗商品价格变化与汇率波动的动态关系——兼论中国外汇储备结构调整［J］．财经科学，2012（4）：10－19．

③ 石凯，刘力臻，聂丽．中国外汇储备币种结构的动态优化［J］．广东金融学院学报，2012（11）：91－103．

步减持美元资产为日元资产。这既符合近年来中国增持日元国债客观现实，也会相应降低持有美元的金融风险。

赵海青（2012）① 首先通过马柯维茨的资产组合理论对不同预期收益下的外汇储备币种结构进行了估计，结果显示，在含有黄金储备的资产池中，美元和欧元的比例类似且最高，为25%～30%，英镑、日元及黄金次之，并且随着预期收益的提高，我们应该增加黄金储备的比例而降低货币持有的比例。其次在以海勒—奈特模型以及杜利模型为研究框架的分析中，考虑贸易结构、外债结构以及汇率制度安排的因素后，中国外汇储备中的美元及其资产比例应该最大，在50%以上，欧元、英镑、日元等次之。最后作者在综合考虑多种因素后认为，中国外汇储备的币种结构应该为：美元（40%～45%）、欧元（20%～25%）、日元（13%～15%）、英镑及其他货币（15%～20%）。据此，赵海青指出降低美元持有比例，增加其他货币的比例是十分必要的。

刘晶和董巍（2012）② 借鉴平均值—方差方法的思路构建了平均收益率—VAR组合优化配置方法，用以研究中国外汇储备相应的投资组合配置方法。他们以近年欧美经济金融危机为背景，以中国持有欧美国债为投资目标，从外汇储备的保值增值角度，利用29种欧美国家国债的长期历史数据对如何调整持有欧美国债的具体比例进行了估算，并认为目前中国的外汇储备投资组合应更多地配置低风险资产组合，但短期债券并不意味着一定是合适的低风险投资组合。

成为等（2013）③ 以动态均值—方差最优化模型为理论基础，以国际贸易、参照货币、风险承担能力和国际货币体系格局等主要因素实证模拟了中国外汇储备的最优币种结构。综合不同设定的分析结构，他们认为中国外汇储备资产需要降低美元资产的比例，增加持有国际贸易与金融交往联系紧密

① 赵海青．中国外汇储备币种结构优化研究［J］．河海大学学报（哲学社会科学版），2012（12）：68－72.

② 刘晶，董巍．中国外汇储备投资组合的优化配置——基于欧美国债数据的实证研究［J］．亚太经济，2012（3）：105－109.

③ 成为，王碧峰，何青，杨晓光．基于风险——收益模型的外汇储备币种结构的多因素分析［J］．管理评论，2013（2）.

的新兴市场国家印度、俄罗斯等国的货币；人民币国际化的演进可以帮助我国逐步降低外汇储备规模，进一步优化币种结构。

宋军与毛伟（2014）[①] 基于资产组合投资的分析角度，采用均值—方差—峰度—偏度（MVSK）模型，对一国外汇储备的中现金、国债和股票进行了最优化模拟。他们的研究结果显示，就中国而言，外汇储备中的美国国债和美国股票占比在50%以上是合理的。类似地，日本、瑞士等国的美元资产占比同样应该较高。

王永利（2014）[②] 较有创新性地对我国高额外汇储备的使用提出了建设性意见。他从货币供给与流通的角度分析了外汇储备由央行集中持有给我国货币投放和经济发展带来的困扰，进而认为财政部门可以行使更多的投资管理功能，形成“财政外汇储备”和“央行外汇储备”。这种外汇储备管理方式的改变既能平抑外汇占款对货币政策冲击，强化中央银行稳定国内物价的职能，又能深化金融体制改革，盘活存量货币，以中央财政为主体对外实施投资战略，提高外汇储备使用效率。

3.1.2.5 关于中国投资美国国债的研究

2001 年后，美国财政部开始对外公布他国持有美元证券的具体情况。在这种情况下，中国投资美国国债的规模随着外汇储备的增长逐年增加，并且在2006 年后超过日本成为美国的第一大债权国。这就给学术界研究中国投资美国国债的行为提供了一个可参考的、更为精确的数字依据。特别是次贷危机后，美元走势的疲弱更是引发了学者们对于我国持有庞大美国国债可能面临的风险与损失的担心。

宋国友（2008）[③] 详细地从美国 CPI、FDI 收益率、美元汇率、公司债利率以及不同期限的国债利率等多个层次对比分析了 2001 ~2007 年我国投资美国国债的收益水平。他在文章中指出，从收益的角度来看，我国持有

① 宋军，毛伟. 多资产的外汇储备币种配置［J］. 系统工程理论与实践，2014（3）.

② 王永利. 分流外汇储备、盘活货币存量及深化金融改革［J］. 国际金融研究，2014（8）.

③ 宋国友. 中国购买美国国债：来源、收益与影响［J］. 复旦大学学报（社会科学版），2008（4）：31 –38.

的美国国债基本上无法实现明显的正回报。若直接将美元储备存入美国商业银行，那么在保证与同期限美国国债收益水平相等的同时还可以获得更大的流动性。张斌则是在2011年的研究中实证了中国持有美国长期国债的真实收益率为负值，而其名义收益率水平在东南亚范围内也仅仅好于同期的日本。

王永中（2011）① 以2009年6月中国持有的美国长期国债规模为例，考察了债券收益率变化对我国所持长期美国国债收益的影响。如果美国国债利率维持在3.72%以下，我国所持有的美债可以获得超额回报。如果美国长期债券票面收益率达到10%，则我国将面临2 959.9亿美元的债券市场价格下跌的损失。同时，他还根据美国长期国债收益率的历史数据预测，在未来几年中，美国长期国债收益率很可能接近或达到6%，这也将导致中国持有的长期机构债券的价值受损。

3.2 中国外汇储备管理研究的新进展

近年来的国内关于外汇储备的研究向我们展现出了新的趋势。2016年以来，随着供给侧改革的深入运行，央行将金融风险、金融稳定放在了货币政策目标的重要位置。在这个背景下，以张明、朱孟楠和陶士贵等为代表的学者，将研究视角重点放在了金融安全、资本外流以及储备资产组合的收益测度等方面。可以说，这一改变大大延伸了对我国外汇储备规模的研究深度与广度，也更加形象地刻画了我国超额外汇储备所面临的多方面风险。

3.2.1 对储备需求的研究集中在金融安全方面

金融安全是中国金融领域近年来热门的研究方向，从商业银行信贷资产

① 王永中．中国外汇储备的构成、收益与风险［J］．国际金融研究，2011（1）：44－52.

安全，到人民币汇率风险研判，都已经被探讨得比较深入。特别是政府部门因素的加入，使金融研究的深度更加极致。

美国过去 10 年来的货币政策表现让全球各国都感受到了主权信用风险不再是一个能被轻易忽视的问题。尤其是在美国债务负担逐年上升的大背景下，中国持有美债规模虽有所下降，但是我们所面临的风险也越发突出。黄晓薇等（2015）[①] 便以美国 1990 年以来 20 次提高债务上限为样本，系统研究了不同期限主权信用风险的调整及影响因素。结果表明，宏观冲击（GDP 增长率、财政收支等因素）会引发主权信用风险的调整，事件前短期信用风险增大而长期信用风险减小，国债收益率曲线收窄；事件后短期风险减小而长期风险增大，收益率曲线变陡。基于研究结果，他们建议中国外汇储备在资产配置上，要综合考虑经济环境与市场环境因素的冲击，适时增加短期美债的持有，积极投资 1 年期美债，而对于长期美债则应该更多地实施套利策略。

陶士贵和陈建宇（2017）[②] 同样用自己的研究证实了上述局面的存在。他们认为由于中国持有巨额美债，且持有美债占外汇储备比例过高，导致中国外汇储备不仅面临着正常状态下的利率风险、汇率风险、隐性主权违约风险和通货膨胀风险，还将极有可能面对美元地缘政治冲突背景下的美债单方违约风险乃至军事冲突背景等极端条件下的安全问题。有鉴于此，建议我国认真审视美国金融霸权和美元资产价格波动的潜在风险，从维护国民经济安全的战略视角以及正常和非正常两个方面，全面、系统地构建中国外汇储备安全管理框架。

几乎在同一时间，陶士贵和周晶（2017）[③] 还通过对既有文献的梳理，以美国金融制裁为预期政策环境，归纳了美国在全球实施金融制裁后不同国家的应对措施，对我国外汇储备管理的思路和策略提出了具有针对性的建议：

---

① 黄晓薇，贾君怡，郭敏．宏观事件冲击与我国外汇储备的期限结构管理——基于美债上限调整的事件研究［J］．财经研究，2015（10）．

② 陶士贵，陈建宇．中国外汇储备安全管理压力测试与实证分析［J］．财经科学，2017（1）．

③ 陶士贵，周晶．美国金融制裁对我国外汇储备风险防控的警示——基于文献研究［J］．武汉金融，2017（5）．

一是持续优化储备结构；二是拓展外汇储备投资的渠道；三是建立更加高效的外汇储备风险评估体系。

3.2.2 中国外汇储备规模变化的原因剖析

王伟等（2016）[①] 在已有文献的基础上，将外汇储备规模的影响因素扩展到对经济发展阶段以及汇兑安排的解读上。他们首先使用121个国家30年的面板数据，从外汇储备占GDP的比重、外汇储备占外部资产的比重以及外汇储备占外部负债的比重三个角度审视一国的相对储备规模。其次讨论内在发展阶段以及汇兑安排对一国外汇储备规模的影响。研究发现，经济发展水平对外汇储备相对规模的影响呈倒“U”形特征；金融发展水平与外汇储备相对规模显著负相关；金融开放度越高，外汇储备相对规模越低；实行固定汇率制度以及中间汇率制度的经济体，其外汇储备相对规模更高。最后结合回归结果、优势分析以及中国现状推断出：中国所处的发展阶段以及汇兑安排是导致外汇储备规模高企的重要因素。

张明（2018）[②] 作为国内比较知名的学者，其研究相对更加有新意。例如，他在近年来持续性关注中国外汇储备变化的基础上，提出了“估值效应”这一概念，清晰地解释了外汇储备绝对余额与国际收支平衡表储备资产余额存在差异的原因——汇率因素造成估值变化，并重点研究了2014年之后中国外汇储备下降过程中的诸多特征。他首先认为外汇储备占中国海外总资产比重过高，以及外汇储备投资收益率偏低，共同造成了中国是一个投资收益持续为负的全球债权人的现实。其次他通过对比央行、外管局等部门的统计数据发现“估值效应”是2014～2017年中国外汇储备规模变动的重要原因。最后他对于中国外汇储备规模的观点为：中国外汇储备的适度规模在2.8万亿美元左右。结合上述诸多结论，张明建议中国政府应该加快人民币汇率形成

---

① 王伟，杨娇辉，王曦，朱立挺．发展阶段、汇兑安排与中国高外汇储备规模［J］．世界经济，2016（2）．

② 张明．全方位透视中国外汇储备下降：估值效应、适度规模与资产结构［J］．学术研究，2018（7）．

机制市场化改革、审慎开放资本账户、避免在“一带一路”建设中使用过多的外汇储备、构建主权外汇资产管理的竞争性格局，以及招聘更高素质的金融投资人才。

朱孟楠和曹春玉（2018）[①] 将利率规则与汇率安排的不同组合纳入多部门的 NK-DSGE 模型中，研究美元加息冲击对我国经济的整体影响及外汇储备需求规模的动态调整。他们发现，对于中国而言，在面对美联储临时性加息冲击式，短期内用利率规则配合外汇干预实施固定汇率安排更利于经济稳定与金融稳定，而在持续性的加息冲击过程中，实施管理浮动汇率安排更为有效。因此，他们建议我国在短期内应采取宏观审慎措施防止资本外流，稳定和满足外汇储备的规模需求；长期内则需加大金融改革和经济体制改革的力度与深度，在人民币国际化稳步推进的过程中，逐步实现外汇储备规模动态调整的合理化。

2019 年，朱孟楠等[②]在之前对单个国家或地区的货币国际化程度与外汇储备规模变动进行研究（朱孟楠和闫帅，2017）的基础上，借鉴奥伯斯法尔德等（Obstfeld et al. , 2010）异质性预测模型，加入货币国际化因素，进一步探究了一国货币国际化程度、金融稳定与外汇储备规模的理论关系。他们利用固定效应面板数据回归发现，一国货币国际化程度越高，出于金融稳定动机的储备规模需求越小；非国际货币发行国家和地区的储备规模在 1993 ~ 2001 年经历了从进口交易需求到金融稳定需求的转型。他们建议我国应根据实体经济发展和金融环境稳定的需求，动态调整外汇储备需求规模，维持人民币汇率基本稳定，助推人民币国际化进程。

3.2.3 外汇储备对我国通胀、人民币国际化等的影响

在进一步探索外汇储备与通货膨胀的关系上，王荣和王英（2018）[③] 更

---

① 朱孟楠，曹春玉．加息周期、汇率安排与储备需求［J］．金融研究，2018（1）．

② 朱孟楠，曹春玉．货币国际化、金融稳定与储备需求［J］．统计研究，2019（3）．

③ 王荣，王英．基于系统 GMM 分析的我国外汇储备与城乡指数的动态关系研究［J］．管理现代化，2018（3）．

加细化地把CPI指数拆分为城镇居民和农村居民CPI指数，利用GMM系统模型分析方法，研究了1996~2016年我国外汇储备与城乡CPI指数之间的关系。他们的实证结果表明，我国外汇储备和CPI之间存在长期稳定的关系，但是外汇储备对城镇CPI指数的影响要大于农村。这主要是因为货币供应量最为传导介质在城镇的作用发挥更为明显。故而，他们建议央行除了货币冲销政策的实施以外，还应注重在城镇和农村两个区域实施差异化的货币政策用以抑制CPI波动。

李丽艳和曾启（2019）① 则更加关注外汇储备增长在人民币国际化进程中的作用。他们首先建立了三国的外汇储备供给与需求模型，用以分析外汇储备规模对本国货币国际化影响。而后借助模型的定性分析思路，采用STR平滑回归分析方法对美元、日元以及欧元等在内的多种货币国家自身的外汇储备规模与国际化程度进行了实证检验。他们认为，充足的外汇储备能够促进本国货币国际化，但该规模并非无限，过高的储备规模会抑制本国货币国际化。进而他们建议中国在已拥有高额外汇储备的情况下，可以适当减少外汇储备积累速度并且应更多地使用人民币进行对外支付。

在观测外汇储备积累对中国居民福利的提升问题上，温兴春和龚六堂(2019)② 通过在开放的小国经济体中引入资本管制变量，利用效用函数定量地对比了资本管制和开放条件下国内外冲击对中国宏观经济波动和居民福利的影响。研究结果显示，中国实施资本管制很好地应对了外部冲击，有利于稳定人民币汇率等宏观经济变量，提高了本国居民的福利水平；但持有大量的外汇资产也使我国放开资本管制的成本难度加大。鉴于此，他们建议中国在改善金融经济环境和国际收支情况下，逐步取消资本管制是最为稳妥的方法。

① 李丽艳，曾启．持有高额外汇储备会促进还是会抑制本币国际化？——基于供求均衡视角和多国数据的分析［J］．国际金融研究，2019（8）．

② 温兴春，龚六堂．资本账户开放、外汇净资产与福利变动［J］．国际金融研究，2019（10）．

3.2.4 基于多种金融风险维度的储备资产组合的优化建议

朱孟楠和段洪俊（2019）[①] 基于科文和舒尔茨（Corwin and Schultz，2012）提出的买卖差价估计方法，选取2007年7月至2017年7月的每日数据，对五个欧美发达经济体主权债市场的流动性进行了测度。他们的研究结果显示，2015年后世界主要主权债市场发生结构性变化，流动性变差，且不同市场之间流动性变化具有非同步性和相对独立的周期性，流动性风险的系统性特征不明显。他们进而建议中国在外汇储备管理上应更加注重全球经济发展过程中储备资产流动性风险的结构变化，适时推进分层分类管理。

几乎是在同一时间，他们还对中国外汇储备所面临的利率风险和汇率风险进行了测度[②]。借助GARCH-EVT-COPULA模型和蒙特卡洛模拟方法，他们研究发现在充分考虑汇率和利率两类基本市场风险因子条件下，现行外汇储备投资组合的整体市场风险相对于单一风险因子测度较低，两类市场风险因子在我国外汇储备组合中的风险对冲效应明显，并建议适当降低欧元币种资产，用以提高储备资产组合的收益，降低市场风险。

在最新的研究中，祝国平和程呈（2020）[③] 通过拓展的MV-CAPM资产组合模型分析了货币国际化条件对外汇储备的规模与结构变化的影响机制，发现本国货币国际化会改善外汇储备管理的效用水平，且随着货币国际化程度的提高合意的外汇储备规模先升后降；货币国际化程度越高，外汇储备资产配置所能承受的风险与收益越高，且配置更为多样化。随后他们通过对美国、日本和英国在1996～2016年的面板数据分析中证实了上述观点。该研究对于中国的建议是：人民币国际化尚处起步阶段，保有大量外汇储备具有合理性，不宜盲目缩减；在审慎推进人民币国际化的进程中，

---

① 朱孟楠，段洪俊. 金融安全、流动性与中国外汇储备风险管理——基于交易价差估计的主权债市场流动性及其风险分析［J］. 金融论坛，2019（3）.

② 朱孟楠，段洪俊. 中国外汇储备市场风险测度——基于GARCH-EVT-COPULA模型的利率和汇率风险集成分析［J］. 武汉金融，2019（3）.

③ 祝国平，程呈. 货币国际化条件下的外汇储备：规模与结构［J］. 东北师大学报（哲学社会科学版），2020（1）.

逐步提高外汇储备结果配置管理的效率，需更加注重投资组合的多样化，降低储备货币的国别信用风险。

3.3 外汇储备研究的简要评述

3.3.1 形成了诸多一致性观点

通过前面对外汇储备管理研究现状的梳理，我们可以看到已有研究在很多问题的探讨上已经形成较为一致的观点。这些观点与结论归纳起来主要包括以下五点。

（1）影响一国外汇储备需求比较显著的因素主要包括该国的经济规模、对外开放度以及相关金融资产价格的波动等。

（2）外汇储备适度规模的界定与测算是对外汇储备需求分析的进一步延伸，其研究方法主要集中在考察一国外汇储备规模是否适应该国的经济发展状况（如进出口情况、GDP 规模等）以及是否能够满足其抵御外部的经济冲击，并且普遍的观点认为对于包括中国在内的很多新兴市场和发展中国家而言，现有外汇储备规模是相对充裕甚至过剩的。

（3）在储备资产选择上，欧元还无法动摇美元作为全球首要的储备货币的地位，但是美国主权信用风险正在逐步累积，因而多元化的投资策略是外汇储备管理的重要原则。

（4）中国外汇储备增长主要是国际收支持续性双顺差的结果，而近年来外汇储备规模变动同样是国际收支出现波动的结果，特别是错误与遗漏项表现出单向的资本流出，造成我国外汇储备余额持续减少。

（5）中国外汇储备增长对国内货币政策的实施具有很强的干扰性，外汇占款的形成已经成为影响中央银行货币政策操作以及国内价格水平的重要因素。

3.3.2 研究方法颇为丰富

（1）因素分析结合回归模型依旧是目前重要的研究手段。从早期的多元线性回归，到现在向量自回归（VAR）、结构向量自回归（SVAR）以及误差修正模型（ECM）等，均是以影响外汇储备需求的因素为切入点进行的。

（2）资产选择理论是研究外汇储备资产管理的核心方法，在此基础上逐步衍生出了对外汇储备持有成本与收益、外汇储备币种结构选择等一系列研究方法。

（3）学者们正借助更为前沿的理论分析框架来研究外汇储备管理。例如包含家庭、政府等多部门宏观经济分析框架的构建，再如引入“琼斯效应”等跨学科的分析思路等。这些都极大地促进了外汇储备管理研究的进一步深入与细化。

3.3.3 保证金融安全成为外汇储备研究的主线

虽然我们在对现有文献的梳理上依然划分了储备需求因素、储备规模适度性问题、储备风险预判以及储备资产管理等研究角度，但是一个核心的变化便是对于中国外汇储备管理的探究已经集中到如何保证我国金融安全的层面上。

从上一节的归纳我们可以看出，无论是储备需求还是储备资产管理，众多文献的笔墨皆着色于我国的外汇储备如何面对、适应外部金融冲击，尤其是美国主权信用风险加大的现实。这契合了党的十八大以来我国金融改革与风险防范的行动主题。故而，在研究路径上，对于我国金融安全的考量主要被刻画为外汇储备所面临的利率风险、汇率风险、流动性风险以及主权风险等。

这一演进充分说明，当前外汇储备管理的学术研究已经不同于之前追求对“量”的分析，而是更加切实有效地聚焦于“质”的探究，完全符合我国全力促进经济高质量发展的客观要求。

3.3.4 现有研究的局限性

可以说，国内外学者在早些时候对外汇储备管理的研究无论在结论上还是方法上均已经取得了十分丰富的成果。但同时，外汇储备管理研究中依旧存在很多争论，需要我们去进一步探究。

3.3.4.1 本土化研究框架不甚清晰

虽然外汇储备规模适度性问题是被广泛讨论的课题，且研究方法丰富，但究竟何种分析方法估测外汇储备的适度规模更为精准至今尚未形成更加具有说服力的结论。另外，在货币冲销政策的实施安排下，外汇储备增长与我国通货膨胀水平上涨之间的关系也并未形成一致的结论性意见。

这其中一个主要原因便是我国学者的研究更多是基于国外学者的研究框架下，没有形成具有特色的理论研究路径。虽然经济学起源于西方，但是中国外汇储备积累与增长模式具有独特的中国特色。在此背景下，很多学者还是更倾向于“拿来主义”，缺少创造性地思维逻辑，从而造成至今在外汇储备管理的理论体系上，很难突破弗仑克尔、奥伯斯法尔德（Frenkel，Obstfeld）等国外著名学者的研究模式。

3.3.4.2 研究方法过于计量化

从已有文献的研究过程上看，对于外汇储备需求、影响因素、资产组合收益等的分析，大量学者都采用了较为复杂的计量统计分析方法，从线性回归到 DSGE 理论模型的创造，无不展现出同仁们孜孜以求的研究热情。但是，这些研究方法，从简单到复杂，看似精彩，实则韵味不足。大多文献均没有经过严格的经济理论分析便利用计量模型进行变量相关性实证。而像张明等学者利用简单明了的统计数据便能摆明事实，描绘现实问题的成果并不多见。

3.3.4.3 外汇储备管理建议同质化严重

本章所介绍的诸多文献及其研究结论，在很多方面都形成了一定共识，甚至可以相互佐证。但是，这也从另一个角度说明，学者们大量的时间都用在了验证看上去本来就“正确”的一个假设，只是样本容量、时间轴等不同而已。

特别是在政策建议上，同一研究主题的学术成果给予我国外汇储备管理部门的建设性意见大同小异。例如在储备资产管理上，很多学者用了不同的且十分复杂的方法去印证多元化储备管理的目标，但均没能就可行的投资标的组合进行研究，没能很好地阐明欧债、美债等未来的金融趋势。再如，较早探究中国高额外汇储备适度性的成果中，外汇储备在 2 万亿美元、3 万亿美元，甚至接近 4 万亿美元时，众多观点均认为该数字虽然很可观，但整体上均符合我国经济发展需要；或者有的学者认为适度降低外汇储备规模是必要的，但如何降、何时降均未有明确的阐述。

第 4 章
中国的外汇储备规模现状

中国外汇储备规模自 2001 年持续高企，直到 2014 年才开始缓慢下降。现有超过 3 万亿美元的储备资产中，美元储备以及黄金储备占据着重要位置。国际收支双顺差是造成我国超额外汇储备的主要原因。同时，如此庞大的储备规模也给我国经济带来了不小的潜在风险。

4.1 国际储备与外汇储备的整体情况

4.1.1 我国的国际储备资产构成与规模

本书在第 2 章根据 IMF 以及《新帕尔格雷夫经济学大辞典》的定义出发介绍了目前国际储备的组成成分。在这里我们再进行以下简单的回忆：国际储备资产主要包含黄金储备、在 IMF 中的普通提款权以及特别提款权、外汇储备；其中外汇储备又表现为外币现钞、外币有价证券等形式。

从中国人民银行每月公布的国际储备资产情况来看，长期以来我国储备资产的构成主要为外汇储备、黄金储备、在 IMF 的普通提款权和特别提款权，以及其他储备资产。截至 2020 年 4 月（见表 4.1），我国官方持有的国际储备规模达到 32 179.39 亿美元。其中，外汇储备占比达到 96.07%，黄金储备约合 1 066. 66 亿美元，占比为 3. 31% 。两者之和占比超过我国国际储备资产总额的 99% 。由此可见，在黄金储备相对稳定的状态下，研究我国外汇储备规模以及相关经济问题就成为探讨我国国际储备资产管理的核心课题。

表 4. 1　　2020 年 1 ~ 4 月中国国际储备资产规模及其构成　　单位：亿美元

项目	2020 年 1 月	2020 年 2 月	2020 年 3 月	2020 年 4 月
外汇储备	31 154. 97	31 067. 18	30 606. 33	30 914. 59
IMF 储备头寸	83. 75	81. 20	80. 70	90. 36
特别提款权	110. 96	110. 87	110. 19	108. 12
黄金	992. 40	1 008. 47	1 007. 90	1 066. 66
	6 264 万盎司	6 264 万盎司	6 264 万盎司	6 264 万盎司
其他储备资产	0. 11	－1. 00	－2. 38	－0. 34
合计	32 342. 20	32 266. 73	31 802. 74	32 179. 39

资料来源：根据中国人民银行官方数据编制。

4. 1. 2　中国外汇储备增长的总体情况

中华人民共和国从 1949 年成立至今，已走过 70 余年光辉历程。在这期间，我们先后见证了改革开放、经常项目可自由兑换、人民币汇率形成机制改革以及加入 WTO 等一系列重要历史时刻。

在改革开放前的 30 年里，由于经济基础薄弱、对外开放度较低，且国际汇兑业务受到外国商业银行的控制，我国外汇储备积累速度极为缓慢。虽然我们在外汇管理体制上采取了国家集中管理、统一经营的方针策略，也逐步建立起适合社会主义计划经济体制的外汇管理体系，但整体的外汇储备规模仍极为有限，从未超过 10 亿美元（见表 4. 2）。

表 4. 2　　1950 ~ 2019 年中国外汇储备余额　　单位：亿美元

年份	1950	1951	1952	1953	1954	1955	1956	1957	1958	1959
规模	1. 57	0. 45	1. 08	0. 9	0. 88	1. 8	1. 17	1. 23	0. 7	1. 05
年份	1960	1961	1962	1963	1964	1965	1966	1967	1968	1969
规模	0. 46	0. 89	0. 81	1. 19	1. 66	1. 05	2. 11	2. 15	2. 46	4. 83

续表

年份	1970	1971	1972	1973	1974	1975	1976	1977	1978	1979
规模	0. 88	0. 37	2. 36	-0. 81	0	1. 83	5. 81	9. 52	1. 67	8. 40
年份	1980	1981	1982	1983	1984	1985	1986	1987	1988	1989
规模	-12. 96	27. 08	69. 86	89. 01	82. 20	26. 44	20. 72	29. 23	33. 72	55. 50
年份	1990	1991	1992	1993	1994	1995	1996	1997	1998	1999
规模	110. 93	217. 1	194. 4	212. 0	516. 2	736. 0	1050	1399	1450	1547
年份	2000	2001	2002	2003	2004	2005	2006	2007	2008	2009
规模	1 656	2 122	2 864	4 033	6 099	8 189	10 663	15 282	19 460	23 992
年份	2010	2011	2012	2013	2014	2015	2016	2017	2018	2019
规模	28 473	31 811	33 116	38 213	38 430	33 304	30 105	31 399	30 727	31 079

资料来源：中国人民银行官方网站；受限于表格尺寸，1996 ~ 2019 年规模仅保留整数位。

1979 年后，中国开始实施是全面的改革开放政策。虽然开始时期仍为计划经济体制，但随着中央银行完全独立发挥其货币发行、管理的职能，以及对外经贸往来的逐步扩大，中国的外汇储备规模逐渐进入了由慢到快的积累过程。在 1978 年，中国的外汇储备仅为 1. 67 亿美元。到了 1988 年，该数字已经快速增长到 33. 72 亿美元，是 1978 年的 20 余倍。

1996 年经常项目自由可兑换政策和结售汇制度的实施，进一步刺激了我国外汇储备积累的步伐。1998 年，即使经历了东南亚金融危机，中国的外汇储备仍然保持增长，达到 1 449. 59 亿美元。2000 年后，中国经济进入了全球瞩目的飞速发展时期，年均 10% 的 GDP 增长率成为世界经济的奇迹。在这一时期，外汇储备规模从千亿美元变为了万亿美元。特别是 2006 年末，中国的外汇储备站在了 1 万亿美元之上，达到 10 663. 44 亿美元，超越日本，成为全球最大的外汇储备国。

到 2006 年，我国外汇储备规模从 1 亿美元到第一个 1 万亿美元用了 56 年，到第二个 1 万亿美元用了 30 个月，而该数字到达第三个 1 万亿美元时，仅用了 22 个月，直至在 2014 年积累到超过 3. 8 万亿美元的历史峰值，如图 4. 1 所示。2014 年之后，我国外汇储备规模在平稳中趋于下降。这一变化是与我国供给侧改革以及经济增长方式调整相一致的。

截至 2020 年 4 月（见图 4. 1），我国外汇储备规模是改革开放元年 ~ 1979

年的数据的3 088倍，更是1950年我国第一个外汇储备官方数字的20 496倍。从增速上看，改革开放40年来，我国外汇储备的年均增长速度达到36.22%。

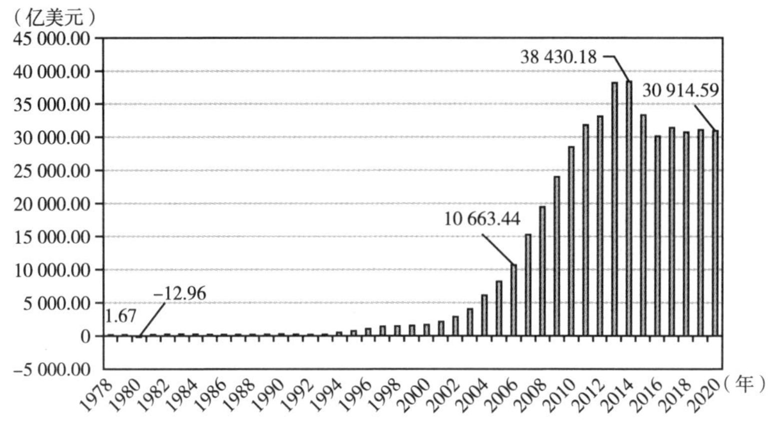

图4.1　1978～2020年4月中国外汇储备规模

资料来源：根据中国人民银行官方数据绘制。

4.2　中国外汇储备积累的阶段性特征

4.2.1　改革开放初期外储规模波动剧烈

1979～1984年，中国外汇储备每年的年均变化率超过100%。特别是1980年，我国的外汇储备不仅是负增长，而且年末余额更是为－12.96亿美元。这是中华人民共和国成立以来最为独特的数字。另一次外汇储备余额为负值只出现在1973年。当时的该数字仅是－0.81亿美元。之所以在这几年中我国的外汇储备变化如此剧烈，主要是由于当时我国的外汇储备核算体制不能反映我国对外经济的基本情况：1979年国务院批准设立国家外汇管理局，官方外汇储备由国家外汇库存和中国银行营运外汇库存共同形成。由于我国既有的官方外汇储备量小，每年外汇储备的微小变化都会体现为外汇储备年增长率的剧烈波动。不过，随着积极鼓励出口等政策、方针的出台，贸易及非贸易项目的顺差逐渐改善了因对外债依赖所造成的资本项目逆差的国际收支环境。从而使我国的外汇储备在1982年、1983年、1984年稳步上升到超过80亿美元。

4.2.2 1985~1993年，外汇储备从流失到成倍增长

一方面，在这一时期初期，我国的外汇储备出现了大规模流失。这主要是因为1985年开始的城市经济体制改革导致了进口的迅猛增长。同时，旺盛的国内需求也致使“出口转内消”成为当时众多企业、商品的经营模式。1985年的出口增长率由1984年的15.4%骤降为5%，而进口增长率却由27%猛增至60%。另一方面，为了恢复我国在关贸总协定（GATT）的席位，人民币官方牌价由1.5元/美元调整为3.2元/美元。这无形中加大了资本项目的损失。这些诸多方面的因素造成了1985~1987年外汇储备的萎缩。

另外，1987年后，随着我国政府逐步完善了刚刚起步的市场经济体制与环境，外汇储备得到一定恢复。到了1990年，为了遏制货币投放，解决通货膨胀，人民币官方汇率实施超过40%的贬值。这极大地刺激了出口，使我国的贸易条件与国际收支得到改善。从而形成了1989年、1990年、1991年这3年，我国外汇储备成本增长的局面，并逐步稳定在200亿美元左右。

4.2.3 1994~1996年，千亿美元外汇储备的到来

1994年是中国外汇管理体制上最为重要的一年。1993年12月28日，《中国人民银行关于进一步改革外汇管理体制的公告》发布，决定从1994年1月1日起对我国外汇管理体制进行重大改革：人民币汇率实行官方汇率与外汇调剂市场并轨，实行有管理的浮动汇率制，官方汇率由5.800元/美元调整为8.7080元/美元；实行银行结售汇制，人民币在经常项目下可有条件兑换；建立银行间外汇市场；禁止外币在境内计价、结算和流通；取消外汇收支的指令计划等。上述政策出台，特别是强制结售汇制度的实施，使私人部门的

外汇留存减少，结汇收入便以国家外汇库存形式成为我国外汇储备的重要来源。因此，1994 年末，我国的外汇储备较 1993 年新增 304 亿美元，达到 516 亿美元。同时，人民币贬值进一步激发了出口部门的生产积极性，当年出口增长率高达 35.6%。在资本项目方面，我国投资环境的改善也进一步吸引了全球各类投资主体的青睐，使我国成为继美国之后的第二大吸引外资国。所有这些因素共同作用的结果便使我国的外汇储备逐年增加，于 1996 年一举突破 1 000 亿美元大关。

4.2.4 1997～2006 年，中国逐步成为全球最大的外汇储备持有国

1997 年，始于泰国的东南亚金融危机给地区经济带来史无前例的冲击。虽然中国在此次危机中遭受损失较小，但外部环境的恶化同样给中国外汇储备积累带来的影响。1998～2000 年，受金融危机影响以及我国经济紧缩的出现，外汇储备每年仅以 100 亿美元的幅度增长。不过从 2001 年开始，随着中国经济“软着陆”的实现以及外部经济环境的转好，外汇储备逐渐呈现出高速增长的态势。到 2004 年末，我国外汇储备的年增长率更是创纪录地达到 51.25%。到 2006 年，中国超过日本成为全球第一大外汇储备国。其后，虽然外汇储备增速有所降低，但截至 2012 年底，中国超过 33 000 亿美元的外汇储备规模依然稳居世界首位。

4.2.5 2007～2019 年，外汇储备从峰值到下降

2007 年的中国处在经济高速腾飞的上升期，贸易顺差依然是带动经济增长的重要因素。因此，仅用时 5 年，我国的外汇储备规模便从 1 万亿美元增加到 3 万亿美元。在此惯性下，该数字在 2013 年一举突破了 3.8 万亿美元，并在 2014 年达到 3.84 万亿美元的峰值。

2015 年后，伴随经济结构调整的深入进行，着力改善经济增长过度依赖对外贸易的问题成为我国供给侧改革的重要内容。与此同时，人民币汇率形成机制改革在 2005 年 8 月 21 日实施后，人民币兑美元汇率逐年攀升，进一步

改变了我国长期国际收支大幅双顺差的局面。由此，至 2019 年底，我国外汇储备规模除 2017 年略有增加外，其余 4 年均呈现出负增长状态，5 年平均降幅为 3.93%，累积减少 7 351 亿美元。

4.3 中国外汇储备规模适度性分析

4.3.1 基于满足进口交易需求的分析

外汇储备在功能上，先是应对本国因进口活动对交易结算货币的需求。既往研究学者对于这个需求因素分析，主要是借助外汇储备与进口额的比值来观测前者规模是否合适。

外汇储备/进口额，是一个充足性指标。利用该指标，我们可以从进口角度衡量一个国家或是地区的国际清偿能力。根据特里芬的观点，外汇储备/进口额的比值应该在 30% 为宜。如果一个国家或是地区持有的外汇储备总额能够达到这一水准，当该国或是该地区出现贸易赤字的时候，货币当局可以利用手中持有的外汇储备来实现国际支付交易，而不会对本国或是本地区的外汇市场产生大的影响。

从月度进口的角度来看，一个国家或是地区持有的外汇储备至少应该满足该国或是该地区 3 ~4 个月的进口规模。直观的解释是，在其他国际收支项目停止的情况下，一国外汇储备规模应能满足该国 3 ~4 个月的进口量对外汇结算货币的需求。该指标注重经常项目的需要，因而特别适用于那些与国际资本市场接触有限的国家。

图 4.2 是 2001 ~2019 年中国外汇储备/月度进口额的基本情况。总体而言，我国在这 19 年中，外汇储备/月度进口额指标远高于理论上的标准水平。这表示我国的外汇储备是十分充足的。在 2005 年以前，该指标保持在 10 左右，即外汇储备能够保证我国 10 个月左右的进口水平。自 2005 年开始，该指标迅速增加，到 2009 年 1 月，一度达到 37.27。这是因为在 2009 年 1 月和

2 月，我国的月度进口额出现了极度萎缩，分别只有 513 亿美元和 600 亿美元。虽然同期外汇储备较之 2008 年底有所下降，但依旧保持在 1.91 万亿美元以上。这就大大增加了该指标数值，从而拉高了 2009 年全年平均数值。

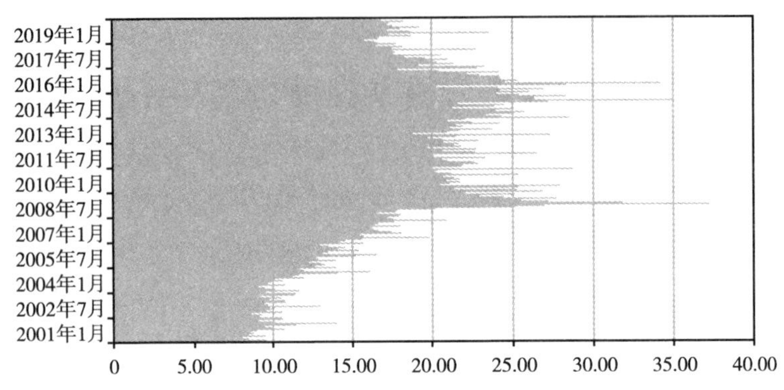

图 4.2　2001 ~ 2019 年中国外汇储备/进口额月度数据

资料来源：笔者编制。

也正是从 2009 年开始，我国外汇储备余额长期保持在能够满足同期进口总额 20 个月以上的规模，至 2017 年 7 月，平均值为 23.52。此后，该数值仅有 3 个月超过 20，整体呈逐渐下降趋势，为 17.86，最低值出现在 2019 年 12 月，为 16.27，如图 4.3 所示。

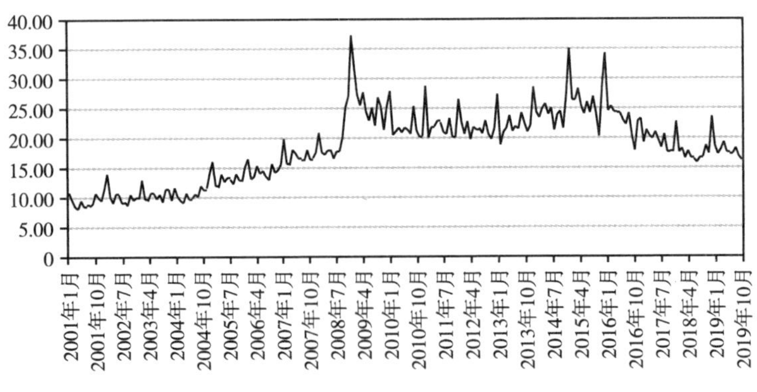

图 4.3　2001 ~ 2019 年中国外汇储备/进口额趋势

但无论如何，我们从进口角度去测度外汇储备规模的适度性问题，仅从数字计算得到的结果来看，近 20 年来，中国的外汇储备规模是属于超额储备的范畴。

4.3.2 基于外债清偿需求的适度性分析

外汇储备除了能够应对一国在进口活动中交易结算货币临时紧张的情况外，另一个更为重要的作用便是满足国家对外债务偿付需求。目前，学术界用于描述该需求的分析指标主要是外汇储备/短期外债。

利用“外汇储备/短期外债”数值进行外汇储备管理研究的方法又被称为Guldotti-GreensPan-IMF 规则。这一规则的具体内容是，对新兴经济体来说，其持有的外汇储备规模至少要能够偿付下一个年度到期支付的外债规模。这里的短期外债是指在一年以内到期的短期债务，同时加上下一年度需要到期偿还的中长期债务。

这个指标在 1997 年亚洲金融危机之后显得尤其重要。因为亚洲金融危机暴露出新兴经济体在为资本账户融通资金上存在的致命缺陷：在 1997 年，印度尼西亚本已不佳的比例进一步降低到 43%，韩国的下降幅度更大，到 1997 年底降到 31%；1995 年俄罗斯的该比例为 65%，到 1997 年下降为 40%，在持续的资本外逃的困境下，俄罗斯的外汇储备/短期外债比例维持在非常危险的低水平。后续的大量实证研究表明，该比率越低，发生货币危机的可能性就越大。因此，IMF 在 2000 年公布了一个关于《外部脆弱性的外债与国际储备关联指标》的文件，建议用国际储备与短期外债的比率指标作为分析国际储备充分性的基准。该指标是衡量一国快速偿还外债能力的重要指标，也是债务国对外融资举债的重要保证。通常该指标不应低于 100%，即必须保证国家外汇储备能够及时清偿全部短期债务。

从表 4.3 可以看出，我国每年的外债余额数据在 19 年间增长了 9 倍。其中，短期外债增速远远超过长期外债，前者年均增长率为 14.19%，后者为 6.37%。在我国长短期外债比例方面，除去 2001 年、2002 年和 2003 年，其余年份短期外债占比均高于长期外债，且前者一直保持在 50% 以上的比例，2013 年占比达到 78.4%。这个趋势完全改变了 1985 ~ 2000 年长期外债年均占比超过 84% 的状态。这说明我国在对外债务管理方面，近年来趋于倾向进行短期融资为主的管理策略。

表 4.3　　2001～2019 年中国全口径外债统计数据

年度	外债总额（亿美元）	中长期外债		短期外债		外汇储备/短期外债（%）	外汇储备/全部外债（%）
		余额（亿美元）	占总额的比例（%）	余额（亿美元）	占总额的比例（%）		
2001	2 033.0	1 195.3	58.80	837.7	41.20	253.16	104.30
2002	2 026.3	1 155.5	57.00	870.8	43.00	328.95	141.45
2003	2 193.6	1 165.9	53.20	1 027.7	46.80	392.16	183.53
2004	2 629.9	1 242.9	47.30	1 387.1	52.70	440.53	232.16
2005	2 965.4	1 249.0	42.10	1 716.4	57.90	476.19	275.71
2006	3 385.9	1 393.6	41.20	1 992.3	58.80	534.76	314.44
2007	3 892.2	1 535.3	39.40	2 356.8	60.60	649.35	393.51
2008	3 901.6	1 638.8	42.00	2 262.8	58.00	862.07	500.00
2009	4 286.5	1 693.9	39.50	2 592.6	60.50	925.93	560.19
2010	5 489.4	1 732.4	31.60	3 757.0	68.40	757.58	518.18
2011	6 950.0	1 941.0	27.90	5 009.0	72.10	636.94	459.24
2012	7 369.9	1 960.6	26.60	5 409.3	73.40	613.50	450.31
2013	8 631.7	1 865.4	21.60	6 766.3	78.40	564.97	442.94
2014	17 799.0	4 817.0	27.10	12 982.0	72.90	295.86	215.68
2015	13 829.8	4 955.7	35.80	8 874.1	64.20	375.94	241.35
2016	14 158.0	5 497.6	38.80	8 660.4	61.20	347.22	212.50
2017	17 579.6	6 127.2	34.90	11 452.4	65.10	273.97	178.36
2018	19 827.5	6 936.0	35.00	12 891.5	65.00	238.10	154.76
2019	20 572.8	8 519.7	41.40	12 053.1	58.60	257.73	151.03
年均	8 395.9	2 980.147	39.01	5 415.8	60.99	485.52	301.56

资料来源：国家外汇管理局官方数据；自 2001 年起，我国按照当时的国际标准对原外债口径进行了调整，并将未来一年内到期的中长期外债纳入短期外债（剩余期限）统计。

当我们回归到对中国外汇储备规模变化的观察时，从表 4.3 倒数第二列数据所显示的信息来看，我国外汇储备/短期外债的指标一直保持在 200% 以上，19 年的均值为 485.52%。也就是说，在对外偿付的角度方面，2001 年以来中国外汇储备完全能够覆盖能短期外债的偿付需求，且平均来看每年外汇储备规模是短期外债的 4.86 倍。该数值在 2009 年到达高峰，为 925.93%。其后，随着我国短期外债余额的增加以及 2010 年后外汇储备增速的放缓，该指标逐渐回归到 2001 年的水平，如图 4.4 所示。

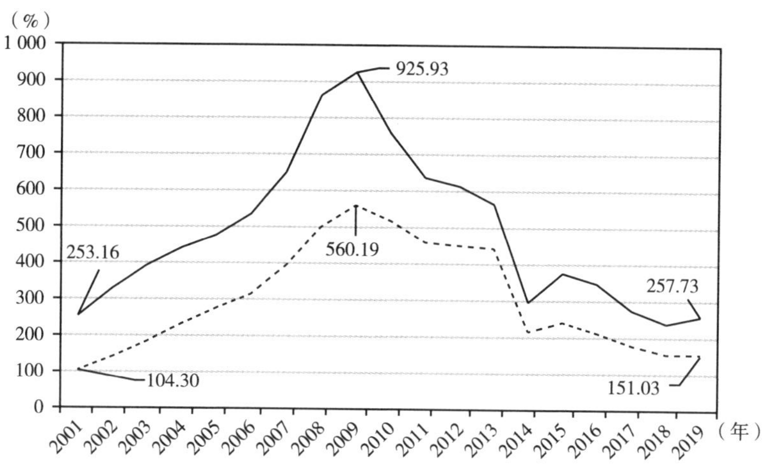

图 4.4　2001 ~ 2019 年中国外汇储备/外债余额的走势

资料来源：笔者根据国家外汇管理局官网数据计算得到。

虽然外汇储备/全部外债并不是考察一国储备充足性的常用指标，但是按照国际经验，这一指标不应低于 30%，否则就可能诱发债务危机。如 1995 年墨西哥外汇储备占外债的百分比仅为 10%，远低于 30% 的国际警戒水平，成为当时金融危机的重要表征。所以就这一指标而言，我国自 2001 年以来该数值也远超过 30%，且年均达到 301.56%，说明我国的外汇储备是具有充分的国际清偿力的。

4.3.3　外汇储备/GDP

这个指标虽然在衡量外汇储备充足性上缺乏理论基础，但珍妮和朗西埃（2008）在其研究中指出，对于一些小型的开放经济体而言这个指标可以用来衡量储备货币的充足性。杨艺和陶永诚（2011）则研究发现该比例在 25% ~ 30% 波动是适合中国经济发展需求的。

我们对中国 2001 ~ 2019 年外汇储备和 GDP 的数据进行计算，整理得到表 4.4。在 1994 年以前，中国外汇储备/GDP 指标不到 10%。1994 年之后，随着我国对外贸易的稳步增长，该指标先后达到15%、30%，最高为47.03%。不难发现，在过去这些年份中，我国的外汇储备占GDP的比重超过珍妮和朗西埃提出的9%的标准，也在杨艺和陶永诚（2011）所提标准之上。

表4.4 2001~2019年中国外汇储备/GDP统计数据 单位:%

年份	2001	2002	2003	2004	2005
外储/GDP	15.84	19.48	24.29	31.19	35.82
年份	2006	2007	2008	2009	2010
外储/GDP	38.75	43.05	42.36	47.03	46.78
年份	2010	2011	2012	2013	2014
外储/GDP	42.13	38.81	39.93	36.82	30.23
年份	2016	2017	2018	2019	2020
外储/GDP	27.03	25.86	22.58	21.58	—

资料来源：笔者根据国家统计局、外汇管理局官方数据计算得到。

纵观以上三个指标，无论是从哪一方面来衡量，中国的外汇储备在规模上都已经达到充足状态，甚至可以说是超额持有状态。从原因上看，这种超额状态的形成是多方面的，既有国际收支因素也有外汇管理的制度因素。而从结果上看，超额外汇储备既给我国提供了十足的国际清偿能力和国际经济合作保障，也给我国经济发展带来很大的牵制作用。

4.4 中国超额外汇储备的形成原因

4.4.1 中国的外汇管理体制是外汇储备高速增长的重要原因

1994年我国实行了外汇管理体制改革，主要包括以下的措施改革：人民币官方汇率与外汇调剂市场汇率并轨，建立以市场供求为基础的、单一的、有管理的浮动汇率制度；取消外汇留成和上缴，实行银行结售汇制度；建立了为外汇银行调剂余缺和清算服务的全国统一的银行间外汇交易市场；取消境内外币计价结算，禁止外币在境内流通；取消外汇指令性计划，国家主要运用经济、法律手段对外汇储备和国际收支状况进行宏观调控。这一有效的外汇管理体制改革，使我国的外汇储备迅速增加，从而使我国外汇储备在短期之内得以大量地增加。在1993年末，我国外汇储备仅为211.99亿美元，但是自从1994年我国实行了外汇管理体制改革之后，外汇储备大幅增长。特别是2000年后，我国外汇储备的年增长率达到31.65%。这充分说明了外汇管理体制改革在其中所起的重要作用。

虽然我国逐步实现了完全的自愿结售汇制度，但是现有的巨额储备规模已经成为既定事实。未来中国外汇储备规模能否放缓增长的步伐甚至逐步下降都还会受到多方面的影响。

4.4.2 国际收支顺差是外汇储备增加的直接原因

从1994年以来，我国的经常项目与资本金融项目一直处于顺差阶段（除1998年资本和金融项目出现逆差）。持续性的“双顺差”使大量的外币资产流入中国并迅速转化为外汇储备。从图4.5中我们可以看到，2001～2011年，外汇储备年增长曲线一直处在两个项目账户顺差曲线的上方。这充分表明外汇储备增幅是双顺差叠加的效果。特别是在2009年、2010年以及2011年，

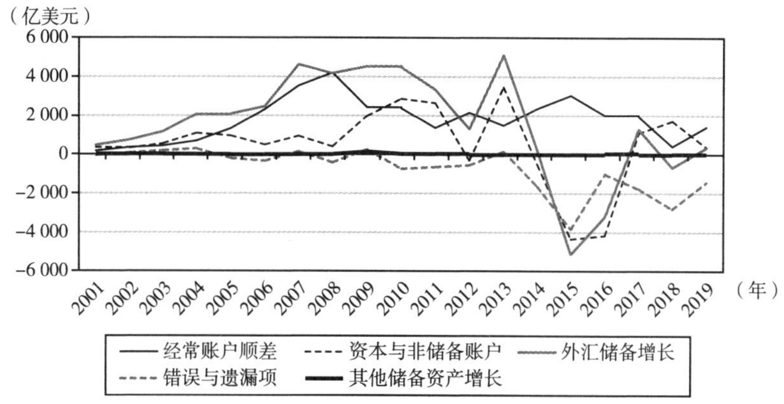

图4.5　2001～2019年国际收支项目及外汇储备变动

资料来源：笔者根据中国人民银行和外管局官方数据编制。

我国的资本和非储备金融账户的顺差规模明显放大，3 年顺差总额已经超过同期经常项目账户顺差总额。接近同时期经常项目账户的顺差总额（前者为 7 502 亿美元，后者为 6 172 亿美元）。这一方面说明上述 3 年中伴随着次贷危机的影响，全球经济放缓，外部经济出现了下滑，严重影响了我国经常项目顺差的实现；另一方面也说明，同期外币资产流入中国的步伐在加快，并且成为我国外汇储备增长的重要因素。

但是上述局面到 2012 年终于被打破。2012 年以后，我国的国际收支中经常项目账户和资本与非储备金融账户不再能够保持步调的一致。虽然前者还维持着顺差状态，但其增速明显趋于平缓，并在 2015 年后呈现下降态势。与此同时，资本与非储备金融账户在 2012 年出现逆差后，于 2015 年和 2016 年更是出现超过 4 000 亿美元的逆差。很明显，2012 年以来，我国外汇储备变动的主要原因已转变为被资本与非储备金融账户方向的牵引。

4.4.3 人民币汇率逐渐成为影响我国外汇储备增长的重要原因

随着经济的快速发展和对外贸易环境的开放，更多的海外投资乐于选择中国。而欧美一些国家通过在中国的投资，会造成本国的贸易赤字。面对这种情况，欧美国家就会不断地向中国施压，要求人民币升值，从而会导致人们对人民币升值的预期加大。那么，人民币一旦升值，就将会吸引更多的外商来中国投资，这必定会增加外商直接投资，而使资本和金融项目又进一步出现高额顺差。同时，人民币升值预期的加大，将会涌现出越来越多的投机机会。那么为了从人民币升值的过程中获利，海外投资者会纷纷投资于中国流动性强的股票市场和房地产市场，从而导致“热钱”的过多流入，进而加快了外汇储备的增长速度。

对于这一点，表 4.5 中资本和金融账户顺差规模的逐年增大已经能够充分地加以证明。特别是 2005 年 7 月 21 日人民币汇率形成机制改革的实施，非常明显地让我们观测到外汇储备的迅速增长。这种增长势头直到 2013 年才有所减缓。

表 4.5　　2001~2019 年中国国际收支平衡简表　　单位：亿美元

项目	2001 年	2002 年	2003 年	2004 年	2005 年
经常账户顺差	174.05	354.22	430.52	689.41	1323.78
资本与非储备账户顺差	347.75	322.91	548.73	1 081.52	953.49
外汇储备变动	465.91	742.42	1 168.44	2 066.81	2 089.40
其他储备资产	7.34	12.65	1.79	-3.17	-19.24
错误与遗漏	-48.56	77.94	190.98	292.71	-207.12
项目	2006 年	2007 年	2008 年	2009 年	2010 年
经常账户顺差	2 318.43	3 531.83	4 205.69	2 432.57	2 378.10
资本与非储备账户顺差	493.05	942.32	401.26	1 984.70	2 868.65
外汇储备变动	2 474.72	4 619.05	4 177.81	4 531.22	4 481.86
其他储备资产	-4.91	-1.61	11.97	134.17	21.83
错误与遗漏	-341.67	143.30	-417.16	248.12	-743.06
项目	2011 年	2012 年	2013 年	2014 年	2015 年
经常账户顺差	1 360.97	2 153.92	1 482.04	2 360.47	3 041.64
资本与非储备账户顺差	2 654.70	-317.66	3 461.00	-513.94	-4 341.46
外汇储备变动	3 338.10	1 304.41	5 097.26	217.03	-5 126.56
其他储备资产	29.84	-21.21	-13.17	-10.38	-6.23
错误与遗漏	-647.73	-553.06	141.05	-1 639.88	-3 832.98
项目	2016 年	2017 年	2018 年	2019 年	
经常账户顺差	2 022.03	1 951.17	254.99	1 413.35	
资本与非储备账户顺差	-4 164.15	1 094.45	1 721.14	374.27	
外汇储备变动	-3 198.45	1 294.32	-672.37	351.88	
其他储备资产	50.16	-14.51	7.00	-5.06	
错误与遗漏	-1 006.18	-1 765.81	-2 796.43	-1 430.68	

资料来源：笔者根据国家统计局、外汇管理局官方数据计算得到；错误与遗漏为负代表资金外流。

不仅如此，此时我们把目光从表 4.5 的绝对值数据上转移到在图 4.5 的曲线上后，惊奇地发现 2012 年之后出现了两个有意思的情况。

一是经常项目账户余额走势和资本与非储备金融账户余额走势完全相反。

二是外汇储备增长趋势与资本金融账户趋势更加贴合。

究其原因，仅凭图 4.5 我们似乎很难找到答案。但是，当我们对该图稍加改造——加入人民币兑美元汇率的走势后，上述两个问题就迎刃而解。

基于图 4.5 和上面两个现象的存在，我们选取 2012 ~ 2019 年外汇储备变化与人民币汇率变化的月度数据进行趋势对比，并绘制图 4.6。我们突然发现，人民币升值趋势和外汇储备增长趋势呈现反向关系。这就为我们回答上面两个问题提供了方向。

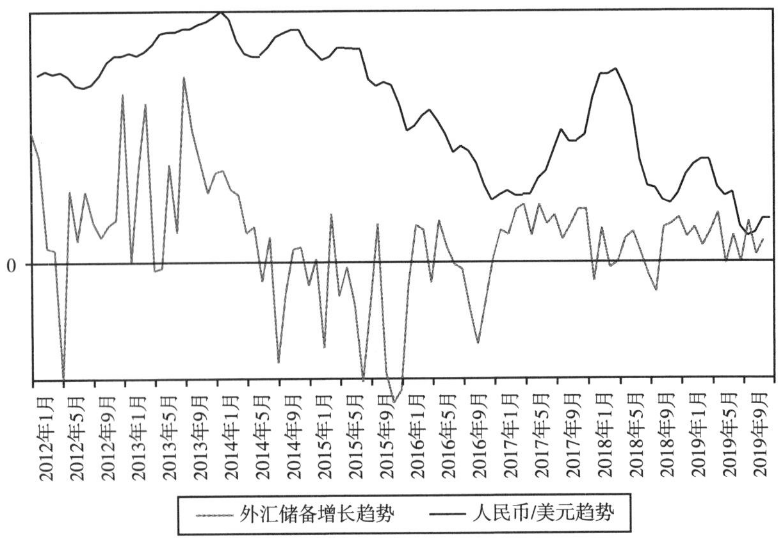

图 4.6　2012 年 1 月至 2019 年 9 月中国外汇储备增长与人民币兑美元汇率趋势对比

资料来源：笔者根据中国人民银行和外管局官方数据编制。

在 2013 年以前，外汇储备总体上是稳步增长。而随着人民币升值预期以及升值成为现实，在经常账户顺差回落的情况下，资本与非储备金融账户在当年猛增 3 461 亿美元，直接将人民币兑美元汇率推升至历史最高值：1 美元兑换 6.05 元人民币，几乎迈入 5 美元关口。其后，我国境内资本开始大规模外逃，2014 ~ 2016 年，资本与非储备金融账户加上错误与遗漏项账户累计流出超过 1.7 万亿美元，从而造成我国外汇储备同期减少超过 8 000 美元。2017 年人民币汇率逐步企稳，外汇储备又呈现出小幅增长态势。但是，当人民币汇率在 2018 年初回归到 6.29 后，至 2018 年 10 月，外汇储备再次下降，8 个月共计减少 1 048 亿美元。其后，至 2019 年底，人民币汇率与外汇储备增长依旧表现为此消彼长的态势，只是波幅均收窄。

由此可见，在 2012 ~ 2019 年，人民币汇率走势的预期以及现实表现，很真实地影响了国际资本在我国境内的流进流出状况，进而造成外汇储备在人民币升值时增加、贬值时下降的现象。

4.5　高额外汇储备对我国的影响

4.5.1　积极影响

4.5.1.1　增强了我国对经济的宏观调控能力

我国拥有的雄厚外汇储备，使中国人民银行在外汇市场上进行调控时有了充足的外汇资金。从而在进行浮动汇率管理时，就可以有一个坚强的储备后盾，而且在促进银行间外汇市场供求平衡管理上也能从容自如，保证人民币汇率的稳定。

4.5.1.2　提高了我国在国际上的经济地位

我国在经过改革开放后，外汇储备得以高速发展，从而累积了高额的外汇储备。这是我国经济建设所取得成就的重要表现，也能提高我国在国际上的地位。同时，外汇储备的持续增长可以强有力地支持人民币汇率的稳定，从而可以增强国际社会对人民币的信心。

4.5.1.3　增强了国际清偿力，提高了对外融资的信用保证

外汇储备是国际清偿力的重要组成部分。因此，外汇储备持续增长，也就意味着我国的国际清偿力可以不断地增强，从而增强了跨国公司、国际组

织以及其他国家对我国融资能力的信心。

4.5.2 消极影响

4.5.2.1 加大人民币升值压力，不利于出口

在2000~2015年，人民币升值预期是造成我国外汇储备增长过快以及规模过大的重要原因之一。同时，反过来看，高额外汇储备又对人民币升值形成了正向作用。我们知道，稳定汇率是外汇储备的主要功能之一，适度的外汇储备有利于稳定一国的汇率水平。但是，过量的外汇储备规模会增大一国的汇率升值压力。外汇储备的持续增长，会在很大程度上增加市场对人民币的需求量，从而打破人民币与外币之间的均衡关系，使人民币升值的压力不断加大。人民币升值预期又吸引更多的外资流入，国际收支顺差增大，进一步增大外汇储备和人民币升值压力。

实践表明，美国、日本等一些发达国家极力要求人民币升值，“中国威胁论”和对人民币升值的鼓吹几乎出现在每个大型的国际论坛和会议上。人民币的升值加大了中国出口企业的成本，使国际市场对我国出口商品的需求减少，不利于我国对外贸易的开展，这对于我国国内经济的危害可见一斑。另外，由于“热钱”的趋利性，人民币升值会使更多的热钱进入中国，从而进一步推动外汇储备增长。而这部分“热钱”是想在短期内攫取暴利的投机性资本，对中国更是有百害而无一利，例如加大房地产泡沫、加剧本币升值压力、诱发通货紧缩等。

4.5.2.2 高额外汇储备增加了通货膨胀风险

因外汇储备增加形成的外汇占款成为我国基础货币供应的渠道之一。同时，随着外汇占款的急剧增加，中国的基础货币供应量也急剧增加。而新增基础货币通过货币乘数效应扩大后，使中国的货币供应量迅速扩大。货币供应量的迅速上升又会给中国的经济带来通货膨胀压力。首先，从经济增长上来说，外汇储备的过度增加引起货币供应量的迅速增加，其效果等同于扩张

性货币政策，因而刺激经济增长带来通货膨胀压力。其次，从数量上来说，外汇储备的过度增加引起货币供应量的迅速增加，这使全社会货币供应总量大于实际资源的需求，引起实际资源价格的上涨，带来通货膨胀。

另外，这种货币供给结构和投入渠道的变化还会对结构性通货膨胀形成压力。货币供给结构、投放渠道的变化，使资金在企业间分布不均衡：一方面使外向型企业生产有不断扩大的趋势，它们对原材料及基础产业的产品需求将不断扩大；另一方面造成内向型企业（一般为原材料等基础性行业）资金不足，生产下降，从而导致原材料行业等基础产业的生产供给能力有所萎缩。以上两个方面因素结合起来将使生产资料市场的需求大于供给，从而具有推动原材料价格上涨及引发结构性通货膨胀的压力。

4.5.2.3 降低央行对内货币政策的独立性和效果

首先，在外汇市场上外币供大于求的情况下，中央银行不得不用人民币购入外币以维持汇率稳定，此时外汇储备的增长是被动产生的；同时，我国货币供给量被动放大，不仅加剧了物价上涨的压力，而且弱化了货币当局对货币政策的控制和运用，使中央银行的宏观调控操作空间受到制约。

其次，维持汇率稳定与控制货币供应量使中央银行陷入两难境地。当我国经济发展过快时，中央银行可以实行紧缩货币政策，提高利率，以求在一定程度上抵制过热经济。但是，利率提高的同时也增加了国际资本对中国的投资热情。这样一来，外币资金的流入又会造成人民币升值的压力。为了维持人民币汇率稳定，中央银行又不得不抛出人民币抑制汇率上涨。这将意味着国内货币供给增加，与原先的紧缩政策相违背。

最后，外汇占款比重越大，可运用的金融工具就越有限，公开市场操作的成本也越大。而减少支出、增加税收的财政政策也不适宜随时调整。面对我国外汇储备的迅速增加，中央银行除了积极回购、发行中央银行票据来对冲外汇占款外，已经没有足够的金融工具可用，也没有更多的有效资产来实现对冲。

4.5.2.4 高额的持有成本，造成资金资源浪费

从本质上来讲，外汇储备是对国外实际资源的一种购买力。持有外汇储

备就是储备这些实际资源，继而牺牲和放弃了利用它来投资国内生产、加快本国经济发展的机会，即存在机会成本。而且，近些年来，我国的经济增长速度一直在高位运行，远高于世界平均增长速度，投资收益率也明显高于世界平均水平。而与此同时，我国用外汇储备投资的美国国债平均年收益率仅在2%左右，远低于我国国内的平均资本投资的收益率。因此，对于我国来说，持有大量的外汇储备的机会成本变得很高。这种机会成本还表现在以高成本从国外大量引进外资和举借外债，从而放弃了等量的实际资源在国内的使用，造成了资源与资金的浪费。

第 5 章 中国持有美国国债的规模与趋势

中国自成为全球第一大外汇储备国以来，美国国债投资的规模持续攀升，直到 2014 后随着外汇储备规模的下降才出现减少。近 5 年中，中国年均抛售 400 亿美元左右美国国债。但即使这样，中国目前仍旧持有超过 1 万亿美元的美国国债，其中长期债券占比超过 99%。

5.1 美元资产在中国外汇储备中占比居首

5.1.1 美元在全球储备货币中居于核心位置

美元作为国际储备货币的历史还是要从布雷顿森林体系的形成说起。“双挂钩”的固定汇率安排使各个成员必须先持有美元储备才能进行汇率干预。因为持有黄金并不能直接干预汇市，况且“二战”后的经济恢复时期，各国也不会轻易动用黄金进行汇率调整。同时，基于战后恢复的经济环境，美国向欧洲输出了大量美元用以帮助后者完成经济重建。欧洲国家借入美元形成负债，自然需要其在经济交往中逐步积累美元及其资产用以偿还可能的到期债务。渐渐地就形成了现在我们看到的“欧洲美元”的最早市场。

可以说，那个时期的美元是除了黄金之外最硬的通货形式。虽然后来布雷顿森体系也是因为美元的发行流通与全球经济发展存在“特里芬”难题现象，不得不被宣布瓦解，但是各国积累的美元储备一直延续并保持着较高比例。直到2000年，德国马克、法国法郎等主权货币被统一替换为欧元。之后的欧元逐渐成了市场中能够与美元进行所谓“抗衡”的货币形式。不过，从近期国际货币基金公布的官方外汇储备币种构成（COFER）数据来看，虽然欧元的诞生整合了全球储备货币资源，但经过近20年的发展，仍然难以撼动美元在全球货币储备体系中的核心地位，如表5.1所示。

表5.1　　2015～2019年全球外汇储备货币构成情况　　单位：亿美元

储备货币	2015年	2016年	2017年	2018年	2019年
全球已确认储备	74 131.06	84 181.62	100 126.82	107 270.27	110 784.29
美元	48 737.94	55 018.64	62 804.83	66 233.04	67 456.46
欧元	14 192.12	16 108.17	20 191.88	22 173.76	22 759.46
人民币	0.00	902.88	1 234.73	2 030.85	2 176.73
日元	2 783.06	3 336.97	4 910.11	5 576.48	6 314.40
英镑	3 496.57	3 650.93	4 541.19	4 741.65	5 118.15
澳大利亚元	1 310.26	1 420.98	1 800.09	1 739.51	1 873.11
加拿大元	1 316.09	1 631.43	2 027.98	1 972.16	2 079.78
瑞士法郎	198.23	138.99	180.89	152.94	169.81
其他货币	2 096.80	1 972.62	2 435.11	2 649.87	2 836.38

注：①考虑到数据的可获取性以及后面研究数据期限的一致性，本节内容所涉及的数据均截至2019年；②2015年人民币不在储备货币统计范畴之内，2016年随着人民币被纳入SDR篮子货币开始，成为IMF认定的国际储备货币。

资料来源：国际货币基金组织COFER统计数据。

在全球总的外汇储备中，美元储备的数额长期处于第一位。其规模超过其他储备货币的总和。在更早的时期，比如2001～2011年，美元储备的增长幅度要小于欧元。其间，全球外汇储备增长了近4倍，而美元储备只增长了不到3.5倍。但欧元却增长了4.69倍，大大超过美元储备的增长水平。这说明随着欧元的诞生以及欧元区经济的发展，使欧元在全球储备货币体系中的地位在明显改善。同时，美元与欧元共计占据全球90%左右的份额，如表5.2所示。

表 5.2　　2001 ~ 2011 年全球外汇储备货币构成比例　　单位:%

储备货币	2001 年	2003 年	2005 年	2007 年	2009 年	2011 年
美元	71.51	65.93	66.91	64.13	62.03	62.16
欧元	19.18	25.16	24.05	26.28	27.66	25.02
日元	5.05	3.94	3.58	2.92	2.90	3.53
英镑	2.70	2.77	3.60	4.68	4.25	3.83
瑞士法郎	0.28	0.23	0.15	0.16	0.12	0.11
其他	1.28	1.97	1.72	1.84	3.05	5.35
合计	100	100	100	100	100	100

资料来源：笔者根据国际货币基金组织 COFER 数据计算得到并编制。

美元储备所占比重在 11 年间呈逐年下降的态势，从 71.51% 下降到 62.16%。而欧元却恰好趋势相反。同时，日元和英镑也表现为一降一升。并且从 2005 年开始，英镑取代日元成为全球第三大国际储备货币。这种情况在 2016 年人民币成为国际储备货币统计指标后有了新的变化，如表 5.3 所示。

表 5.3　　2015 ~ 2019 年全球外汇储备货币构成比例　　单位:%

币种	2015 年	2016 年	2017 年	2018 年	2019 年
美元	65.75	65.36	62.73	61.74	60.89
欧元	19.14	19.14	20.17	20.67	20.54
日元	3.75	3.96	4.90	5.20	5.70
英镑	4.72	4.34	4.54	4.42	4.62
人民币	0.00	1.07	1.23	1.89	1.96
加拿大元	1.78	1.94	2.03	1.84	1.88
澳大利亚元	1.77	1.69	1.80	1.62	1.69
瑞士法郎	0.27	0.17	0.18	0.14	0.15
其他货币	2.83	2.34	2.43	2.47	2.56
合计	100.00	100.00	100.00	100.00	100.00

资料来源：笔者根据国际货币基金组织 COFER 数据计算得到并编制。

人民币在 2015 年底的国际货币基金组织会议上被确定纳入 SDR 货币篮子，并从 2016 年 10 月 1 日起开始实施。相应地，人民币也被正式确认为具有可兑换性的国际储备货币。故而在 2016 年末的统计数据中，人民币自然而然地成为全球外汇储备货币的一种。在 2015 ~2019 年的统计数据中我们发现五个新的特点与趋势：（1）新增了加元、澳元以及人民币三种储备货币统计数据；（2）美元依然稳居第一，但在全球储备货币中的比例进一步下降；（3）日元所占比例在 5 年间上升了 51.82%；（4）人民币排名从初始第七位上升至第五位；（5）瑞士法郎占比重新回归到 2009 年水平。

形成上面诸多局面的原因是多个方面的，但总体来说还是表现出国际货币基金组织在应对金融全球化过程中，出于国际结算以及金融安全的考虑，认可、纳入以及统计了更多的主权货币占比。特别是对于人民币的接纳与考量，不仅充分肯定了人民币国际化进程的历史成就，更是对中国经济给予全球的贡献进行的赞许。没有国家经济的强大支撑，其主权货币无法被国际社会认可，更无法成为全球储备货币。但是，从数据可以看出，人民币距离成为具有国际影响力的储备货币，路还有很远，更不要说去挑战当前美元在全球货币体系中的地位。即使对比英镑，人民币在全球还相差近 3 000 亿美元的储备份额。这相当于全球第二大经济体的中国近 3 年经常项目顺差之和。当然，这个问题不是我们在本节要去论述的内容。

无论怎样，我们通过数据已经能够清晰地知道美元作为全球储备货币，其历史地位以及当前占比均是其他货币在短期内无法改变的。即使说美元资产在过去 20 年间在全球储备资产总量的占比下降了 10%，但是其依然独占鳌头。这也是为什么现如今各国基本上都要跟随美联储的步伐调整货币政策，并且对其所采取“无上限”量化宽松货币政策深表担忧的原因。

5.1.2　中国外汇储备中美元资产的比例估算

5.1.2.1　估算方法：基于 COFER 和 TIC 的测度

在一国的外汇储备管理中，储备货币的币种结构是决定其投资方向的前提与基础。这就意味着美元储备资产的获得是中国能够进行美国国债投资的客观前提。所以为了能够更加清晰地理解中国投资美国国债的现状，我们需要确认美元在中国外汇储备中的地位。但是由于国家外汇管理局尚未披露中国外汇储备货币的具体构成数据，所以各种储备货币在外汇储备中所占的比例目前还不能够被直接观测到。虽然我们已对全球的储备货币构成进行比较详尽的分析，但是是否能够直接用以估测中国外汇储备的币种结构情况呢?答案是不能。因为各国的国际收支结构不同，贸易结算货币的比重也不同，虽然可以肯定美元的核心地位，但仍然不能直接表示在中国的外汇储备中美元占据60%的份额。

因此，我国学者们普遍是将国际货币基金组织定期公布的新兴市场与发展中国家的COFER数据和美国财政部对外公布的外国投资者持有美元有价证券的情况相结合，用以从中找到中国外汇储备货币构成的答案。

5.1.2.2 基于新兴市场与发展中国家COFER数据的判断

虽然用新兴市场与发展中国家COFER数据作为估测中国外汇储备美元比例的佐证之一已经被广泛使用，但是我们在试图采用同样方法展开第一步讨论的时候发现，国际货币基金组织自2015年2月便不再公布新兴市场与发展中国家的COFER数据。这似乎是一个悲伤故事的序幕。在这种情况下，我们与大家面临的共同问题便是：现在的比例估算究竟用的是什么数据?2015年以前的既往数据是否还可以被使用?我们认为，2015年一季度以前的币种结构对判断中国外汇储备中美元所占比例依然具有参考意义（见表5.4)。这是因为，2015年一季度恰恰是中国外汇储备达到历史峰值的时刻。到2019年底，中国外汇储备都保持在3.1万亿美元左右，且中国的对外贸易结构并未发生巨大改变。因此，利用2015年以前的历史书对中国外汇储备币种结构进行估测是可行的。

表5.4　2001~2015年一季度新兴市场国家储备货币构成比例　单位:%

币种	2001年	2011年	2012年	2013年	2014年	2015年Q1
美元	73.94	58.81	60.51	60.83	66.78	67.75
欧元	19.62	26.91	23.70	23.50	19.73	18.29
日元	2.43	2.75	3.00	2.95	2.55	2.84
英镑	2.76	5.41	5.28	5.20	4.51	4.63
加元	—	—	1.76	2.09	1.61	1.59

续表

币种	2001 年	2011 年	2012 年	2013 年	2014 年	2015 年 Q1
澳元	—	—	2. 11	2. 17	1. 88	1. 89
瑞士法郎	0. 10	0. 07	0. 16	0. 12	0. 07	0. 06
其他	1. 14	6. 06	3. 48	3. 15	2. 86	2. 95
合计	1	1	1	1	1	1

资料来源：笔者根据 COFER 数据中已确认外储规模计算得到。

首先，在绝对储备规模上，2015 年一季度新兴市场和发展中国家的外汇储备规模较 2001 年增长了 8. 4 倍，快于全球 4. 6 倍的增速。这说明上述国家的经济发展与国际收支状况要好于全球整体水平。同时，该增速也体现在相对比例上：新兴市场和发展中国家的外汇储备规模在全球外汇储备的比例由 2001 年的 28. 44% 上升为 2015 年一季度的 65%。这一方面印证了该类国家外汇储备增速较快；另一方面体现出新兴市场和发展中国家的外汇储备逐渐成为全球外汇储备的重要构成。仅中国自己，就占据了当年全球 1/3 的外汇储备份额。

其次，从美元所占比例来看，在被观测的 15 年间，新兴市场与发展中国家的外汇储备币种结构并未发生明显改变。只是在 2012 年后分别加入了对加元和澳元的统计，但他们所占份额之和基本稳定在 4% 左右。美元和欧元的整体占比长期维持在 80% 以上。这一比例与表 5. 2 和表 5. 3 所示的美元、欧元占比类似。其中，数据显示新兴市场与发展中国家的外汇储备中，美元所占比例一直在 60% 以上。这与美元在全球外汇储备中的比例基本一致，甚至略高于同期全球美元占比。

再其次，从外汇储备币种结构的动态调整来看，新兴市场和发展中国家所持有的各币种外汇储备资产中，美元所占比重从下降逐步回归到 67%。这种变化集中体现在美元与欧元的替代关系上。其他币种比例则相对稳定。这说明随着 2007 年次贷危机的爆发与全球经济衰退的出现，美联储多轮量化宽松货币政策的实施造成他国对持有巨额美元储备的担心并赤裸裸地表现为外储结构的变化。而在经过多年的全球经济企稳后，美元储备又再一次回归到前期水平。这种局面直到 2016 年人民币被纳入储备货币后，人民币、欧元以及日元比例的稳步攀升才降低了全球美元储备的占比。

最后，我们认为中国外汇储备主要的币种结构大体为：美元60%、欧元20%、日元10%。这是因为中国是发展中国家中经济规模最大、外汇储备最多的国家，而且从经济增长方式上也是最具代表性的国家。所以中国外汇储备的币种结构应该符合发展中国家的整体特征。同时，在对外贸易使用货币的角度来看，美国、欧盟、日本以及东盟是我国近年来最为主要的贸易伙伴。虽然受中美贸易摩擦的影响，2019年美国为我国第三大贸易伙伴，但长期以来累积贸易总额依然位居第一。考虑到东盟等国家地区在与我国进行贸易往来时，使用货币上大部分仍然为美元，故此推断，美元在我国外汇储备构成中的占比依然第一。因此，我们认为美元、欧元以及日元各自所占比例大体上分别为60%、20%、10%。未来随着华为等企业加大对英国投资，英镑在我国外汇储备中的比例应该会有所改变。

5.1.2.3 基于美国财政部TIC数据系统的分析

除了上述通过IMF的COFER来推测中国外汇储备的币种结构外，我们还对美国财政部的TIC数据信息展开研究。从2001年起，美国财政部对开始对外公布外国政府持有美国各类债券的情况。截至2019年，中国持有美国政府所发行的各类债券余额为15 379.48亿美元，占全部外汇储备的49.49%（见表5.5）。

表5.5　2014～2019年中国持有美国各类债券的规模及比例

项目	2014年	2015年	2016年	2017年	2018年	2019年
美国政府债券（亿美元）	16 651.99	16 915.09	16 364.70	15 293.65	15 696.32	15 379.48
外汇储备（亿美元）	38 430.18	33 303.62	30 105.17	31 399.49	30 727.12	31 079.00
占比（%）	43.33	50.79	54.36	48.71	51.08	49.49

注：美国政府债券=美国国债+各类政府代理债券。

资料来源：笔者根据美国财政部TIC数据系统编制。

从表5.5中我们还可以看出，2015～2019年，中国所持有的美国政府债券占外汇储备的比例整体保持在50%左右。只是在2014年我国外汇储备达到峰值时，该比例下降为43.33%。但当年的余额绝对值还是超过了2019年末的15 379.48亿美元。也就是说，在近几年，我国一直在减持美国政府债券。不过，这一趋势并没有改变我国外汇储备中美元资产占比一半的结果。虽然该比例低于新兴市场和发展中国家外汇储备中60%左右的情况，但仅从TIC数据来断定中国外汇储备中美元储备资产的规模在50%是不够准确的。美元储备在中国外汇储备中所占比例应该大于50%。这是因为中国运用外汇储备中的美元购买的美元资产可能不是全部为美国发行的有价证券，还包括其他国家或机构的相关资产，从而可能低估了美元资产在中国外汇储备中的比例。

因此，结合诸多学者［邵新力和李蕾蕾（2007）、龙张红（2010）等］的研究，本书认为美元在外汇储备中的大体比例在50%～60%。

5.2　中国外汇储备投资美国国债的特点

5.2.1　外国持有美国有价证券的基本情况

5.2.1.1　长期证券是主体

美国对外发行的美元有价证券主要包括股票（equity）、国债（treasury）、代理发行的机构债券[①]（agency）以及公司债券（corporate）。这些美元有价证券又可被分为长期证券和短期证券。根据TIC在2020年4月30日发布的《外国持有美国证券投资组合报告》，截至2019年6月[②]，美国对外发行的全部美元资产规模为20.53万亿美元，如表5.6所示。其中，长期证券为19.62万亿美元，短期证券为0.91万亿美元。

① 机构债券主要是指美国政府为了支持部分金融机构或企业而代为发行的债券，例如为支持房利美、房地美而发行的债券等。

② 关于美元有价证券的期限划分，美国财政部只在每年4月30日公布截至上一年度6月的数据。

表 5.6　　2019 年 6 月国外持有美国有价证券概览　　单位：亿美元

长期证券					短期债券				证券
总量	股票	国债	机构债	公司债	总量	国债	机构债	公司债	合计
196 220	86 300	59 030	11 450	39 430	9 130	7 090	140	1 900	205 340

资料来源：笔者根据美国财政部 2020 年 4 月 30 日 TIC 数据编制。

中国持有的美元资产涉及上述类型的全部有价证券。截至 2019 年 6 月，中国累计持有 15 433.97 亿美元的美元资产，占美国在外证券总额的 7.51%，排名全球第五。其中长期证券占比超过 99%。

5.2.1.2　中国以持有美元债券为主

表 5.7 显示出，日本已经成为国外持有美元有价证券的第一持有国，超出中国 8 400 亿美元。通过对比我们发现，在持有结构上，中日两国的差异较大。日本所持股票数量是中国的 3 倍有余。这个比例在过去 5 年中被逐步放大：2015 年日本所持股票仅为中国的 2 倍。反观中国则更多的是持有美元债券。中国的这种偏好不仅仅是对比日本，对比排在前面的四个经济主体，表现更为强烈。特别是英国和开曼群岛，其所持股票比例都超过其所持美元债券的比例。

表 5.7　　2019 年美元有价证券前五大海外持有者　　单位：亿美元

国家和地区	总规模	股票	债券
日本	23 608.75	6 883.02	16 725.73
英国	18 638.39	11 009.60	7 628.79
开曼群岛	17 506.50	10 458.40	7 048.10
卢森堡	16 826.21	7 399.97	9 426.24
中国	15 181.46	2 034.41	13 147.05

资料来源：笔者根据美国财政部 TIC 数据编制。

5.2.2　中国为美国第二大债权国

5.2.2.1　美国国债为中国的主要投资对象

中国在 2006 年成为全球第一大外汇储备国以来，美国债券一直占据着美元资产的突出位置。整体而言，2006～2019年，中国所持美国各类债券呈现出从巨幅增长到缓慢减持的态势。其中，美国国债是最为主要的投资对象。如表5.8和图5.1所示，在2006～2019年[①]，中国所持美国国债的规模与全部

表5.8a　　2006～2012年中国持有美国债券构成　　单位：亿美元

债券类别	2006年	2007年	2008年	2009年	2010年	2011年	2012年
国债	3 722.35	4 772.27	5 350.42	9 156.54	11 121.25	13 069.76	11 387.2
代理债	2 638.78	3 873.08	5 437.52	4 543.39	3 601.44	2 447.88	2 019.6
公司债	589.99	289.92	267.39	163.41	119.43	160.75	218.6
合计	6 951.12	8 935.27	11 055.33	13 863.34	14 842.12	15 678.39	13 625.4

表5.8b　　2013～2019年中国持有美国债券构成　　单位：亿美元

债券类别	2013年	2014年	2015年	2016年	2017年	2018年	2019年
国债	12 712.5	12 603.6	12 680.3	12 391.1	11 442.6	11 872.5	11 087.3
代理债	1 732.4	2 034.4	2 219.8	1 957.7	1 834.0	1 805.9	2 273.2
公司债	236.3	237.7	203.9	156.1	161.1	168.1	142.4
合计	14 681.2	14 875.7	15 104	14 504.9	13 437.7	13 846.5	13 502.9

资料来源：笔者根据美国财政部TIC数据编制。

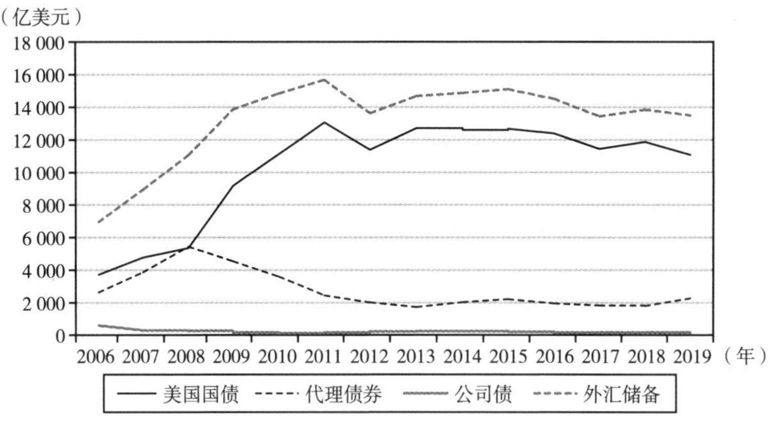

图5.1　2006～2019年中国外汇储备及所持美国债券的走势

① 没有特别说明，本节所指年份数据均为当年6月余额。

美国债券的规模变化趋于一致。在2011年以前，中国持续增持美国国债，并超越日本成为美国第一大债权国。之后从2016年开始，中国所持美国国债规模呈较少趋势，并在2019年被日本反超变为美国第二大债权国。至2019年底，相较于2011年的峰值，中国共计减持近2 000亿美元美国国债。

特别是从2009年开始，中国进行了美国债券的结构性调整，将代理债券的投资份额转变为国债份额：2019年中国增持了仅2 000亿美国国债，却减持了近2 300亿美元代理债券。这主要是因为在2009年以前，由美国政府担保发行的用于支持美国两房（房利美、房地美）的机构债券的预期收益水平高于普通美国国债，从而使我国增持了大量的机构债券。但是，随着美国次贷危机的演进以及两房经营情况的恶化，我国开始抛售该类债券。

5.2.2.2 中国倾向于持有长期美国国债

在中国持有的全部美国国债中，长期债券所占比例尤为突出。以2019年6月的数据来看（见表5.9），中国的美国债券是以长期资产为主要内容，达到13 460.8亿美元，占全部美国债券的99.7%，居于绝对的主导地位。而这其中，又是以长期美国国债为核心资产。

表5.9　　2019年6月中国所持美国债券期限结构　　单位：亿美元

长期债券				短期债券			
总量	国债	政府债	公司债	总量	国债	政府债	公司债
13 500.85	11 086.73	2 273.57	140.56	40.05	38.3	0.63	1.12

资料来源：笔者根据美国财政部TIC数据编制。

进一步从2015年后的数据来看（见表5.10），中国所持长期美国国债占全部美债的比例稳定在99.6%以上，几乎成为我国投资美国国债的唯一标的。同时，长期美债占当年我国外汇储备的比例在35%～40%，但呈现出下降趋势。这符合我国近年来缩量减持美债的事实。

表 5.10　　近 5 年中国持有长期美国国债占比

项目	2015 年	2016 年	2017 年	2018 年	2019 年
长期美债规模（亿美元）	12 675	12 380.77	11 440.81	11 875.04	11 086.73
占国债比例（%）	99.76	99.86	99.80	99.65	99.66
占外汇储备比例（%）	38.06	41.13	36.44	38.65	35.67

资料来源：笔者根据美国财政部 TIC 数据编制。

如若对比其他国家的情况，那么中国倾向于持有长期美债的特征就更为明显。以美债持有量排名第一的日本为参照对象，其长期美债所占全部美国国债比例为94.61%。看似与中国99.6%的比例相差不大，但此时我们考察日本所持短期美国国债的规模可以发现，该国持有的606.41 亿美元短期美债是我国38.3 亿美元的15.83 倍。即使对比外汇储备全球排名第五的英国，该国所持短期美债的规模也达到了中国 12.45 倍，是英国自身所持美债的14.27%，远高于中国0.4%的水平。

5.3　中国投资美国国债的原因分析

5.3.1　美元是中国的主要储备货币

根据前面的分析以及诸多学者的测算，中国目前的美元储备在全部外汇储备中的比例超过50%。这是中国持有超过1.5 万亿美元的美国国债的最基本的条件。一方面，如果没有数量相当的美元储备，中国则不能自如地购买美元有价证券，自然也就不能持有如此庞大规模的美国国债；另一方面，在已经拥有了既定数量的美元储备后，如果对其不加以投资或是运用，则会降低外汇储备资产的整体收益水平，造成资源的浪费。那么，将美元储备投资于美元有价证券就成了外汇储备投资的必然选择。而美国国债作为具有主权信用的美元有价证券，较之其他美元资产，例如机构债券、股票等，是相对安全的金融资产。这一点又恰恰是外汇储备投资中首要的管理原则。所以大量的美元储备是中国投资美国国债的重要因素之一。

5.3.2 美国是中国重要的贸易伙伴国

长期以来，美国都是中国最为重要的贸易伙伴国。中国的进出口国别数据显示，中美两国的贸易往来一直排在中国全部进出口总额的前三位。特别是在国际收支顺差方面，美国是中国最大的顺差来源。也就是说，一方面中国与美国的经济联系十分紧密，相互间的经济推动作用无法被其他国家轻易替代；另一方面也解释了缘何中国的外汇储备中美元所占比例一直超过 50%。在这样的经济背景下，中国投资美国国债既能增强两国的经济互信，也能给未来的经济合作与发展提供一个具有现实意义的政治保障。尤其是在美国经济出现下滑，全球经济持续走低的情况下，中国不断增持美国国债更能帮助美国加速经济恢复的进程，从而利于未来两国经济的进一步发展。

诚然，近 3 年来中美贸易领域出现了一些摩擦与讨论，但这些问题在短期内还无法改变中国现有的外汇储备投资中的资产结构。但是，也正是贸易联系上的紧密，我们从数据上也可以证明：贸易摩擦的出现，使我国对美国国债的态度从相对积极转向了相对谨慎。

5.3.3 对美国经济持谨慎乐观的态度

中国在近年不断增持美国国债的行为引发了学者们的诸多担心。其中最为重要的一个方面便是对美国经济的忧虑。不过我们认为，在当前全球经济环境中，美国较之其他发达经济体具有更加坚实的经济基础与发展空间。中国投资美国国债则是对美国未来经济趋于乐观的直接体现。虽然次贷危机的爆发造成美国经济出现了严重的经济衰退，但是从之后 5 年的经济现实来看，美国似乎逐步走出阴霾的经济环境：金融监管逐步完善，道琼斯指数屡创新高，就业水平稳中有升。所有这些都预示着美国经济率先正在次贷危机之后向健康方面发展。

同时，欧债危机的爆发却将欧元区推向了一个极为尴尬的境地：成员经济秩序紊乱，欧元债券发行规模持续增加，失业率高启。这又从另一个方面使包括中国在内的海外投资者更加乐观地看待美国经济的未来走势。因此，在欧元区经济没能彻底走出困境、日本经济依旧低迷的情况下，将外汇储备投资于美国国债就成了中国现阶段的无奈选择。

不过，对于上述诸多问题的存在以及美国经济的预期，已经从 2015 年之后我国外汇储备投资的操作中出现改变。如前面所述，2015 年以来，我国采取了不断减持美国国债的投资策略，累计减持 1 580.35 亿美元。这就说明，从 10 年前不断增持到现在逐步减持，我国对于美国经济以及美元信用体系、美国国债的投资回报预期均转变为谨慎乐观的情绪。特别是 2020 年以来，美国在货币政策领域的操作和大量增发美债的行为，均凸显出投资美国国债将面临更多不确定性因素。

5.4 中国投资美国国债面临的风险

从 2007 年美国次贷危机全面爆发以来，以美国为代表的主要发达经济体先后采取了量化宽松的货币政策。并且在 2020 年以来，美国更是史无前例地推出了“无上限”量化宽松货币政策。在这样的背景下，美元的价值能否保持相对稳定成为一个不可忽视的问题，这便给我国持有大量美国国债，特别是长期债券带了诸多隐患和不确定性。

5.4.1 美元的汇率波动风险

次贷危机以来，美元的汇率走势一直是全球经济领域无法忽视的问题。美元兑主要储备货币的汇率水平均出现了不同程度的贬值。尤其是在此期间，欧元兑美元呈现出完全升值的态势。这引发了持有大量美元资产的新兴市场和发展中国家的严重担忧。就我国而言，人民币自 2005 年 7 月开始实行以市场供求为基础，从钉住美元转向钉住“一篮子”货币进行调节，汇率浮动更加富有弹性。并且自2012年4月16日起，人民银行宣布银行间即期外汇市场人民币兑美元交易价浮动幅度由千分之五扩大至百分之一。同时，加之美国量化宽松货币政策的实施，至2014年1月，人民币兑美元的汇率较之汇改前累计升值超过23%。这就造成我国以美元资产为主的外汇储备购买力下降明显，整体资产价格较人民币汇率改革前大幅缩水。

紧接着，在美国经济以及股市出现大规模反弹的情况下，自2014年开始，美元指数呈现稳步上涨的态势（见图5.2）。虽然在2017~2018年，人民币汇率呈现阶段性升值趋势，但是随着中美贸易摩擦的严谨，此后人民币兑美元汇率还是出现了单边下跌行情。截至2019年12月，人民币兑美元汇率累积下跌超过13%。虽然美元升值能够增长我国外汇储备估值水平，但是一个不利影响便是：外汇储备资产的价格波动剧烈，降低了我国外汇储备规模管理上的自由度，我们究竟是应该重视储备资产的数量，还是更为关注储备资产的美元价格水平？

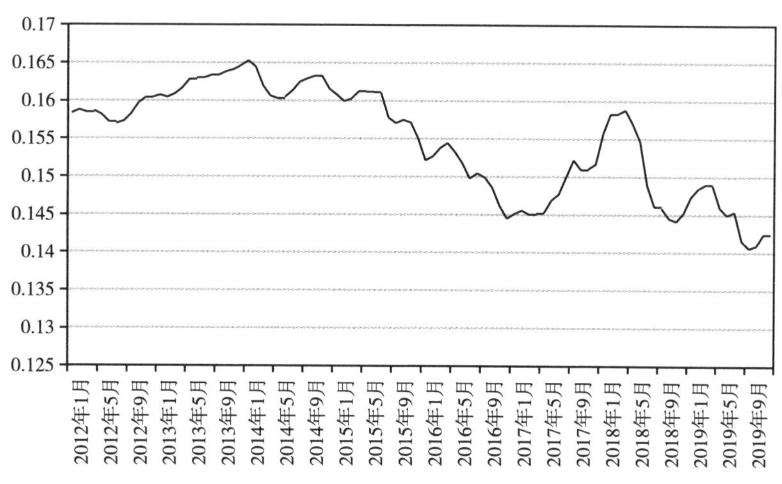

图5.2　2012年1月至2019年9月1单位人民币兑美元汇率走势

资料来源：根据外管局官方数据编制。

仅以2018年为例，我们以张明（2018）所说的“估值效应”来看，当年我国央行统计的外汇储备余额减少672亿美元，但是在国际收支平衡表上显示的数字为增长182亿美元。这就是因为2018年美元升值造成我国外汇储备的美元购买力增加，虽然绝对余额减少，但实际的美元价格反而上升。这样的经济现实无疑给货币管理当局造成了操作上的困难，也造成我们在计算跨国资本流动时统计口径存在争议。类似的情况在近几年的国际收支平衡表上均能被发现。

5.4.2 美元的低利率政策风险

在我国外汇储备中，美国国债是最为主要的投资对象。但是，美国国债的收益率呈现逐年下降趋势。尤其是在2007年次级贷款危机爆发后，美国短期国债收益更是接近于零，中长期国债和机构债的收益率也降到历史最低水平。较国际金融市场中的其他外币资产，美国国债的超低收益率与美元贬值共同作用于我国的外汇储备上，造成我国持有的美元资产的实际收益率持续走低，严重影响整体外汇储备的收益水平。

虽然2015年以后，随着美联储加息周期的到来，以10年期美国国债为代表的收益率企稳，并在2018年下半年达到峰值，但是此后便进入了加速下跌的通道，如图5.3所示。更加值得关注的是，2020年以来，美国在应对新冠肺炎疫情表现出的操作，使市场对未来经济走势极为担忧。这一点从美国资本市场出现的巨幅下跌就可以被证实。也正是上述情况的出现，美联储

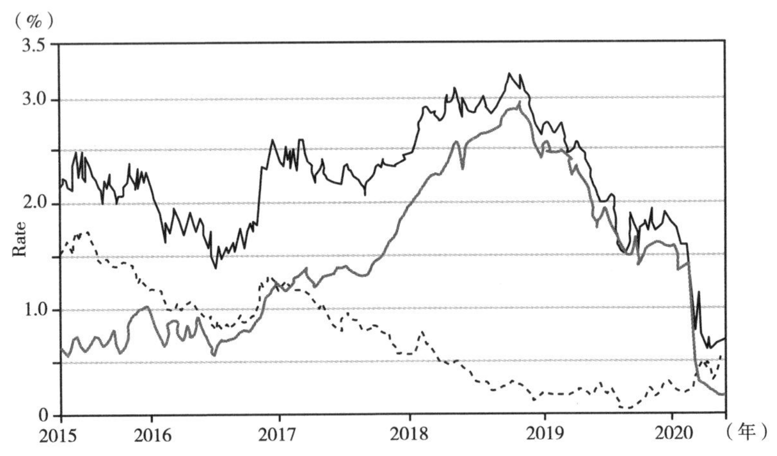

图5.3 2015~2019年2年期和10年期美国国债收益率曲线

资料来源：美国财政部官方网站。

采取了一系列扩张性货币政策，尤其是大规模增发美债，并配合 0 ~0.25% 的联邦基金利率政策，使美国国债价格暴涨，收益率曲线呈现断崖式下跌。这就使我国所持的高额长期美债面临着巨大的收益率风险。

5.4.3 美债信用风险

由于我国超过一半的外汇储备是美元资产，且其中多为美国国债及机构债券，这使我国的对外债权较为集中地体现为对美国的债权主张。一方面这可以被看作对美国经济具有牵制作用，影响美国对我国的经济主张及利益诉求等。但另一方面美国出现了前所未有的主权信用危机。

2011 年以来，标准普尔、穆迪以及惠誉等国际评级机构，先后多次调整美国的主权信用评级。尤其是 2020 年 4 月，各大评级机构发布的新的一期国家主权信用评级展望中，美国长期主权信用评级为 AA +，低于曾经长期的 AAA 水平。而中诚信国际评级公司，更是将美国未来的主权信用等级在 AAg 基础上，将稳定调整为负面展望。这些都充分表明，美国的主权信用虽然仍然位居世界前列，但与德国等国家相比，近年来的信用等级波动已经是常态化事件。在此背景下，伴随着美国国债规模在 20 万亿美元的基础上不断创出历史新高，其潜在信用风险远远大于以前。

5.4.4 流动性风险

中国持有如此庞大的美国长期债券也带来了较为突出的流动性风险。一旦中国出现国际收支困难或对外清偿压力激增的情况，长期美元资产的不能及时变现将制约我国内外部经济均衡的实现，甚至影响我国已形成的良好的国际信誉。

虽然美国国债在国际金融市场上具有相对良好的交易环境与流通渠道，但是 10 年来不断扩大的美债规模以及美国“无上限”量化宽松货币政策的实施，都使未来中国能否顺利出售手中持有的巨额美债成为一个值得商榷的问题。毕竟美国国债的现有余额非常庞大，而各国外汇储备中美元资产的结构比例相对稳定，加之美国仍在继续扩大财政赤字规模，这就造成中国所持美国国债潜在交易对手非常有限。过去 5 年中，平均而言中国也仅仅在每年抛售了 400 亿美元的美债。

因此，合理配置外汇储备资产的期限结构，防止流动性危机爆发，是我们在未来外汇储备投资管理中的重要课题之一。

第6章
政府债券发行中的铸币税问题

巨额外汇储备以及美国国债的持有使中国面临来自多方面的金融风险。学者们对于中国投资美国国债的研究多是集中在由此产生的成本核算上，其方法也主要是对比投资美国国债的到期收益与其他潜在金融资产投资收益率的大小，而鲜有其他视角的研究路径。基于这种研究上的不足，本章利用政府债券铸币税的概念，提出了主权财富转移效应并对中国进行了实证分析。

6.1 铸币税基本理论

铸币税（seigniorage）的概念产生于金属货币流通时代，是指货币铸造者发行不足值的铸币所获得的利润。这就如同汪洋（2004）[①] 所说的，政府通过垄断货币发行所获得的铸币税收入主要是指辅币面值与实际价值之差。但是随着货币从金属货币向纸币转化，货币本身已经不再具有实足的价值，甚至可以忽略其发行成本。那么，此时铸币税的含义便随着学者们研究角度的不同发生了改变。这其中既有基于不同测算视角的铸币税划分：货币铸币税、机会成本铸币税等，也有基于不同政府部门的铸币税划分：中央银行铸币税

① 汪洋. 铸币税：基于不同视角的理解［J］. 经济学（季刊），2005（4）：639－662.

和财政铸币税。因此，我们将首先探讨中央银行货币发行中的铸币税，这也是铸币税最本源的含义；其次梳理学者们提出的财政铸币税的概念，也就是本章所讨论的政府债券铸币税。

6.1.1 中央银行铸币税

中央银行铸币税是指基于中央银行的货币垄断发行行为所产生的铸币税收入。它的含义与测算被学者们划分为三个类型：货币铸币税、机会成本铸币税以及通货膨胀铸币税。

6.1.1.1 货币铸币税

信用货币制度下，中央政府用无成本的货币购买私人部门的商品和服务（比如向公务员发工资时），就是在收取货币铸币税（monetary seigniorage）。只要货币当局保证货币的购买力稳定，私人部门就愿意接受货币持有者用货币购买商品和服务。这样，货币当局就不会被国内私人部门要求偿还铸币税。但是，如果货币当局不能保持货币购买力的稳定（比如发生恶性通货膨胀）居民就会产生用本币抢购实际资源或货币替代的行为。这样，铸币税就部分由本国政府取得、部分由外国政府取得。抢购行为就是居民在求偿铸币税，货币替代就是居民罢免了货币当局继续征收铸币税的权力。

因此，杰弗里·萨克斯和费利普·拉雷恩（1997）在《全球视角的宏观经济学》中定义："铸币税指政府从印制货币的垄断权而获得的收入，印制货币实际上没有成本，而钞票和硬币却可换取商品和服务。①"并且他们还认为铸币税"可以用既定时期内投入流通的货币的购买力来测算"。其计算公式为 $S_t=(M_t-M_{t-1})/M_{t-1}P_t$，也可书写为：$S_t=dM_t/P_t$。其中，$M_t$ 是第 t 期的货币发行额。此种定义被学者们普遍称为"货币铸币税"。

它是以货币发行数量在一定时期内的变化量为考察对象的。在私人部门不能兑换中央银行资产的前提下，后者每发行一单位货币都可以在市场上获

① 杰弗里·萨克斯，费利普·拉雷恩. 全球视角的宏观经济学［M］. 上海：上海人民出版社，2004.

得一定的资产（政府债券、向商业银行贷款等）。这便形成了每一单位货币的净利润（不考虑发行成本），也就是所谓的税收收入。不过，由于货币当局还会进行货币回笼等操作，降低市场中的货币存量。所以在通货膨胀不高的时候，货币铸币税更适合被用来表示中央银行可运用资产的变化情况，不适于准确测算中央银行铸币税（张建怀、张怀清，2009）①。

6.1.1.2 机会成本铸币税

在不考虑发行成本的情况下，私人部门获得中央银行发行的纸币进行商品与劳务的购买时，中央银行并未对该部分纸币支付任何利息。也就是说，这些纸币更像是中央银行对外发行的具有无限偿付能力的金融债券。而较之付息债券的融资成本，这种利息的节省便是“机会成本铸币税”（the opportunity cost of seigniorage）。它可以被表示为：$S = i_t M_t / P_t$，i 为假定的纸币融资成本，一般为财政债券利息；M 为纸币余额；P 为价格。

国际清算银行于2003年将铸币税定义为“中央银行因垄断货币发行而获得的利润，它等于中央银行的非利息负债——基础货币与政府长期债券利率的乘积”。很明显，这种定义方式正是基于机会成本的角度考察铸币税的含义。

目前，机会成本铸币税是国内外测算一国中央银行货币发行或一国政府债券发行中铸币税收益最为普遍的方式与思路，如胡（Hu，2004）② 等学者所做的研究。不过，此种表达与研究方式也存在着比较突出的局限性，即假定的纸币融资成本的确定，也就是 i 的选取。因为在现实中纸币发行本身是没有利息支付的，而中央银行的融资行为又不同于财政部门的债券发行行为。所以以债券融资利率来表示货币发行的潜在成本并不是一个十分严谨的替代方式。当然，截至目前，学术界尚未就这个问题形成一致的意见。

---

① 张健华，张怀清. 人民银行铸币税的测算和运用：1986－2008［J］. 经济研究，2009（7）：79－90.

② Hu Yf. Government Bond Seigniorage，Money Seigniorage and Their Responses to Monetary Policy Shocks［R］. CAMA working paper，2004.

6.1.1.3 通货膨胀税

卡甘和菲利普（1956）[①] 是较早将货币发行收益与通货膨胀相联系的学者。他们通过“通货膨胀—税收拉弗曲线”（见图6.1）和货币需求函数建议大多数国家在拉弗曲线顶峰的铸币税约为GDP的10%（卡甘等，1993）。[②]

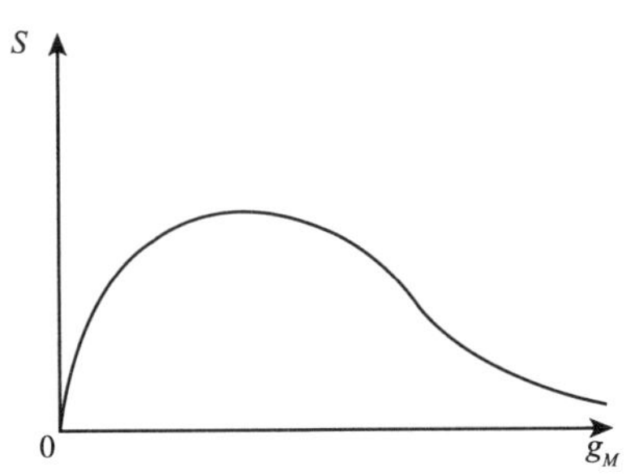

图6.1 通货膨胀—税收拉弗曲线

资料来源：戴维·罗默. 高级宏观经济学［M］. 上海：上海财经大学出版社，2009.

戴维·罗默（2009）[③]则在其著作中认同将货币发行所产生的铸币税界定为通货膨胀税收益的观点，并且认为在稳定状态中，如果忽略产出增长，当保持真实货币余额数量不变时，政府货币发行量的增加导致的结果便是名义货币持有量的购买力的损失。或者说在真实货币余额不变的情况下，增加货币发行会导致名义货币购买力的下降，也就是我们所说的通货膨胀的出现。从而构成了政府货币创造过程中所获得的融资收益——铸币税：$S = g_M M/P$。其中，S为铸币税；g_M 为货币增长率；M名义货币余额；P为价格水平。他借此认为，铸币税税率等于名义货币持有量的损失真实值的速率 π，即通货膨胀率。同时，他还利用“通货膨胀—税收拉弗曲线”发现，中度的铸币税需求便会引发显著的通货膨胀。因此，合理确定铸币税需求是货币发行当局需要认真考虑的问题。

---

① Cagan, Phllip D. The Monetary Dynamics of Hyperinflation. In Studies in the Quantity Theory of Money［M］. University of Chicago Press, 1956.

②③ 戴维·罗默. 高级宏观经济学［M］. 上海：上海财经大学出版社，2009.

6.1.2 政府债券铸币税

1990 年，克莱因和诺依曼（Klein and Neumann，1990）[①] 在其研究中提出了“财政铸币税”的概念。顾名思义，财政铸币税是指财政部门通过发行政府债券获得融资时所汲取的铸币税收益，也被称作“政府债券铸币税”。它是中央银行铸币税的扩展与延伸。前者是依附于债券发行，而后者则是基于货币的垄断发行。之所以会出现财政铸币税的概念，根本上是因为财政部门同样是一国政府的核心部门。它虽不能直接发行货币，却可以通过发行政府债券来增加政府对商品和劳务的购买能力。这实际上也是一种变相增加市场流通货币量的行为。特别是在量化宽松货币政策下，财政部门将发行的债券出售给中央银行还直接刺激了中央银行的货币发行。由此可见，基于政府债券发行的财政铸币税和中央银行铸币税都应被纳入对一国政府铸币税收益的考察范畴之内。

政府债券铸币税目前主要是从货币铸币税或机会成本铸币税的研究视角加以讨论的。例如，克莱因和诺依曼将财政收支以及债券发行纳入铸币税测算模型，将财政铸币税视为一种货币铸币税。诺依曼又在 1992 年[②]和 1996 年[③]的研究中，对财政铸币税做了进一步讨论，但是并未对其进行独立测算。他在 1996 年还提出总铸币税概念的同时，认为政府获得的债券铸币税仅仅是货币发行铸币税收益在财政部门和中央银行之间进行重新分配的结果。

与上述两者所做研究不同的是，以机会成本铸币税界定政府债券铸币税则是重点关注到政府债券发行中利息支付的节约收益。胡（Hu，2004）便是从这种视角出发，结合 VAR 模型研究了货币政策对政府债券铸币税收益的冲击效果。他发现，1959 ~ 2001 年美国、加拿大、法国、澳大利亚以及意大利

① Klein M，Neimann. Seigniorage：What is it and who gets? [J]. Weltwirtschaftliches Archiv，1990：205 - 221.

② Neumann M. Seigniorage in the United states：How Much Does the US Government Make from Money Production? [R]. Federal Reserve Bank of St. Louis working paper (March/April)，1992.

③ Neumann M. A Comparative Study of Seigniorage：Japan Germany [J]. Bank of Japan Monetary and Economic Studies，1996，1 (14)：104 - 142.

五个国家的财政债券铸币税占 GDP 的比重均大于中央银行货币发行所产生的铸币税与 GDP 的比值，且货币政策影响下的利率水平对两种铸币税的冲击最大。布依特（2007）[①] 还通过“跨期铸币税认定模型”（ISI）对铸币税、中央银行收益、通货膨胀税以及中央银行的政策目标之间的关系进行了理论分析，将上述多种铸币税方式进行了系统性的梳理与探究，并对中央银行和财政部门的政策协调与合作的重要性进行了肯定。

6.2 投资海外主权债券的铸币税支付模型

胡（Hu）在 2004 年建立了分析政府债券铸币税的预算约束模型。他认为中央银行的货币供给与财政部门的债券发行的总量为政府的全部货币来源，并在此基础上发现债券发行也会产生类似中央银行的铸币税收益。但是，政府通过发行债券所筹集的资金一部分来源于社会存量货币；另一部分也可以来源于中央银行的货币发行，如定量宽松的货币政策。如果来源于第一部分，那么将中央银行的货币供给中已包含了政府债券所筹集的货币。也就是说模型中同时出现两种货币形式是不准确的，甚至是重叠的。所以我们在此将中央银行的货币供给剔除出模型，仅以政府债券的发行为研究对象，并借此建立与确认政府债券发行中的铸币税含义。

6.2.1 模型的基本假设

（1）现有两个国家，1 和 2。其中，国家 1 为国际储备货币发行国，国家 2 为外汇储备积累国，且所积累的储备货币为国家 1 所发行的本币，规模为 R。

（2）国家 1 的财政部门通过发行政府债券 B 进行政府融资，B 既可以出售给本国居民，也可以出售给国家 2 的居民。

---

① Buiter W. H. Seigniorage [R]. IMF working paper, No. 12919, 2007.

（3）两个国家的居民均为代表性个人，且均为两周期生命，所以国家1政府的债券期限为一期。即，财政部门需在当期支付上一期债券的本息。

（4）国家1财政部门总税收收入为 $\bar{X}_t$，政府采购支出 G_t。

（5）当期债券发行为 B_t，到期债券的本息为 $B_{t-1}(1+i_{t-1}^*)$。

（6）市场中存在两种名义利率水平：①债券发行的名义利率 i_t^*，$I_t^*=1+i_t^*$；②金融市场名义利率 i_t'，$I_t'=1+i_t'$。同时，设实际利率为 i_t，$I_t=1+i_t$。

（7）不考虑政府转移支付以及债券的发行成本和交易成本。

6.2.2 模型推导

6.2.2.1 基本分析思路

首先假设该国将全部债券出售给本国居民，而国家2不动用外汇储备购买。在此情形下，我们观察政府债券铸币税的由来及其含义。其次我们再将国家2的居民动用手中的外汇储备购买国家1政府债券的行为加入其中，从而得出国家2在此行为中的成本与收益。

6.2.2.2 模型的推导

国家1的政府预算约束为：

$$G_t + B_{t-1}(1+i_{t-1}^*) = \tilde{X}_t + B_t \tag{6.1}$$

等式左侧为t期时政府的货币形式的名义总支出，等式右侧为名义总收入。将式（6.1）进行简单变换，得到：

$$\tilde{X}_t - G_t = I_{t-1}^* B_{t-1} - B_t \tag{6.2}$$

令 $H_t=\bar{X}_t-G_t$，用以表示当期政府在时期t的名义净财政收入，正值表示盈余，负值表示赤字。同时，设 $Z_t=I_{t-1}^*D_{t-1}$，是第t期到期债券本息为政府在该期初以债券形式表示的负债余额。这样，我们得到方程组：

$$\begin{cases} \tilde{X}_t - G_t = I_{t-1}^* B_{t-1} - B_t \\ H_t = X_t - G_t \\ Z_t = I_{t-1}^* B_{t-1} \end{cases}$$

对方程组进行代数转换，得到：

$$Z_{t+1} - Z_t = i_t^* B_t - H_t \tag{6.3}$$

式（6.3）左侧表明政府在第 t 期新增的负债规模，它将用于当期新增债券的利息支付以及弥补财政赤字（$-H_t$ 表示赤字）。定义第 t 期的价格水平为 P_t，并用其除式（6.3），整理得到实际负债与实际利息支付、实际财政盈余之间的关系为：

$$z_t = z_{t+1}\Pi_{t+1} - i_t^* b_t + h_t \tag{6.4}$$

其中，z_t、b_t、s_t 分别为实际政府负债余额、实际债券余额、实际财政盈余；$\Pi_{t+1} = P_{t+1}/P_t$ 为第 t 期到第 t+1 期的通货膨胀率。式（6.4）的基本含义是：当期期初的政府实际负债是用以弥补新增实际负债和实际财政盈余与当期实际新增债券的利息支出的差额。根据 $I_t = I_t'/\Pi_t$，式（6.4）被重新整理为：

$$z_t = (1/I_{t+1}) z_{t+1} + (i'_{t+1}/I_{t+1}) z_{t+1} - i_t^* b_t + h_t \tag{6.5}$$

通过迭代的方法，将式（6.4）代入式（6.4）右侧第一项，经整理得到：

$$z_t = \frac{z_{t+j}}{I_{t+1}I_{t+2}\cdots I_{t+j}} + \left(\frac{1}{I_{t+1}} i'_{t+1} z_{t+1} + \frac{1}{I_{t+1}I_{t+2}} i'_{t+2} z_{t+2} + \cdots + \frac{1}{I_{t+1}I_{t+2}\cdots I_{t+j}} i'_{t+j} z_{t+j}\right)$$
$$+ \left[(-i_t^* b_t + h_t) + \frac{1}{I_{t+1}}(-i_{t+1}^* d_{t+1} + h_{t+1}) + \cdots \right.$$
$$\left. + \frac{1}{I_{t+1}I_{t+2}\cdots I_{t+j}}(-i_{t+j}^* b_{t+j} + h_{t+j}) \right]$$

令 $\xi_{t+j} = (I_t I_{t+1} \cdots I_{t+j})^{-1} = \prod_{j=0}^{\infty} (1/I_{t+j})$，表示贴现因子。式（6.5）变为：

$$z_t = I_t\xi_{t+j}z_{t+j} + I_t\sum_{j=0}^{\infty}\xi_{t+j}i'_{t+j+1}z_{t+j+1}/I_{t+j+1} + I_t\sum_{j=0}^{\infty}\xi_{t+j}(-i^*_{t+j}b_{t+j} + h_{t+j}) \quad (6.6)$$

根据动态最优化横截条件$\lim\limits_{j\to\infty}\xi_j z_{j+1} = 0$得到：

$$z_t = I_t\sum_{j=0}^{\infty}\xi_{t+j}(i'_{t+j+1}z_{t+j+1}/I_{t+j+1} - i^*_{t+j}b_{t+j} + h_{t+j}) \quad (6.7)$$

又因为$Z_t = I^*_{t-1}D_{t-1}$，故式（4.7）可以转化为：

$$z_t = I_t\sum_{j=0}^{\infty}\xi_{t+j}[h_{t+j} + (i'_{t+j+1} - i^*_{t+j})b_{t+j}/I'_{t+j+1}] \quad (6.8)$$

$$_t = I_t\sum_{k=t}^{t+j}\xi_k[h_k + (i'_{k+1} - i^*_k)b_k/I'_{k+1}] \quad (6.9)$$

进一步，我们将式（6.9）中的（$i' - i^*_{k-1}$）b_k进行分解，整理得到：

$$z_t = \sum_{k=t}^{t+j}I_t\xi_k h_k + \sum_{k=t}^{t+j}I_t\xi_k(i'_{k+1} - i'_k)b_k/I'_{k+1} + \sum_{k=t}^{t+j}I_t\xi_k(i'_k - i^*_k)b_k/I'_{k+1} \quad (6.10)$$

式（6.10）即为国家1的政府真实债务表达式。在这里，没有国家2对其债务的承担。因此，我们还需将国家2居民动用外汇储备购买国家1政府债券的行为放入分析框架。

由于国家2的居民以国家1所发行的货币作为外汇储备，那么他们在国际市场上最直接的投资行为便是国家1的政府债券。所以我们假设国家2的居民将全部外汇储备R都用于投资国家1的政府债券，那么国家1所发行的债券可以被表示为：

$$B_t = B^d_t + B^f_t \quad (6.11)$$

其中，B^d_t表示由本国居民认购的债券；B^f_t表示国家2居民认购的债券。同时，因为国家2的居民认购债券的资金来自其所持有的全部外汇储备R，所以式（6.11）又可以被改写为：

$$B_t = B^d_t + R_t \quad (6.12)$$

将式（6.12）除以价格水平P_t，得到真实余额的表达式：

$$b_t = b_t^d + r_t \tag{6.13}$$

从而将式（6.13）代入式（6.10），得到：

$$z_t = \sum_{k=t}^{t+j} I_t\xi_k h_k + \sum_{k=t}^{t+j} I_t\xi_k(i'_{k+1} - i'_k)b_k^d/I'_{k+1} + \sum_{k=t}^{t+j} I_t\xi_k(i'_k - i_k^*)b_k^d/I'_{k+1}$$
$$+ \sum_{k=t}^{t+j} I_t\xi_k(i'_{k+1} - i'_k)r_k/I'_{k+1} + \sum_{k=t}^{t+j} I_t\xi_k(i'_k - i_k^*)r_k/I'_{k+1} \tag{6.14}$$

式（6.14）说明，此时国家1在第t期的政府真实债务，将由本国居民和国家2居民对国家1政府债券的投资行为共同承担。换句话说，国家2在对外进行债券投资获得利息回报的同时，还额外地承担了国家1政府真实债务的偿付。这种真实债务的转嫁过程正是本书所界定的主权财富转移效应。

6.2.3 模型的经济含义

我们在上述模型的演绎推理中得到了两个等式：式（6.10）和式（6.14）。它们分别表示了国家1在发行政府债券进行融资时，不吸收他国居民投资和吸收他国居民投资的政府真实债务的动态内涵。

6.2.3.1 存在政府债券铸币税：$(i'_k - i_k^*)b_k$

首先，式（6.10）等号右侧的最后一项$(i'_k - i_k^*)b_k$表示，在封闭经济中国家1在发行政府债券时存在机会成本融资收益。它是债券的实际利息支付与金融市场名义融资利息支付的差额。它意味着政府依靠发行债券进行融资时，较通过金融市场其他融资方式所获得的利息节省。一般而言，政府债券所定票面利率要低于金融市场一般的贷款利率或其他金融资产的投资回报率。而这个票面利率也被我们常称为一国金融市场的无风险利率。同时，又因为$(i'_k - i_k^*)b_k$的表达形式与中央银行货币发行中的机会成本铸币税原理基本一致，且都表示政府融资时节省的利息支出，故我们将其定义为政府债券的机会成本铸币税，简称“政府债券铸币税”，并设铸币税的税率$\psi = i' - i^*$。通常情况下，此铸币税为正值，用以体现政府债券融资所获得的隐性收益。

其次，就式（6.14）而言，当国家1的政府债券被国家2动用外汇储备加以购买后，该铸币税将由两国投资者共同承担：$(i_k' - i_k^*) b_k$ 与 $(i_k' - i_k^*) r_k$。同时，当国家1将政府债券出售给国家2后，实际上增加了国家1对外发行政府债券的冲动。因为国家1政府发现，在将债券出售给国家2时可以获得更多潜在的、隐性的收益。这其中的重要原因是国际金融市场的融资利率往往要高于本国国内的融资利率，从而使本国的债券铸币税收入更高。因此，增发债券成为国家1在财政赤字时的一个不错选择。

6.2.3.2 未来各期财政真实盈余为 h_k

它表明，国家1当期的真实政府债务先是需要未来各期的真实财政盈余进行偿付。这部分的货币偿付是政府债务清偿的最主要内容。因为式（6.10）右侧的后两项代表的是潜在收益（或损失）。也就是说，政府当期的真实债务实际上是通过提前占用政府未来的财政盈余来实现的。如果未来财政盈余不能实现，或者财政长期处于赤字状况，那么式（6.10）将不能从数学形式上成立。但这并不意味着该式存在理论上的缺陷。一种可以解释的现实是，如果政府在未来一定时期内不能获得财政盈余，那么在债券发行上只能逐步增大下一期发行的规模以及增加债券发行的频率直至政府实现财政盈余，并用以偿还以往各期的债券本息。此种可能应该说是符合现实经济发展的。诸如在欧债危机中，希腊财政长期赤字，那么其一方面需要发行更多的债券来加以弥补；另一方面则要寄希望于严厉的紧缩性财政政策保证未来财政盈余的持续性，直到能够偿还之前的全部债务为止。

6.2.3.3 存在市场利率风险溢价：$(i_{k+1}' - i_k') b_k$

这一项可以表示国家1在当期发行的债券所获得的利率溢价，或者说利息支付的成本收益。如果 $i_{k+1}' > i_k'$，表明金融市场的利率水平上升，那么以市场利率为参考的当期债券所支付的利息低于下一期。也就是说，当期发行的成本要小于下一期发行的成本。这样从另一个角度来说，政府可以从中获得潜在的利差收益。反之，如果 $i_{k+1}' < i_k'$，则政府在当期发行等额债券需要支付更多的利息，从而加大了当期的债务水平。

6.2.3.4 外债投资中的利率期限风险价值为 $(i'_{k+1}-i'_k)r_k$

在式（6.10）中，对于国家1，它表示该国当期发行债券的市场利率风险。但是在式（6.14）里，对于国家2而言，$(i'_{k+1}-i'_k)r_k$ 则表示当期投资于国家1的政府债券与下一期投资之间的市场利率风险。如果 $i'_{k+1}>i'_k$，那么下一期投资所能够获得预期回报要高于当期，国家2便承担了当期投资所带来的利率风险。当然，如果 $i'_{k+1}<i'_k$，则国家2更应注重当期的投资。

6.3 基于政府债券铸币税收付的主权财富转移效应

6.3.1 主权财富

关于什么是主权财富，目前学术界并未形成清晰一致的定义。但是，主权财富基金（sovereign wealth funds，SWFs）由来已久，并且已经被国内外学者广泛地加以讨论。最早主权财富基金概念出现于安德鲁·罗扎诺夫（Andrew Rozanov）于2005年发表的《谁拥有国家财富》一文中。它是指由政府所有或控制的具有特殊意图的公共投资基金，通常来源于一国外汇储备或财政盈余。[①] 该基金主要是用于在国际金融市场进行资本投资。

所以基于这个概念，本书将主权财富定义为由一国外汇储备或财政盈余形成的、能够用于全球投资的货币资金。显然，外汇储备是一国主权财富的重要组成部分，也就是本书所要讨论的核心内容。

6.3.2 主权财富转移效应

在定义了什么是主权财富后，主权财富转移自然也就可以被表述为：一

① 喻海燕，田英．中国主权财富基金投资——基于全球资产配置视角［J］．国际金融研究，2012（11）：47－54.

国以外汇储备等为代表的主权财富在国家间的迁移。这种迁移有正向的也有负向的。正向是指随着外汇储备等投资的进行，能够给本国带来正向的收益，也就是能够增加本国的财富规模。反之，投资中产生的损失就会降低本国的财富水平，并使他国的主权财富增加。

需要指出的是，负向的主权财富转移从一个广义的范畴上讲，可以被称为主权财富流失。它包含了外汇储备资产因资产价格、汇率水平波动等所造成的全部资本损益，也包含政府财政收入的流失。而本书所界定的主权财富转移属于狭义的主权财富流失。它强调的是本国主权财富流向他国政府的过程，而不是泛指财富价值的减少。换句话说，利用以外汇储备为代表的主权财富进行对外投资时，如果是因为所投资资产价格下跌造成该部分储备资产的账面价值减少，那么这部分损失属于主权财富流失，而不是主权财富转移。

据此，我们进一步给出了主权财富转移效应的基本含义：一国在动用国家财富（如外汇储备）进行对外投资等经济交往时，所引发的主权财富在该国与其他国家间转移的行为。这种效应正是2007年金融危机爆发至今，伴随着美元汇率波动、欧债危机爆发等情形的出现，对国内外学者纷纷就主权财富（基金）等问题持续讨论的进一步延伸。就本书而言，则专门指中国投资美国国债时可能存在的主权财富在中美两国间流动的现象。

6.3.3 主权财富转移与政府债券铸币税的收付

前面通过对政府债券铸币税的已有文献进行梳理发现，学者们认为一国政府在发行债券时是可以获得类似“机会成本铸币税”性质的收益的。我们以此结论建立模型将该债券发行国的行为与他国实施的投资安排相结合中，得到了含有铸币税收付的政府真实债务表达式。其包含的重要结论是：债券发行国在向本国债券持有国支付利息的同时，可以获得后者所承担的铸币税成本。

基于政府债券铸币税的存在，我们看到国家2在投资国家1的政府债券后，需要承担后者真实债务清偿的责任。这可以被看作是国家2投资国家1政府债券时的投资成本。这种成本的承担实际上是国家2外汇储备资产及其潜在收益的流失。而更为重要的现实是，国家 2 这一部分主权财富流失的份额全部转化为对国家 1 政府真实债务的清偿，也就是国家 1 主权财富的增加。因此，我们认为，国家 2 投资他国政府债券的行为不单单是对外的金融资产投资，还是一种国家间主权财富的转移，即储备货币持有国通过购买储备货币发行国的政府债券，实际上是在获得利息回报的同时，将自身主权财富的一部分转移给了对方。其中，国家 2 担负的投资成本就是主权财富转移的净值。它便是本书所要研究的“主权财富转移效应”的内容。

第 7 章
中国主权财富转移的实证

在上一章的模型分析中我们发现，中国投资美国国债的行为在政府预算约束模型中具有了十分重要的现实经济含义：投资美国国债的成本之一可以被看作债券发行中的铸币税支出，帮助清偿美国政府的真实债务，从而造成主权财富在中美两国之间发生迁移。本部分实证的核心便是测算中国投资美债时所支付政府债券铸币税规模。

7.1 实证内容与思路

如前所述，在已有文献中，很多学者都是从金融资产投资的角度来量化我国投资美债的成本与收益。它实际上就是对不同类型的金融资产的投资回报率进行对比，从而观察我国投资美国国债时所面临的风险。而我们则是通过模型的构建，更为清晰地刻画了美债投资中所负担的成本。

同时，在前述模型中，我们还看到伴随着政府债券机会成本铸币税的存在，持有他国政府债券还要承担金融市场利率波动带来的投资风险。它是时刻存在的，不因投资标的变化而消失。它取决于整个金融体系的稳定以及经济环境的变化，并反映整个金融市场的货币供求状况。无论中国是否投资美国国债，手中所拥有的外汇储备在对外投资时都会面临这个风险。换句话说，它不依赖于购买美债行为的发生而存在。因此，在本章实证测算中国投资美债时所产生的主权财富转移的规模中不将其作为考察内容。当然，在未来的进一步研究中可以对它进行更为详尽的探讨。

类似地，在汇率风险问题上，人民币兑美元汇率的大幅波动引起我国外汇储备的国际清偿力也发生了震荡，更是造成了“估值效应”的存在。但是由此造成的资本损失并未由美国政府获得，属于正常投资活动中的金融风险，不能算作主权财富转移的范畴。大量的既有文献都对我国外汇储备的汇率损益进行了估算，故本书不再重复进行这方面的测度。

因此，我们的实证分为三个步骤：（1）以美国商业银行优先级贷款利率作为美国政府融资的潜在市场利率测算政府债券铸币税①；（2）以穆迪 Aaa 债券的市场利率作为美国政府融资的潜在市场利率测算政府债券铸币税②；（3）对比上述两种结果，确认究竟哪一种计算方法更为合理，从而确认中国投资美债过程中主权财富转移的规模。

这当中，之所以我们在实证中选择两种不同的利率标准进行测算，是因为美国国债的名义利率是一定的，但是作为美国政府融资的潜在市场利率（也就是模型中的 i_k'）是不确定的，或者说是难以被精确估计的。所以我们选取两种不同金融资产的利率水平进行对比。

7.2 数据的选取与处理

首先，基于数据的完整性以及与后面研究的一致性，我们选取美国财政部 TIC 公布的 2005 ~2019 年中国持有的美国国债数据、各期限债券的名义利率，以及美联储公布的同期美国商业银行优先级利率（i_{prime}'）、穆迪公布的 Aaa 级公司债利率（i_{Aaa}'）和人民币兑美元的名义汇率（e）。

在数据的处理上，对中国持有的美国国债进行价格调整：用名义余额除以美国的价格水平（2005 年价格为 1）得到实际美债余额，如表 7.1 所示。

---

①② 类似的研究可以参见郭德友．扩张性货币政策下美国政府债券铸币税的测算与动态分析［J］．统计与决策，2012（12）：150 -153.

表 7.1　　2005~2019 年中国所持美债实际余额　　单位：亿美元

类别	2005 年	2006 年	2007 年	2008 年	2009 年
整体规模	2 978.11	3 630.12	4 471.53	5 008.67	8 344.6
长期国债	2 770.87	3 550.45	4 371.4	4 885.76	6 899.76
短期国债	207.24	79.68	100.14	122.91	1 444.83
类别	2010 年	2011 年	2012 年	2013 年	2014 年
整体规模	9 985.73	11 397.64	9 830.32	10 780.77	10 632.83
长期国债	9 949.84	11 357.78	9 758.21	10 742.18	10 565.78
短期国债	35.89	39.86	72.11	38.58	67.04
类别	2015 年	2016 年	2017 年	2018 年	2019 年
整体规模	10 571.48	10 106.01	9 151.91	9 335.23	8 519.95
长期国债	10 546.2	10 092.02	9 133.19	9 302.15	8 490.62
短期国债	25.28	14	18.72	33.08	29.33

资料来源：笔者根据美国财政部 TIC 数据系统编制。

其次，笔者根据整理得到的 2005~2019 年人民币兑美元的汇率波动情况，并将其与相关美元资产收益率列于表 7.2。不难发现，受 2007 年次贷危机的影响，2008 年以后各种金融资产的投资收益率均呈现下降的态势。这一点与上一节所述美国政府债券利率走势一致。这当中，3 个月国债利率和 1 年期国债利率下降最为明显。同时，除了金融资产收益率的整体具有趋势性外，美元对人民贬值也是这一时期的一个重要特征。当然，这也同样与美联储基准利率走低以及定量宽松货币政策实施密切相关。

表 7.2　　2005~2019 年美元资产收益率及美元汇率波动　　单位：%

年份	商业银行优先利率	穆迪 Aaa	3 个月国债利率	1 年期国债利率	10 年期国债利率	20 年期国债利率	美元汇率年波动率*
2005	6.19	5.23	3.22	3.62	4.29	4.64	-2.49
2006	7.96	5.59	4.85	4.94	4.8	5	-3.13
2007	8.05	5.56	4.48	4.53	4.63	4.91	-6.08
2008	5.09	5.63	1.4	1.83	3.66	4.36	-4.88
2009	3.25	5.31	0.15	0.47	3.26	4.11	-0.14
2010	3.25	4.94	0.14	0.32	3.22	4.03	-2.99

续表

年份	商业银行优先利率	穆迪Aaa	3个月国债利率	1年期国债利率	10年期国债利率	20年期国债利率	美元汇率年波动率*
2011	3.25	4.64	0.05	0.18	2.78	3.62	-4.37
2012	3.25	3.67	0.09	0.17	1.8	2.54	-0.24
2013	3.25	4.23	0.06	0.13	2.35	3.12	-3
2014	3.25	4.16	0.03	0.12	2.54	3.07	0.36
2015	3.26	3.89	0.05	0.32	2.14	2.55	6.12
2016	3.51	3.66	0.32	0.61	1.84	2.22	6.83
2017	4.1	3.74	0.95	1.2	2.33	2.65	-5.81
2018	4.9	3.93	1.97	2.33	2.91	3.02	5.04
2019	5.28	3.39	2.11	2.05	2.14	2.4	1.65

注：*（-）表示美元兑人民币贬值。

资料来源：笔者根据美联储官方网站利率统计数据（Interest Rates H15）编制。

7.3 主权财富转移规模的测算

首先需要说明的是，因为通过TIC无法获知每年中国购买的美国长期国债和短期国债具体的期限结构，所以我们将分别以3个月（i_{03}^*）和1（i_1^*）年期的国债利率代表短期债券的利率，以10年期（i_{10}^*）和20年期（i_{20}^*）的国债利率作为长期国债的利率。

7.3.1 假设Ⅰ：商业银行优先级利率为美国政府融资利率

7.3.1.1 铸币税税率的计算

如果以i'_{prime}为目标利率，则以美国境内企业优先级融资利率作为外汇储备投资的参考收益率。此时，由$\psi = i' - i^*$可以计算得到投资美国国债的铸币税的税率，如表7.3所示。

表 7.3　2005～2019 年美国政府债券铸币税税率（Ⅰ）　单位:%

年份	ψ^{03}_{prime}	ψ^{1}_{prime}	ψ^{10}_{prime}	ψ^{20}_{prime}
2005	2.97	2.57	1.9	1.55
2006	3.11	3.02	3.16	2.96
2007	3.57	3.52	3.42	3.14
2008	3.69	3.26	1.43	0.73
2009	3.1	2.78	-0.01	-0.86
2010	3.11	2.93	0.03	-0.78
2011	3.2	3.07	0.47	-0.37
2012	3.16	3.08	1.45	0.71
2013	3.19	3.12	0.9	0.13
2014	3.22	3.13	0.71	0.18
2015	3.21	2.94	1.12	0.71
2016	3.19	2.9	1.67	1.29
2017	3.15	2.9	1.77	1.45
2018	2.93	2.57	1.99	1.88
2019	3.17	3.23	3.14	2.88

资料来源：笔者根据表 7.2 数据计算得到。

由表 7.3 可知，对于中国所持短期债券而言，无论是 3 个月还是 6 个月，其铸币税税率均为正，说明美国通过对中国出售短期国债可以获得正的铸币税收益。而在长期国债方面，2008～2015 年，10 年期和 20 年期对应的铸币税税率明显低于前后年份。尤其是 2009 年的 10 年期美国国债以及 2009～2011 年 20 年期美国国债可以为中国带来正的投资收益（机会成本铸币税税率为负）。这说明较美国商业银行优先级利率，长期美债在 2008～2015 年的投资效果更好。从 2016 年开始，中国投资美国长期国债又进入了铸币税税率上升的通道。

7.3.1.2　主权财富转移规模实证结果

在得到铸币税税率后，我们便可以将表 7.1 与表 7.3 中的债券实际余额和铸币税税率相乘得到对应时期中国主权财富转移的资产规模（见表7.4）。通过表7.4，我们归纳出以下主要特点。

表7.4　　2005～2019年中国主权财富转移规模（Ⅰ）　　单位：亿美元

年份	短期美债铸币税支付			长期美债铸币税支付			合计*
	3个月	1年期	平均	10年期	20年期	平均	
2005	6.16	5.33	5.74	52.65	42.95	47.80	53.54
2006	2.48	2.41	2.44	112.19	105.09	108.64	111.09
2007	3.57	3.52	3.55	149.50	137.26	143.38	146.93
2008	4.54	4.01	4.27	69.87	35.67	52.77	57.04
2009	44.79	40.17	42.48	-0.69	-59.34	-30.01	12.46
2010	1.12	1.05	1.08	2.98	-77.61	-37.31	-36.23
2011	1.28	1.22	1.25	53.38	-42.02	5.68	6.93
2012	2.28	2.22	2.25	141.49	69.28	105.39	107.64
2013	1.23	1.20	1.22	96.68	13.96	55.32	56.54
2014	2.16	2.10	2.13	75.02	19.02	47.02	49.15
2015	0.81	0.74	0.78	118.12	74.88	96.50	97.28
2016	0.45	0.41	0.43	168.54	130.19	149.36	149.79
2017	0.59	0.54	0.57	161.66	132.43	147.04	147.61
2018	0.97	0.85	0.91	185.11	174.88	180.00	180.91
2019	0.93	0.95	0.94	266.61	244.53	255.57	256.51
累积	73.34	66.72	70.03	1 653.11	1 001.17	1 327.14	1 397.17

注：*当年合计为每年短期债券和长期债券各自平均铸币税支付的总和。
资料来源：笔者计算并编制。

（1）中国主权财富流失加速。

从表中我们可以看到，在被考察的15年间，中国主权财富转移给美国政府的实际资产规模累计达到1 397.17亿美元，占2019年外汇储备实际余额的5.89%。而这一比例在2005～2011年仅为1.3%。也就是说中国累积失去了1 397.12亿美元的主权财富，用于帮助美国偿还政府真实债务。并且，近8年我国主权财富流失的速度在加快，年均流失174亿美元。仅仅2018年和2019年，中国流失的主权财富就超过2005～2011年全部金额。

（2）长期美债铸币税是我国主权财富转移至美国政府的主要渠道。

从数据中可以看出，除去2009年和2010年我国所持长期美债的铸币税支付金额低于短期美债铸币税支付金额以外，其余所有年份都显示前者远高于后者。而15年的累计金额上，前者更是后者的近20倍。

（3）中国主权财富转移并非单向地流出。

2008年以前，中国投资美国国债时的债券铸币税支出增长迅速。而2009～2011年，由于铸币税率转向对我国有利，从而造成该3年我国美债铸币税支付呈现大幅度下降，甚至2010年美国国债铸币税支出由正转负。这表明该年我国并未帮助美国偿付真实政府债务。这是因为美国次贷危机乃至后来的全球性金融危机迫使美国调低了国内融资利率，从而使美国政府在国际市场上的融资成本高于本土美元融资成本，使我国获得美元投资的超额回报。

（4）相较之投资规模，美债利率更加值得关注。

我们知道，在今年内中国逐步减持的美债投资，尤其是长期美债规模。但是即使2019年我国所持有的长期美债比2011年名义减少了2 000亿美元，实际余额则是减少了近3 000亿美元。遗憾的是，这些操作不仅未降低当年我国主权财富转移到美国的速度，更令人吃惊的是2019年刷新了该数据至256.51亿美元。究其原因则是美国长期国债利率在国债收益率曲线的牵引下，不断走低，从2006年5%的名义利率降至2009年的2.4%，进而提高了铸币税税率水平。

7.3.2 假设Ⅱ：穆迪Aaa债券利率为美国政府融资利率

7.3.2.1 规模测算与结果

与前面的分析思路一样，先计算得到美国国债利率与穆迪Aaa债券利率之间形成机会成本铸币税税率（见表7.5），并用其测算出对应的铸币税支出。

表 7.5　　2005～2019 年美国政府债券铸币税税率（Ⅱ）　　单位:%

年份	ψ_{Aaa}^{03}	ψ_{Aaa}^{1}	ψ_{Aaa}^{10}	ψ_{Aaa}^{20}
2005	2.01	1.61	0.94	0.59
2006	0.74	0.65	0.79	0.59
2007	1.08	1.03	0.93	0.65
2008	4.23	3.8	1.97	1.27
2009	5.16	4.84	2.05	1.2
2010	4.8	4.62	1.72	0.91
2011	4.59	4.46	1.86	1.02
2012	3.58	3.5	1.87	1.13
2013	4.17	4.1	1.88	1.11
2014	4.13	4.04	1.62	1.09
2015	3.84	3.57	1.75	1.34
2016	3.34	3.05	1.82	1.44
2017	2.79	2.54	1.41	1.09
2018	1.96	1.6	1.02	0.91
2019	1.28	1.34	1.25	0.99

资料来源：笔者计算并编制。

显然，如果以穆迪 Aaa 债券利率作为美国政府在国际金融市场的潜在融资利率时，过去 15 年中国累积损失的主权财富比假设 I 要高。也就是美国在此时所获得铸币税收入更多。就表 7.6 而言，考察期内中国累计向美国输送了 1 738.27 亿美元的主权财富，占 2019 年外汇储备实际余额的 7.32%。同时，我们发现，此时中国主权财富转移状况表现出了不同于假设 I 时的特点。

表 7.6　　2005～2019 年中国主权财富转移规模（Ⅱ）　　单位：亿美元

年份	短期美债铸币税支付			长期美债铸币税支付			合计*
	3 个月	1 年期	平均	10 年期	20 年期	平均	
2005	4.17	3.34	3.75	26.05	16.35	21.20	24.95
2006	0.59	0.52	0.55	28.05	20.95	24.50	25.05
2007	1.08	1.03	1.06	40.65	28.41	34.53	35.59
2008	5.20	4.67	4.93	96.25	62.05	79.15	84.08
2009	74.55	69.93	72.24	141.45	82.80	112.12	184.36
2010	1.72	1.66	1.69	171.14	90.54	130.84	132.53

续表

年份	短期美债铸币税支付			长期美债铸币税支付			合计*
	3个月	1年期	平均	10年期	20年期	平均	
2011	1.83	1.78	1.80	211.25	115.85	163.55	165.36
2012	2.58	2.52	2.55	182.48	110.27	146.37	148.93
2013	1.61	1.58	1.60	201.95	119.24	160.60	162.19
2014	2.77	2.71	2.74	171.17	115.17	143.17	145.90
2015	0.97	0.90	0.94	184.56	141.32	162.94	163.88
2016	0.47	0.43	0.45	183.67	145.33	164.50	164.95
2017	0.52	0.48	0.50	128.78	99.55	114.16	114.66
2018	0.65	0.53	0.59	94.88	84.65	89.77	90.35
2019	0.38	0.39	0.38	106.13	84.06	95.09	95.48
累积	99.08	92.46	95.77	1 968.46	1 316.52	1 642.49	1 738.27

注：* 当年合计为每年短期债券和长期债券各自平均铸币税支付的总和。

资料来源：笔者计算并编制。

7.3.2.2 阶段性特征

（1）假设Ⅱ的财富转移相对平稳。我们对比两种假设条件下所得结果发现，当以穆迪 Aaa 级债券利率为美国政府潜在融资利率时，中国主权财富流失规模相对稳定。为了更好地观察这一点，我们将两种情况下的对比情况描绘为图 7.1。

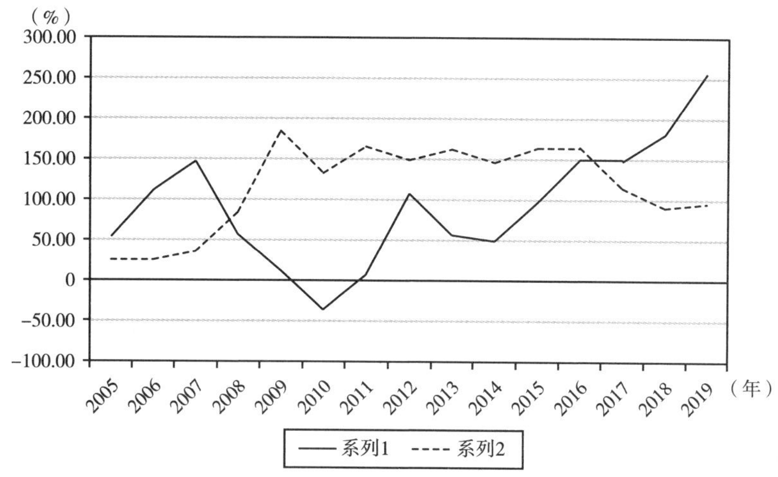

图 7.1　2005～2019 年两种假设条件下中国主权财富转移规模走势对比

从对比图中我们可以清晰地看到，中国基于假设Ⅱ向美国支付的政府债券铸币税在相当长的时期内较为平稳，只是在2009年以前和2016年之后相对其余年份较低。特别是2017～2019年，中国流失的主权财富呈现逐年下降趋势。这一点确实是我们希望看到的，也符合我国近年减持美国国债的主张。

（2）假设Ⅱ条件下中国持续性的流出主权财富。虽然我们在前面观测到我国铸币税支出有下降趋势，但是令人沮丧的是，假设Ⅱ中所有年份中国的净支出，并未出现假设Ⅰ中2010年的情况。这种稳定的状态也就造成了考察期内中国累计流失的主权财富要高于假设Ⅰ。

（3）国际金融市场与美国本土市场差别较大。之所以我们看到上述两个变化，最为主要的原因便是美国政府融资目标利率选择上的差异。通过进一步对比我们发现，美国商业银行优先利率与穆迪 Aaa 债券利率走势不尽一致，如图7.2所示。

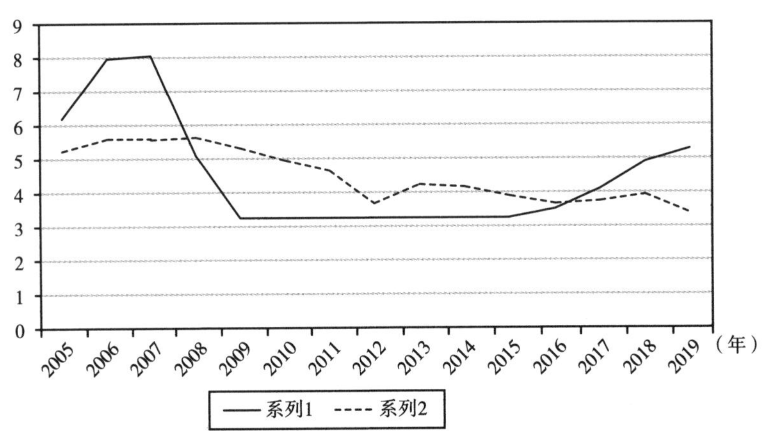

图7.2　2005～2019年商业银行优先利率与穆迪 Aaa 债券利率

资料来源：笔者根据美联储官方网站数据绘制。

从图7.2所示变化我们进一步看出两种利率水平所展示出来的不同市场对货币需求的态度。第一，整体上都在2009年之后出现利率下降。这一点是符合次贷危机后全球恢复经济所做的努力。第二，穆迪 Aaa 债券利率呈现持续下降，说明国际金融市场的货币供给较为充足，并未受到单个国家经济走势的影响。第三，美国市场在 2015 之后呈现加息状态，表明美联储在货币政策操作上主动性更强。这也是美国在经济数据持续向好时的常规操作。

那么这就给我们留下了一个问题：在研判中国主权财富转移过程中究竟选择哪个目标利率更能符合我国外汇储备投资管理的需要呢？笔者认为，既然我们研究的是外汇储备的投资管理问题，那自然应该选择能够反映全球金融资产配置的价格水平作为参照。但是，这也仅仅是一个简单的判断。为了验证这种观点，我们想到是否可以将 10 年期美债和 20 年期美债利率置入图中，看看能否发现一些更为可靠的佐证，如图 7.3 所示。

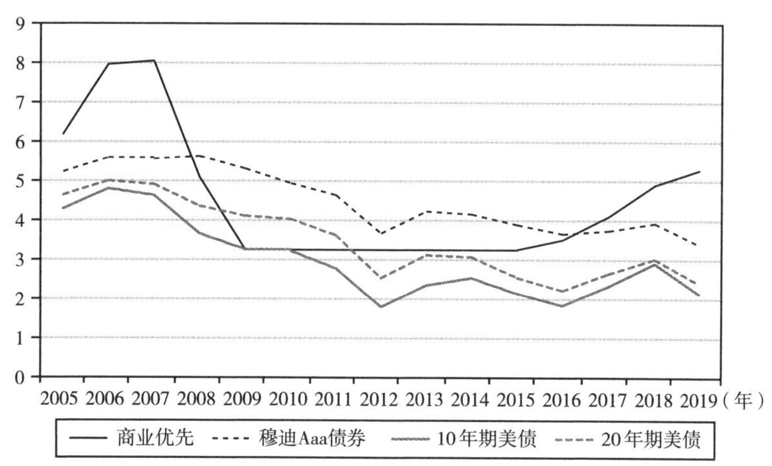

图 7.3　2005 ~ 2019 年四种利率走势

资料来源：根据美联储官方网站数据绘制。

现在，我们意外地发现美国 10 年期国债利率、20 年期国债利率与穆迪 Aaa 债券利率在过去 15 年整体走势惊人地相似。反而是美国商业银行优先利率与它们格格不入。这一点很好被解释：美国国债是面向全球发行与交易的行为，其定价是更趋于国际化的，理应与国际金融市场相一致。这样一来，我们认为在研究中国外汇储备中美元资产的投资管理问题上，选择能够反映国际金融市场的穆迪 Aaa 债券利率作为参照收益率所测算结果更具有说服力与现实意义。

综上所述，一国政府在对外发行债券时会利用未来各期政府债券铸币税的收益偿付其债券发行的真实债务。而当其债券由他国政府进行购买后，其中的铸币税收付行为造成了主权财富在国家间发生转移。实证结果表明，以穆迪 Aaa 债券利率水平为参照对象测算出中国动用外汇储备投资美国国债时产生的主权财富转移效应表现为：2005 ~ 2019 年中国主权财富流向美国政府的规模超过 1 700 亿美元（以 2005 年美国价格水平为基准）。

第8章 封闭经济中政府债券投资的通货膨胀传导模型

很多学者的现有研究成果都指出外汇储备与一国的物价水平存在正相关关系。但是在购买他国政府债券过程中是否同样存在类似联系并未被过多论及。因此，我们力图借助消费效用最大化函数对该经济行为进行分析，从中观察政府债券投资与一国通货膨胀的关系。

8.1 通货膨胀的基本原理

8.1.1 通货膨胀的基本概念

通货膨胀，是指在纸币流通的情况下，流通中的货币量超过了流通中所需要的货币量，导致单位货币的价值减小，从而引起物价水平普遍、持续上涨的经济现象[①]。对于这个定义可以从两个角度进行理解。一方面，从通货膨胀引起的原因来看，它是过多的货币追逐过少的商品所引发的货币现象。如

---

① 任碧云. 货币银行学［M］. 北京：中国财政经济出版社，2001.

果货币数量的增加速度超过能够买到的商品和劳务的增加速度，就会发生通货膨胀。当经济达到充分就业后，供给已毫无弹性：货币供给的增加已无增加产量和就业的作用，物价水平便随着货币供给的增加同比例地上涨，从而形成通货膨胀。另一方面，从通货膨胀的结果来看，通货膨胀要求物价水平普遍地、持续地上涨。商品价格与生产要素价格同时或先后的上涨共同形成通货膨胀。而短期的价格水平波动或突发的价格上涨不能被视为通货膨胀。

目前，用于测度通货膨胀水平的指标主要有：零售商品价格指数（RPI）；居民消费价格指数（CPI）；批发商品价格指数（WPI）；生产资料购进价格指数（PPI）以及 GDP 平减指数等。其中，尤以 CPI 的使用最为广泛。本书后面的相关研究也将以 CPI 为主要观测指标进行讨论。

8.1.2 通货膨胀的形成机理

从 20 世纪 30 年代中期到 60 年代中期，凯恩斯主义盛行，传统货币数量论受到批判。他认为经济未达到充分就业水平之前，货币数量增加至多只会引发小幅的通货膨胀。只有在经济达到充分就业之后，货币数量论才是适用的。在这个阶段，大部分西方经济学都把通货膨胀直接定义为物价水平的全面上涨过程，先后提出了需求拉上型的通货膨胀、成本推进型的通货膨胀以及结构型的通货膨胀理论。

8.1.2.1 需求拉上型通货膨胀

所谓需求拉上型通货膨胀（demand-pull inflation），是指总需求超出了社会潜在产出之后引起价格水平持续上涨从而产生的通货膨胀。换言之，就是对商品和劳务的需求超出了在现有价格条件下可得到的供给，从而导致一般价格水平上涨。对于需求拉上型通货膨胀的原理，我们可用图 8.1 来加以说明。

图 8.1 中，AD 及 AS 分别表示原来的总需求与总供给曲线，其交点 H_0决定了 P_0的价格水平和 Y_0的国民收入水平。假设 Y_0已达到充分就业，总供给就应该保持不变，总供给曲线就成为一条垂直于横轴的直线；当总需求继续增加时，比如由 AD 增加到 AD_1，价格水平就会由 P_0上涨到 P_2，这种情形形成

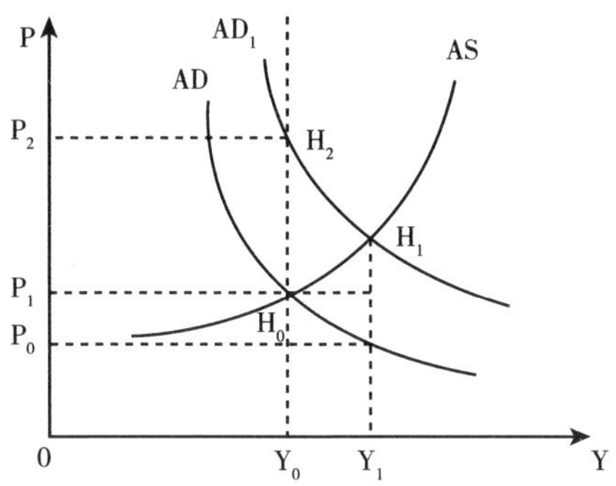

图 8.1　需求拉上型通货膨胀

资料来源：笔者编制。

了需求拉上型的通货膨胀；假设 Y_0 未达到充分就业，当总需求继续增加时，还是由 AD 增加到 AD_1，AD_1 与 AS 相交于 H_1，则会使价格水平由 P_0 上涨到 P_1，这种情形也形成了需求拉上型的通货膨胀。总之，无论在 Y_0 处是否达到充分就业，总需求的增加都将导致通货膨胀的产生，只不过价格上涨的程度不同从而使通货膨胀的程度也不同而已。

但是，经济学家们对总需求增加的原因存在分歧。货币主义学派认为，货币供应量的增加是总需求增加的主要原因；而且，充分就业是一种常态，所以由货币供给增加所产生的总需求的增加必然形成需求拉上型的通货膨胀。与此不同，凯恩斯学派则认为，总需求由消费支出、投资支出和政府支出构成，总需求各部分的增加是总需求增加的原因；而且，充分就业就不是一种经济常态，非充分就业才是常态。当经济处于非充分就业水平时，总需求的增加部分推动价格上涨，部分引起总供给的增加；只有当充分就业达到时，才全部通过价格上涨反映出来。

8.1.2.2　成本推动型通货膨胀

20 世纪 50 年代以前，通货膨胀的原因主要被归结为需求性因素；50 年代以后，引起通货膨胀的供给方面的因素开始受到人们的重视，从而提出了“成本推动”的通货膨胀理论。我们把由成本的提高引起总供给的增加而产生的通货膨胀称为成本推动型的通货膨胀（cost-push inflation）。

对于成本推动型通货膨胀的原理，我们可用图8.2来加以说明。图中，AD及AS分别表示原来的总需求曲线与总供给曲线，其交点H_0决定了Y_0的国民收入和P_0的价格水平。当成本增加时，总供给曲线从AS向上移动到AS_1。这时，如果仍要维持原产量水平Y_0，价格就会上升为P_2，这是成本增加所直接引起的通货膨胀。但由于这时的价格水平太高，在总需求未变的情况下，产品无法全部卖出，厂商便减少产量，使之由Y_0减为Y_1，同时价格水平由P_2降为P_1，直至H_1点成为新的均衡点。与原均衡点的价格水平P_0相比，价格仍然上升了。这样，在总需求不变的情况下，就由于供给方面的原因而产生了通货膨胀。

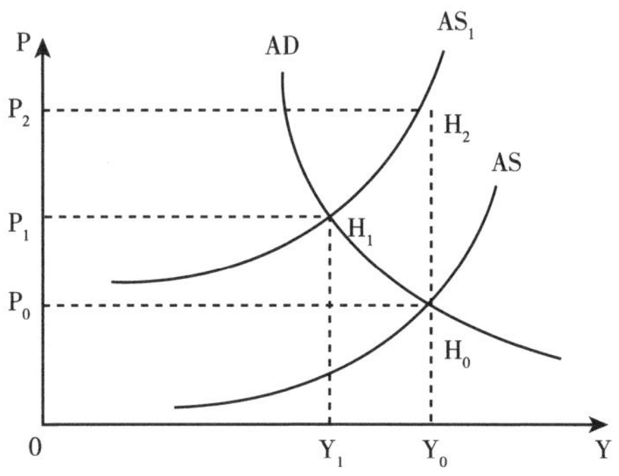

图8.2 成本推进型通货膨胀

资料来源：笔者编制。

生产成本的不断提高主要原因在于：其一，工资与物价螺旋上升。工资的增长引起生产成本的增加，商品价格上涨；物价上涨后，工资再一次增长，生产成本继续提高，物价继续上涨，如此工资与物价都呈刚性上涨，最终导致通货膨胀。这种情况往往被称为“工资推动的通货膨胀”。其二，垄断企业不断提高垄断产品价格。当垄断企业操纵并控制某些产品及其价格后，往往造成社会其他部门、特别是以该产品为原材料的企业生产成本增加，在通货膨胀预期的作用下，带动了其他产品价格的上涨，从而引起物价总水平上涨。这种情况被称为“利润推动的通货膨胀”。

8.1.2.3 供求混合型通货膨胀

所谓供求混合型通货膨胀（hybrid inflation），是指由总需求和总供给两个方面因素共同作用引起物价水平持续上涨而产生的通货膨胀。这种通货膨胀的产生，可以由总需求因素引起，也可以由总供给因素引起。

如果通货膨胀的产生是由总需求因素引起的，这时过度需求的存在会引起价格水平的上升，形成通货膨胀。但在这一过程中，价格的上升又会引起货币工资的增加。因此，在需求拉上的通货膨胀中不能排除成本推动的作用。同样，如果通货膨胀的产生是由总供给因素引起的，也只有在总需求相应增加的配合下，通货膨胀才能持续下去。对于这种供求混合型的通货膨胀的原理，我们可以用图 8.3 来加以分析。

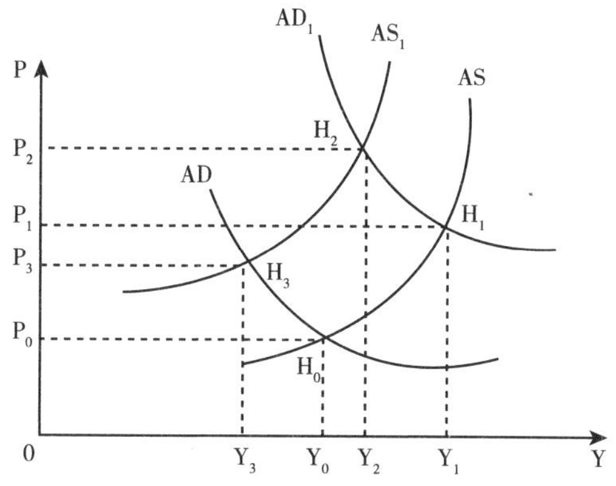

图 8.3　供求混合型通货膨胀

资料来源：笔者编制。

图 8.3 中，AD 及 AS 分别表示原来的总需求曲线与总供给曲线，原均衡点为 H_0，国民收入为 Y_0，价格水平为 P_0。当总需求增加，总需求曲线从 AD 移动到 AD_1，AD_1与 AS 相交于 H_1，决定了国民收入为 Y_1，价格水平由原来的 P_0上升到 P_1，通货膨胀出现。这时，如果总供给不变，总供给曲线不向上移动，实际工资下降会使总需求减少，最终又会下降到 AD，通货膨胀不可能持续下去。只有在货币工资增加，总供给曲线从 AS 移动到 AS_1时，AS_1与 AD_1相交于 H_2，价格水平才会继续上涨到 P_2。这样，就因总需求增加而产生了持续的价格上涨从而导致通货膨胀。

如果是工资成本增加，总供给曲线 AS 移动到 AS_1，AS_1与 AD 相交于 H_3，此时，价格水平由 P_0上升到 P_3，发生了通货膨胀。但如果总需求不变，则工资上升会使产量进一步减少，从而价格下降，通货膨胀难以持续下去。只有在总需求增加，总需求曲线从 AD 移动到 AD_1时，AS_1与 AD_1相交于 H_2，决定了价格水平才会继续上升到 P_2。这样，就因总供给增加而产生了持续的价格上涨从而导致通货膨胀。

8.1.2.4 结构型通货膨胀

结构型通货膨胀（structural inflation）是指由于经济结构方面的因素变动引起物价水平的持续上涨从而产生的通货膨胀。它通常是由部门结构之间的某些特点引起的。一些部门在需求方面或成本方面的变动，往往通过部门之间相互看齐的过程而影响其他部门，以至于引起一般物价水平的上涨。这可以分为三种情况。

第一种情况是，从整体社会来看，需求可能并不多，但各部门之间因供求关系发展的不平衡，一些部门可能因需求过多或供给不足而出现价格上涨现象，而另一些部门则出现供给超过需求的现象；如果这些部门的价格能够随着供过于求而相应下跌，则只会发生部门之间相对价格的变动，不会引起一般物价水平的上涨和通货膨胀。但若供过于求的部门价格具有只涨不跌（刚性）的特点，即它的价格并不因供给超过需求而下跌，就会出现这样的情况：尽管整个社会的货币总需求并不过多，有些部门甚至存在着大量失业和闲置未用的生产能力，也会出现一般物价水平持续上涨。

第二种情况是，对于国际贸易占国民经济较大份额的国家，一般来说，与世界市场密切联系的部门（也叫作开放经济部门）的价格，依存于世界市场的价格。而与世界市场没有直接联系的部门（也叫作非开放经济部门）的价格，则取决于本国的需求和成本状况。因此，开放经济部门的价格将随世界市场价格水平的上升而上升，其价格上涨率和劳动生产率共同决定本部门的货币工资增长率。但在开放部门货币工资增长后，非开放部门货币工资向前者看齐；当非开放部门货币工资增长率超过其劳动生产率时，便会出现工资推动所引起的通货膨胀。这时，一国通货膨胀率取决于开放经济部门与非开放经济部门在该国国民经济中的相对份额以及各部门的货币工资增长率和劳动生产增长率。

第三种情况是，在一个国家的国民经济中，总有一些部门劳动生产率提高较快，而另一些部门的劳动生产率提高较慢。当前者因劳动生产率提高而货币工资增加时，后一类部门的货币工资由于向前者看齐而提高，就会引起工资推动的通货膨胀。

8.2 代表性个人投资政府债券的通货膨胀传导

从 20 世纪初开始，以拉姆齐、戴蒙德等为代表的经济学家应用世代交叠模型对包含个人（或家庭）、政府部门在内的诸多经济问题进行了较为广泛与深入的探讨。我们则借助世代交叠模型，通过构建包含代表性个人—政府在内的两部门经济框架，观察封闭经济中政府债券流通与通货膨胀的关系。

8.2.1 背景假设

（1）讨论的起点为封闭经济状态下的宏观经济目标的实现。

（2）一国经济中存在两个参与人：代表性个人与政府。前者是以两期为生命周期的劳动者，后者则是以实现全体代表性个人效用最大化的为整个社会的经济目标。

（3）代表性个人通过劳动（或称工作）获得货币回报，并将之用于储蓄与消费且以消费的效用最大化为其最终目标。

（4）政府通过税收和债券融资实现预算安排。在此约束下，政府可以调节不同时期中的代表性个人对自身效用满足的权重来实现整体经济的效用最大化。

（5）市场中存在两种利率水平：名义利率与真实利率，且按照费雪效应对它们进行转换。同时，债券名义利率即为市场名义利率水平。

（6）不考虑政府其他部门的政策实施，例如中央银行的货币发行等。

（7）不考虑代表性个人的储蓄成本，也不考虑政府债券的发行成本与交易成本。

8.2.2 代表性个人及其行为

假设经济活动中的代表性个人生命周期为两期：第一期负责工作，其收入在消费与储蓄间进行分配；第二期依赖于前一期的储蓄进行消费。新的人口在 t 期进入，在 t+1 期消亡。同时，在 t+1 期还会有新的人口出生并进入经济，依次类推。代表性个人的效用函数采取以下形式：

$$u_t(C_t)=\frac{C_t^{1-\theta}}{1-\theta},\theta>0 \tag{8.1}$$

在上述形式中，θ 代表函数的相对风险厌恶系数，故式（8.1）也被称作相对风险厌恶不变的效用函数。设 c_{1t} 与 c_{2t} 分别代表在 t 期内，年轻与年老的个人的真实消费。因此，基于式（8.1），我们得到生命周期为两期的代表性个人的终生效用函数表达式：

$$U_t=\frac{c_{1t}^{1-\theta}}{1-\theta}+\mu\frac{c_{2t+1}^{1-\theta}}{1-\theta},\theta>0,\mu>0 \tag{8.2}$$

其中，$\mu=1/(1+\rho)$ 为贴现因子。设 $\bar{y}_t$ 为个人在 t 期的税前真实收入；τ_t 为政府税率，$x_t=\tau_t\bar{y}_t$ 表示个人缴纳的真实税负，则 $y_t=\bar{y}_t-x_t$。第 t 期进入经济的个人数量为 L_t，人口以速率 n_t 增长，$N_t=1+n_t$，因此，$L_t=N_tL_{t-1}$。s_t 为年轻的个人在第 t 期的真实储蓄额；i_{t+1} 为 t 期到 t+1 期的真实利率，$I_{t+1}=1+i_{t+1}$。通货膨胀水平 $\Pi_t=P_t/P_{t-1}$。因此，在 t 期，个人通过消费水平 c_{1t} 和储蓄水平 s_t 来最大化其效用函数，并得到预算约束：

$$y_t-c_{1t}-s_t\geqslant 0 \tag{8.3}$$

$$c_{2t+1}\leqslant I_{t+1}s_t \tag{8.4}$$

构建拉格朗日方程：$L=\frac{c_{1t}^{1-\theta}}{1-\theta}+\mu\frac{c_{2t+1}^{1-\theta}}{1-\theta}+\lambda_1[y_t-c_t-s_t]+\lambda_2[c_{2t+1}-I_{t+1}s_t]$

求解效用最优化的一阶条件（FOC）得到下式：

$$c_{1t}=\frac{1}{1+\vartheta}y_t \tag{8.5}$$

$$c_{2t+1}=\frac{\vartheta}{1+\vartheta}I_{t+1}y_t \tag{8.6}$$

$$s_t=\frac{\vartheta}{1+\vartheta}y_t \tag{8.7}$$

其中，$\vartheta=\mu^{\frac{1}{\theta}}I_{t+1}^{\frac{1}{\theta}-1}$。将式（8.4）、式（8.5）代入式（8.2）即可得到最优化的代表性个人的效用函数表达式。但是，由于 θ 的存在，使该效用表达式变得较为复杂。所以我们采取一种更为简化的，且具有代表性的效用函数：设 θ →1。根据洛必达法则，并对式（8.1）求极限，式（8.2）将转变成一个对数形式的效用函数。而对数形式的效用函数也是被普遍采用的一种效用函数表达式。因此，式（8.2）将变为：

$$U_t=\ln c_{1t}+\mu\ln c_{2t+1},\mu>0 \tag{8.2a}$$

据此，我们重新整理得到个人效用最大化的一阶条件：

$$c_{1t}=y_t/(1+\mu) \tag{8.5a}$$

$$c_{2t+1}=I_{t+1}y_t\mu/(1+\mu) \tag{8.6a}$$

$$s_t=y_t\mu/(1+\mu) \tag{8.7a}$$

将上述式（8.5a）、式（8.6a）、式（8.7a）代入（8.2a）得到最优化情形下的个人效用函数：

$$U_t=\mu\ln\mu-(1+\mu)\ln(1+\mu)+(1+\mu)\ln y_t+\mu\ln I_{t+1}$$

令 $\eta=\mu\ln\mu-(1+\mu)\ln(1+\mu)$，并根据费雪效应 $I_t=I_t^*/\Pi_t$，得到：

$$U_t=\eta+(1+\mu)\ln y_t+\mu\ln I_{t+1}^*-\mu\ln\Pi_{t+1} \tag{8.8}$$

8.2.3 政府

在两期生命模型中，政府在 t 期的名义预算支出为政府采购 G_t 和到期归还的上一期债务本息 $I_t^*B_{t-1}$。其中，$I_t^*=1+i_t^*$，i_t^* 为债券名义收益率，假定其等于同期的市场名义利率。因为本书假设的个人生命周期仅为两期，第一期的储蓄投资须在第二期完全得到支付，因此，当期债务本息支付的基数即为上一期的债务发行额 B_{t-1}。

政府预算收入则主要来自两个方面：全体居民的税收收入 X_tL_t 和当期政府新增债券发行额 B_t。在不考虑转移支付的情况下，政府的预算约束可以被表示为：

$$G_t + (1 + i_t^*) B_{t-1} = X_tL_t + B_t$$

对上式进行简单的变换，即可得到政府名义赤字的表达式：

$$\underbrace{\underbrace{G_t - X_tL_t}_{\text{第t期名义赤字}} + i_t^* B_{t-1}}_{\text{第t期总赤字}} = B_t - B_{t-1} = \Delta B_t \tag{8.9}$$

式（8.9）即为宏观经济学中用来描述政府名义赤字的基本方程。等式左侧前两项被称为基本赤字，它代表不含利息支付的全部政府支出与税收的差额；加上第三项利息支付后，得到政府的总赤字。等式右侧则表示名义债务的增加额。如果名义总赤字为0，则名义债务与上一期持平。如果总赤字大于0，则政府需要发行更多的债务来实现预算平衡。为了便于模型的整理与计算，令 $\bar{G}_t \equiv G_t + i_t^* B_{t-1}$，表示政府在 t 期的总支出。那么，式（8.9）将简化为：

$$\bar{G}_t - X_tL_t = B_t - B_{t-1} \tag{8.9a}$$

对式（8.9a）两侧同时除以 P_tL_t，并进行整理后得到经价格水平调整后的真实个人财政预算约束：

$$\bar{g}_t - x_t = b_t - \frac{b_{t-1}}{\Pi_t N_t} \tag{8.10}$$

通过式（8.10）我们可以清楚地看到，在真实总预算赤字（等式左侧）不变的情况下，通货膨胀率的上升会降低当期真实债务（b_t）水平。同理，人口的增加可以令政府获得同样的效果。

8.2.4 最优化通货膨胀求解

我们给出考虑代表性个人效用水平的政府预算安排目标函数：

$$W_t = \operatorname{argmax}\sum_{j=-\infty}^{+\infty} w_{t+j}U_{t+j} \tag{8.11}$$

其中，w_{t+j}表示政府赋予不同时期个人效用的权重。式（8.11）表示政府效用的实现是各期进入的代表性个人效用总和的最大化。在这里，政府债券 B_t 由代表性个人在当期以储蓄 S_t 进行购买，那么式（8.9a）将转变为：

$$\bar{G}_t - X_tL_t = S_t - S_{t-1}$$

进而得到：

$$\bar{g}_t - x_t = s_t - \frac{s_{t-1}}{\Pi_t N_t} \tag{8.10a}$$

将式（8.7a）代入式（8.10a）得到通货膨胀水平的表达式：

$$\Pi_t = \frac{s_{t-1}}{N_t\left(\bar{y}_t - \bar{g}_t - \frac{y_t}{1+\mu}\right)} \tag{8.12}$$

再将式（8.8）和式（8.12）代入式（8.11），求解政府效用最大化的一阶条件，得到最优状态下的通货膨胀水平：

$$\Pi_t = \frac{\beta_t + \mu}{\mu N_t}\cdot\frac{s_{t-1}}{\bar{y}_t - \bar{g}_t} \tag{8.13}$$

其中，$\beta_t = w_t/w_{t-1}$，表示 t 期与 t－1 期效用权重的比值。不难看出，在其他条件不变的情况下，式（8.13）表明当期的通货膨胀水平随着上一期政府真实债务水平的增加而上升。这就证实了在封闭经济中，政府债券的发行以及被个人投资者增持会对通货膨胀水平的上升产生拉动作用，符合赤字财政政策引发物价水平上涨的基本原理。

当政府为了扩大发行新的政府债券时，代表性个人真实总收入的增加、政府真实总支出的减少以及当期人口增长率的增加，均可以降低当期通货膨胀水平。此时我们想到动用外汇储备购买美国国债过程中，确实存在中国帮助美国偿还真实政府债务的情况，那么是否可以证明美国借助中国的投资行为降低本国的通货膨胀水平呢？基于这个设想与考虑，我们仅靠本章的推理显然是不够的。因为前述推导是在封闭经济条件下得到的。如果要观察中国投资美债的行为，自然需要我们将假设条件放宽至开放条件下的两国模型中去演绎。因此，在下一章您将看到一个更为贴近现实的理论分析过程。

第 9 章
中国投资美国国债的通货膨胀传导模型

很明显，简单的封闭经济模型描绘出本国物价水平与个人投资政府债券规模之间存在同向变化的关系。为了进一步考察中国购买美国国债对通货膨胀的影响，我们将前面的推理置于开放条件中，并综合考虑中国外汇储备管理模式等因素。

9.1 开放条件下投资他国政府债券的最优通货膨胀求解

9.1.1 基本假设

我们现将封闭经济模型扩展为一个两国—两部门的分析框架。除了与封闭经济模型中的基本假设一致外，新增以下假设前提。

（1）现有两个国家 1 与国家 2：国家 1 为国际储备货币发行国，是发达经济体；国家 2 是外汇储备增长国，即国际储备货币积累国，是小的开放经济体，外汇储备由该国居民持有。

（2）国家 2 的外汇储备增长源自对国家 1 国际收支顺差所形成的外币收入，则国家 1 处于国际收支逆差地位。

（3）国家 2 的外汇储备 R_t 全部由个人持有，以国家 1 货币表示，并且用以购买国家1所发行的政府债券。

（4）国家1因国际收支逆差，其政府具有实施赤字财政政策的动力与可能。此时，国家1的政府债务既可以通过本国居民（即代表性个人）的储蓄进行吸收，也可以被国家2的居民持有的该国货币进行购买。

（5）国家2的货币不是国际储备货币，不具有国际货币的属性，其政府债务仅能依靠本国居民储蓄进行消化。

（6）不考虑政府间的资本流动；不考虑交易成本。

9.1.2 债券发行国的最优化通货膨胀水平

国家1在发行国际储备货币的过程中，本币外流是其货币能够被其他国家长期使用与积累的前提。代表性个人的效用函数与约束条件不发生改变。而该国政府真实预算安排为：

$$\bar{G}_{1,t} - \tau_{1,t}\bar{Y}_{1,t}L_{1,t} = \Delta B_t^d + \Delta B_t^f \qquad (9.1)$$

其中，$\Delta B_{1,t}^d$与$\Delta B_{1,t}^f$分别代表国家1政府新增债务中的本国个人储蓄购买与外国个人外汇储备购买。我们将其表示为更具体的形式：

$$\bar{G}_{1,t} - \tau_{1,t}\bar{Y}_{1,t}L_{1,t} = (S_{1,t}L_{1,t} - S_{1,t-1}L_{1,t-1}) + (R_tL_{2,t} - R_{t-1}L_{2,t}) \qquad (9.2)$$

式（9.2）表明，此时政府在预算安排中，不仅仅可以将债券出售给本国居民，还可以出售给国家2的居民。而后者则是通过手中持有的外汇储备货币（国家1的货币）进行支付。其中，R_t表示第t期国家2的代表性个人持有的用于购买国家1债券的外汇储备数量。对式（9.2）两侧同时除以$P_{1,t}L_{1,t}$，得到：

$$\bar{g}_{1,t} - \tau_{1,t}\bar{y}_{1,t} = \bar{s}_{1,t} - \frac{\bar{s}_{1,t-1}}{\Pi_{1,t}N_{1,t}} + \delta_t\left(r_t - \frac{r_{t-1}}{\Pi_{1,t}N_{2,t}}\right) \qquad (9.3)$$

其中，$\bar{s}_{1,t}$为国家1的代表性个人在第t期的全部储蓄真实余额；$\delta_t \equiv L_{2,t}/L_{1,t}$；$r_t \equiv R_t/P_{1,t}$。很显然，在其他条件不变的情况下，通过向外国居民出售政府债券，可以扩大国际储备货币发行国的负债规模（等式右侧），从而可以支撑其政府支出总额 $\bar{g}_{1,t}$的增加。此时的通货膨胀为：

$$\Pi_{1,t}=\left(\frac{\bar{s}_{1,t-1}}{N_{1,t}}+\frac{\delta_t r_{t-1}}{N_{2,t}}\right)\cdot\left[\frac{(\mu_1+\tau_{1,t})}{1+\mu_1}\bar{y}_{1,t}+\delta_t r_t-\bar{g}_{1,t}\right]^{-1} \quad (9.4)$$

为了便于分析，我们依照封闭经济模型重新给出整理后的个人效用函数与政府效用函数：

$$U_{1,t}=\eta_1+(1+\mu_1)\ln\bar{Y}_{1,t}+(1+\mu_1)\ln(1-\tau_{1,t})+\mu_1\ln I^*_{1,t+1}-\mu_1\ln\Pi_{1,t+1} \quad (9.5)$$

$$\text{s. t. } \eta_1=\mu_1\ln\mu_1-(1+\mu_1)\ln(1+\mu_1)$$

$$W_{1,t} = \operatorname{argmax}\sum_{j=-\infty}^{+\infty}w_{1,t+j}U_{1,t+j} \quad (9.6)$$

求得国家1政府效用最大化时的通货膨胀水平为：

$$\Pi_{1,t}=\left(\frac{\bar{s}_{1,t-1}}{N_{1,t}}+\frac{\delta_t r_{t-1}}{N_{2,t}}\right)\cdot\frac{\beta_{1,t}(1+\mu_1)+\mu_1}{\mu_1(\bar{y}_{1,t}+\delta_t r_t-\bar{g}_{1,t})} \quad (9.7)$$

式（9.7）表明，在政府效用最大化情形下，国外居民的外汇储备流入对储备货币发行国而言可以降低其当期通货膨胀水平。特别是由于 $r_t\equiv R_t/P_{1,t}$，当储备币发行国维持本国物价水平在较低水平时，可以更好地实现上述经济影响。从更为直观的形式上看，我们以 r_t 为自变量对 $\Pi_{1,t}$求偏导数，得到：

$$\frac{\partial\Pi_{1,t}}{\partial dr_t}=-\delta_t\left(\frac{\bar{s}_{1,t-1}}{N_t^1}+\frac{\delta_t r_{t-1}}{N_{2,t}}\right)\cdot\frac{\beta_{1,t}(1+\mu_1)+\mu_1}{\mu_1}(\bar{y}_{1,t}+\delta_t r_t-\bar{g}_{1,t})^{-2}<0 \quad (9.8)$$

显然式（9.8）小于0，充分证明外汇储备流入对于国家1的通货膨胀上涨产生的抑制作用。

9.1.3 外汇储备持有国的通货膨胀水平求解

国家2是积累外汇储备且持有国家1政府债券的开放经济体。该国代表

性个人的全部储蓄 $\bar{S}_{2,t}$可以被分为本币储蓄 $S_{2,t}$和外汇储备 R_t：$\bar{S}_{2,t}=S_{2,t}+e_tR_t$。前者用于购买国内政府债券 $B_{2,t}$，后者则投资于国家 1 的政府债券 $B^f_{1,t}$。此时，国家 2 的个人消费效用函数与约束为：

$$U_{2,t}=\ln c_{2,1t}+\mu_2\ln c_{2,2t+1},\mu_2>0 \tag{9.9}$$

$$\text{s.t.}\ (1-\tau_{2,t})\bar{y}_{2,t}-c_{2,1t}-\bar{s}_{2,t}=0$$

$$c_{2,2t+1}=I_{2,t+1}\bar{s}_{2,t}$$

$$\bar{s}_{2,t}=s_{2,t}+r_t \tag{9.10}$$

其中，$I_{2,t+1}=(I_{2s,t+1},I_{2r,t+1})$，表示利率水平分为本国储蓄收益利率与外汇储备投资利率。$e_t=P_{2,t}/P_{1,t}$，表示在绝对购买力平价下的国家 1 与国家 2 两国货币的名义汇率水平。如果国家 1 货币升值，则 e_t 上升；否则，e_t 下降。

进一步，此时的政府预算约束将变为：

$$\bar{G}_{2,t}-\tau_{2,t}\bar{Y}_{2,t}L_{2,t}=(\bar{S}_{2,t}-e_tR_t)L_{2,t}-(\bar{S}_{2,t-1}-e_{t-1}R_{t-1})L_{2,t-1} \tag{9.11}$$

对式（9.11）两侧同时除以 $P_{2,t}L_{2,t}$，得到人均政府真实预算约束：

$$\bar{g}_{2,t}-\tau_{2,t}\bar{y}_{2,t}=(\bar{s}_{2,t}-r_t)-\frac{\bar{s}_{2,t-1}-r_{t-1}}{\Pi_{2,t}N_{2,t}} \tag{9.12}$$

依照前述分析思路，求得个人与政府效用最大化时的通货膨胀水平：

$$\Pi_{2,t}=\frac{(\beta_{2,t}+\mu_2)}{\mu_2N_{2,t}}\cdot\frac{s_{2,t-1}}{(\bar{y}_{2,t}-\bar{g}_{2,t}-r_t)} \tag{9.13}$$

至此，我们得到了国家 2 在利用外汇储备购买国家 1 政府债券时的最优通货膨胀水平表达式。它说明国家 2 的居民购买国家 1 的政府债券的行为会对该国的通货膨胀水平产生作用。但是，仅从式（9.13）的静态结果中还不能确认国家 2 利用外汇储备购买国家 1 政府债券后对本国通货膨胀变化的具体影响情况，或者说还不能确定该行为是否会使物价水平一定出现上涨（物价上涨要求 $\Pi_{2,t}>1$）。所以我们需要在后面进一步讨论当外汇储备增加致使其增持国家 1 政府债券后，国家 2 通货膨胀水平的变化情况。

另外，若政府希望实现财政预算平衡，即 $\bar{g}_{2,t}=\tau_{2,t}\bar{y}_{2,t}$，那么此时可以计算得到：

$$\beta_{2,t}=\frac{\bar{y}_{2,t}}{\bar{y}_{2,t}+(1+\mu_2^{-1})r_t} \tag{9.14}$$

式（9.14）表明，只有当外汇储备为0的时候，国家2的政府从第t期所获得效用等于从第t－1期所获得的效用。否则，$\beta_{2,t}<1$，表明与未来各期的个人效用水平相比，政府更重视当期个人效用的实现。可以说这个结论也是符合现实经济的：一国政府的施政纲领，特别是财政政策多是着眼于当期政府支出以及居民消费效应的提高，而忽视未来政府债务所造成的影响。如美国日益高涨的政府债务正是各界政府在执政期内扩大政府支出后的必然结果。

9.1.4　多国模型的扩展分析

在前面的开放经济模型中，我们假设只有两个类型的国家存在。现在，我们将该假设扩展为两种新的情形。

情形Ⅰ：国家1面对多个储备货币积累国（国家2，国家3……）

在此种情形中，我们解得各国际储备货币积累国在最优化状态下的通货膨胀表达式未发生改变。但是，国家1的代表性个人和政府的效用最大化下的通货膨胀为：

$$\Pi_{1,t}=\left(\frac{\bar{s}_{1,t-1}}{N_{1,t}}+\sum_{k=2}^{z}\frac{\delta_{k,t}r_{k,t-1}}{N_{k,t}}\right)\cdot\frac{\beta_{1,t}(1+\mu_1)+\mu_1}{\mu_1\left(\bar{y}_{1,t}+\sum_{k=2}^{z}\delta_{k,t}r_{k,t}-\bar{g}_{1,t}\right)},k=2,3,\cdots,z$$

上式表明，国家1的通货膨胀受到多个储备货币持有国经济行为的影响。随着诸多储备货币持有国外汇储备规模的增加，国家1的通货膨胀水平将得到降低。这为国家1通过输出本国货币以维持较低的通货膨胀水平提供了一个理论上的可能。

情形Ⅱ：国家2面对多个储备货币发行国

与情形Ⅰ所面临的情况相反，此时的各个国际储备货币发行国在最优状态下的通货膨胀水平表达式与式（9.7）相同。但国家 2 的通货膨胀水平将变为：

$$\Pi_{2,t} = \frac{(\beta_{2,t} + \mu_2)}{\mu_2\left(\bar{y}_{2,t} - \bar{g}_{2,t} - \sum r_{k,t}\right)} \cdot \frac{s_{2,t-1}}{N_{2,t}} \tag{9.15}$$

其中，$r_{k,t} = R_{k,t}/P_{k,t}$，表示国家 2 的外汇储备中用于购买储备货币发行国 K 的政府债券数量的实际余额。式（9.15）与式（9.13）类似，但却表达了一个不同的含义：国家 2 因外汇储备增加所产生的通货膨胀上涨压力受到不同储备货币发行国的物价水平的影响。如果储备货币发行国 K 的物价水平升高，则国家 2 的通货膨胀压力将得到缓解。换句话说，将外汇储备投资于不同储备货币发行国的政府债券，可以在一定程度上降低国家 2 的通货膨胀上涨压力。这为外汇储备投资多元化的路径选择提供了较为充分的理论支撑。

9.1.5　国家 2 居民增持他国政府债券的通货膨胀效应

前面从数学推理的角度得到了个人购买他国政府债券给本国通货膨胀造成影响的理论机理。但是，就现实经济而言，仅仅观察上述模型推导还是远远不够的。而且更为重要的是，中国等发展中国家增加对美国国债的投资到底会不会给通货膨胀的上涨形成拉动作用，以及这种作用如果存在，那么它的经济路径又是如何呢?

首先，为了便于说明与分析，将式（9.13）中的个人本币储蓄 $s_{2,t-1}$ 与外汇储备 r_t 用债券 $b^d_{2,t-1}$ 与 $b^f_{1,t}$ 进行替代，并对 $b^f_{1,t}$ 求偏导数，从而得到：

$$\frac{\partial \Pi_{2,t}}{\partial r_t} = \frac{\beta_{2,t} + \mu_2}{\mu_2 N_{2,t}} \cdot b^d_{2,t-1} \cdot (\bar{y}_{2,t} - \bar{g}_{2,t} - b^f_{1,t})^{-2} > 0 \tag{9.16}$$

式（9.16）说明国家 2 的通货膨胀水平是该国个人投资国家 1 债券实际余额的增函数。也就是说，个人增加对国家 2 的政府债券的实际持有量，会造成国家 2 的通货膨胀水平的上升：如果原有通货膨胀水平 $\Pi_{2,t-1} \geqslant 1$，则外汇储备的增加会推动物价上涨，扩大通货膨胀水平；如果原有通货膨胀水平 $\Pi_{2,t-1} < 1$，即处于通货紧缩状态，则外汇储备的增加有助于改善物价走低

的局面。

此时，我们需要进一步分析式（9.16）的经济路径是如何实现的。影响物价水平的社会总需求由个人消费水平决定，而影响社会总供给的因素则是市场利率的变化。

第一步，观察个人收入及消费储蓄的变化情况对社会总需求的影响，然后再考量由此引发的政府行为对社会总供给的影响。

分析的起点是个人投资国家1政府债券实际余额（$b^f_{1,t}$）的增加。它的增加有两种可能，一是个人购买国家1政府债券的名义余额增加，即个人外汇储备规模余额的增加，也就是个人名义外汇收入的增加；二是国家1物价水平的下降。就本书而言，显然第一种可能是我们所要讨论的核心问题与根本目的，所以在这里假设 r_t 的增加是国家2的个人通过增加了外汇收入，从而增加可以用来购买国家1政府债券的外汇储备规模实现的。此时，个人在不增加本币收入的情况下，总收入增加。因为增加了购买国家1的政府债券，所以个人可以预期下一期用来消费的可支配收入增加。那么，在总收入增加以及预期下一期到期收入增加的情况下，个人会增加当期的本币消费水平。但是，由于本币收入没有增加，则需要个人减少本币储蓄规模以释放出用于消费的本币，从而国内总储蓄下降。这样一来，个人消费增加的会造成社会总需求的上升。

第二步，需要考察国家2政府部门的支出与债券发行数理的变化对社会总供给的作用。在这里假设政府的采购支出G在个人收入增加的情况下不会减少。这是符合经济现实的一种可能。因为政府的采购支出首要是独立于个人收入的，同时理应与国民收入增长成正比例的，例如教育的投入、医疗的改革等等方面的支出。在这样的背景假设下，个人储蓄的下降直接会导致其对当期政府债券的购买力下降。如果G不减少的话，那么可能存在两种结果：一是减少当期债券发行，但需要通过税收增加来弥补政府对上一期到期债权本息偿付的缺口；二是如果不能通过税收增加来实现情形一，则需要政府提高债券发行利率水平吸引个人放弃当期消费来购买债券，使当期发行债券规模与税收之和刚好能够满足对到期债务的清偿。

对于情形一，因为税收收入能够弥补债券减少的缺口，则政府不需要提高债券发行利率来吸引个人维持储蓄规模不变或者减少的规模，那么社会总供给不变。对于第二种情形，因为税收收入的增加使当期债券的发行规模会小于原有既定规模，那么个人依旧可以增加其当期消费水平，促使社会总需求出现增长。这符合第一步讨论中的基本假设。此时利率的提高会抑制投资水平，从而使社会总供给下降。所以无论哪种情况，只要 G 不出现减少，那么社会总供给都不会出现增长。

第三步，综合第一步与第二步的讨论可以发现，基于个人增加持有国家 1 政府债券的行为，国家 2 的社会总需求会增加，而社会总供给如果维持不变，则会形成需求拉上型通货膨胀，如图 8.1 所示；如果社会总供给出现下降，则会形成供求混合型的通货膨胀，如图 8.3 所示。为了更为直观的表达上述经济路径，我们将其绘制为图 9.1。

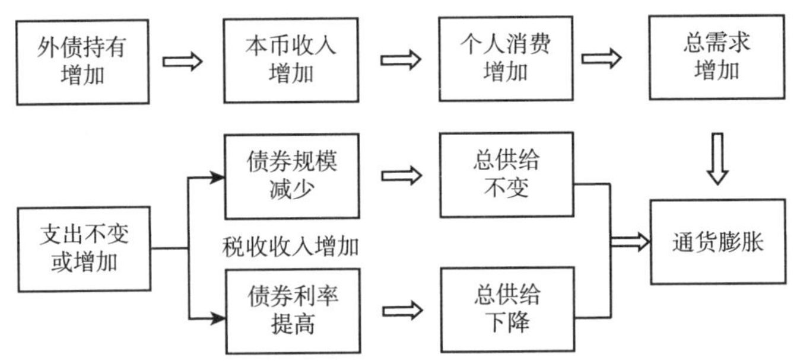

图 9.1　个人增加持有他国政府债券时的通货膨胀效应

资料来源：笔者编制。

可见，在国家 2 个人外汇收入增长后，增加持有国家 1 的政府债券的经济行为会影响本国的总供给与总需求水平，进而造成通货膨胀上涨。这正是本书所提出的“通货膨胀效应”。

9.2　基于中国外汇储备增长模式的修正模型

在上一节的模型构建中，假设一国的外汇储备全部由代表性个人持有。即，代表性个人在获得外汇收入后直接形成该国的外汇储备，并用其购买外国债券形成外汇储备资产。但是在现实经济中，以中国为代表的发展中国家会将居民外汇储备变为官方储备加以持有，从而形成维持汇率稳定以及抵御外部经济冲击的缓冲资金。这样一来，上节中所假设的代表性个人—政府的经济形态势必发生改变。因此，本节将放宽前述假设，把中央银行集中持有外汇储备的行为纳入模型之中，以便观察外汇储备增长对国内货币市场以及通货膨胀的影响。

9.2.1 中国的外汇储备增长

9.2.1.1 外汇管理、结汇制度与外汇储备增长

外汇管理是指一国政府授权的国家货币金融管理当局或其他国家机关对外汇的收支、结算、买卖和使用所采取的限制性措施。外汇管理的主要目的是集中使用该国的外汇，防止外汇投机，限制资本的流入流出，稳定货币汇率，改善和平衡国际收支。中国外汇管理制度主要包括以下四个方面：人民币汇率形成机制、外汇储备管理制度、外汇交易管理制度、外汇风险管理制度。在这之中，与中国外汇储备积累密切相关的则是结汇制度的实施与变革。

结汇是外汇收入所有者将其外汇收入出售给外汇指定银行，外汇指定银行按一定汇率付给等值的本币的行为。而后，外汇指定银行再按照相关规定，在银行间市场将购入的外汇出售给中央银行，从而形成一国中央银行的官方外汇储备。实行结汇制度的目的是及时足额地汇入外汇储备，为进口支付外汇提供保障。它可以被分为强制结汇、限额结汇和意愿结汇等形式。强制结汇是指所有外汇收入必须卖给外汇指定银行，不允许私自保留外汇；意愿结汇是指外汇收入可以卖给外汇指定银行，也可以开立外汇账户；限额结汇是指外汇收入在国家核定的限额内可不结汇，超过限额必须卖给汇账户保留。

在我国，无论是经常项目账户还是资本金融项目账户，长期以来都是通过上述结汇制度逐步形成官方的外汇储备资产。有所区别的是，中央银行对从资本金融项目账户所购得的外汇储备资产从性质上依旧属于国外居

民或企业的自有资产，所以该笔外汇储备属于负债性储备，而非我国居民或企业自身持有的外汇收入。我们通过图 9.2 刻画了结汇制度下外汇储备的形成过程。

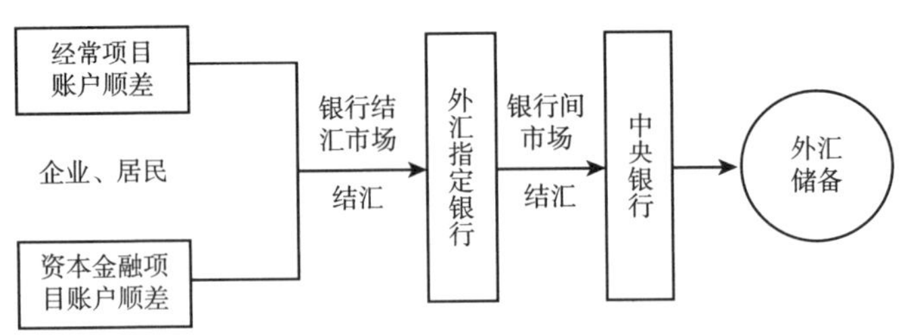

图 9.2　结汇制度下外汇储备的形成

资料来源：笔者编制。

中国从 1978 年改革开放至今，外汇管理体制经历由集中向宽松的制度转变。1994～1996 年，中国人民银行与外汇管理局相继发布了《结汇、售汇及付汇管理暂行规定（1994）》《关于〈结汇、售汇及付汇管理暂行规定〉中有关问题的通知（1994）》《结汇、售汇及付汇管理规定（1996）》《外资银行结汇、售汇及付汇业务实施细则（1996）》《关于结汇、售汇及付汇管理若干具体问题的实施规则（1996）》《资本项目外汇收入结汇暂行办法（1996）》等一系列法规与实施细则。这些都为中央银行集中、统一积累外汇储备提供了法律基础。但是，伴随着 1996 年经常项目账户下人民币可自由兑换的实施，中国居民与境内机构用汇需求大为增强。中国较为严格的结汇制度逐步向限额结汇与意愿结汇发展的诉求越发强烈。2007 年 8 月，中国人民银行正式宣布取消境内机构经常项目下强制结汇制度，开始实施意愿结汇制度。至此，中央银行集中积累经常项目顺差下所形成的外汇储备的经济步伐得以放缓。

不过，由于多年来形成的制度惯性以及中国经济高速增长所带来的外汇流入，中国外汇储备积累的速度并未因为结汇制度的改革而出现明显的下降。直至 2011 年底开始，中国外汇储备规模增长的速度随着全球经济增长的放缓开始表现出相对平缓的态势，并且在 2014 年 6 月外汇储备达到 3.99 万亿美元之后才开始出现下降。

9.2.1.2 外汇储备与外汇占款

在一国中央银行通过收购居民与企业所持有外汇形成官方外汇储备的过程中，一个重要的行为便是对等地向市场提供等值外币金额的本币供给。这个行为便形成了金融体系中的外汇占款。可以说，中央银行外汇占款正是结汇制度下的产物。它的增加直接反映为当期市场货币供给的增加。外汇占款在我国金融统计中被标示在金融机构人民币信贷收支表内，如表 9.1 所示。

表 9.1　2019 年 12 月金融机构人民币信贷收支　　单位：亿元

来源方项目	金额	运用方项目	金额
一、各项存款	1 928 785.33	一、各项贷款	1 531 123.20
二、金融债券	82 924.00	二、债券投资	385 520.00
三、流通中货币	77 189.47	三、股权及其他投资	183 729.65
四、对国际金融机构负债	5.91	四、黄金占款	2 855.63
五、其他	228 098.35	五、中央银行外汇占款	212 317.26
		六、在国际金融机构资产	1 457.32
资金来源总计	2 317 003.06	资金运用总计	2 317 003.06

资料来源：笔者根据中国人民银行官方网站编制。

不难看出，截至 2019 年 12 月，在我国金融机构全部信贷系统中外汇占款已占全部人民币信贷投放的 9.16%。虽然比 2012 年 25.25% 的比例下降一半多，但是绝对数值依然庞大。如此庞大的货币供给若是不能及时进行货币对冲，势必影响我国货币市场以及商品市场的价格走势。因此，为了减轻因吸收外汇所形成的货币供给压力，中央银行往往通过公开市场业务采取货币冲销政策来实现货币供给的平稳投放。如图 9.3 所示，中央银行通过发行货币购入制定外汇银行的外汇头寸，同时再通过发行中央银行票据等形式收缩

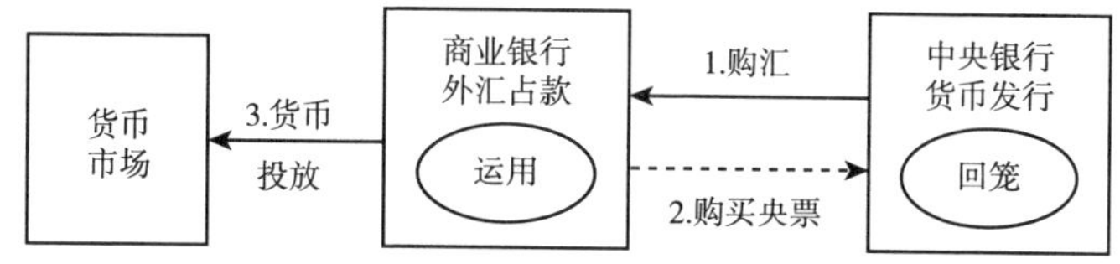

图 9.3　外汇占款的形成与中央银行票据的发行

资料来源：笔者编制。

市场中的货币供给，以降低外汇占款对货币市场形成的压力。

9.2.1.3 中国外汇储备增长对通货膨胀的影响路径

通过前面的分析可以发现，伴随着结汇制度所积累起来的外汇储备，其结果不仅会反映到外汇储备持有主体（个人或中央银行）所持有的外国债券余额上，还会影响一国的货币供给，进而可能造成该国因货币增发引致的通货膨胀水平的上升。换句话说，中央银行集中结汇形成的外汇储备会从两个路径影响自身的通货膨胀，如图 9.4 所示。

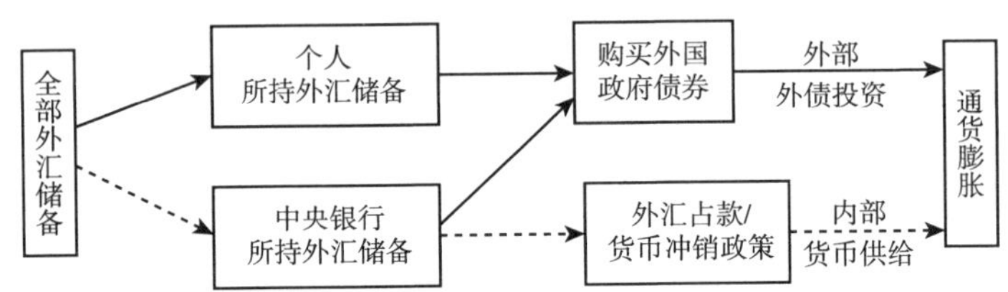

图 9.4 中央银行持有外汇储备对该国通货膨胀的影响

资料来源：笔者编制。

图 9.4 刻画了由于外汇储备增加对通货膨胀上涨所依赖的两条影响路径。需要指出的是，在我国个人用所持外汇购买国外政府债券的渠道商不通畅，但通过国际投资机构进行购买的可能是存在的。

因此，我们考虑到上述两种路径情况的存在，对前面模型做进一步修正，通过引入中央银行结汇制度来对一国外汇储备投资他国政府债券的行为进行考察。即，该国通货膨胀来源于两个方面。

（1）对外投资行为——购买外国政府债券的影响。

（2）国内货币供给变化——外汇占款的影响。

9.2.2 中国外汇储备增持美国国债的修正模型

在将中央银行购入商业银行的外汇头寸并形成外汇占款这一经济行为加以阐释后，我们对本章第 3 节中所构建的模型加以扩展：将国家 2 的外汇储备分为个人所持外汇储备和官方外汇储备两个部分。

9.2.2.1 模型假设

（1）国家2的中央银行实施外汇管制，通过结汇制度购买代表性个人的外汇资产，并形成官方外汇储备。设结汇比例为 ϕ，$0 \leqslant \phi \leqslant 1$，且在个人的生命周期内该比例不变。如果 $\phi = 0$，则中央银行持有的外汇储备为0，不向市场注入货币；如果 $\phi = 1$，则中央银行将拥有个人的全部外汇储备 R。

（2）中央银行将持有的外汇储备 ϕR 全部用于购买储备货币发行国政府债券。

（3）中央银行在获得 ϕR 的外汇储备的同时，在市场中形成外汇占款 $\Delta M \equiv \phi eR$ 并假设该外汇占款不进行货币冲销。

（4）代表性个人总的储蓄量不变，仍为 $\bar{S}_{2,t}$，用于购买外国政府债券的外汇储备数量为 $R^B = (1-\phi)R$。

（5）不考虑中央银行买入个人外汇储备的成本，也不考虑资本项目对外汇储备的影响。

9.2.2.2 基于外债持有的通货膨胀修正模型

由假设④可知，代表性个人的全部储蓄可以被表示为：

$$\bar{S}_{2,t} = S_{2,t}^* + (1-\phi)e_t R_t \tag{9.17}$$

其中，$S_{2,t}^*$ 表示个人出售外汇收入 $\phi e_t R_t$ 后所形成的本币储蓄余额。因此，代表性个人消费效用函数的约束条件式（9.17）将变为：

$$\bar{s}_{2,t} = s_{2,t}^* + (1-\phi)r_t \tag{9.18}$$

同时，国家2政府的预算约束式（9.11）演变为：

$$\bar{G}_{2,t}^* - \tau_{2,t}\bar{Y}_{2,t}L_{2,t} = [\bar{S}_{2,t} - (1-\phi)e_t R_t]L_{2,t} - [\bar{S}_{2,t-1} - (1-\phi)e_{t-1}R_{t-1}]L_{2,t-1} \tag{9.19}$$

其中，我们用 $\bar{G}_{2,t}^*$ 来区别不存在中央银行购汇行为时的政府支出 $\bar{G}_{2,t}$。进一步，因为中央银行持有外汇储备并进行债券投资的行为独立于政府预算安排，所以不会影响政府以个人效用最大化为目标安排的最大化求解。依照前述计算思路，国家 2 在外汇储备持有结构发生变化后的通货膨胀 $\Pi'_{2,t}$的表达式为：

$$\Pi'_{2,t}=\frac{\beta_{2,t}+\mu_2}{\mu_2 N_{2,t}}\cdot\frac{s^*_{2,t-1}}{\bar{y}_{2,t}-\bar{g}^*_{2,t}-(1-\phi)r_t} \tag{9.20}$$

式（9.20）表明，随着国家 2 外汇储备分别被个人与中央银行持有后，较之式（9.13），等式右侧第二项分母体现了结汇制度对于该国通货膨胀的影响。

当 $\phi=0$ 时，中央银行不从个人手中购入外汇。那么式（9.20）变为：

$$\Pi'_{2,t}=\frac{\beta_{2,t}+\mu_2}{\mu_2 N_{2,t}}\cdot\frac{s^*_{2,t-1}}{\bar{y}_{2,t}-\bar{g}^*_{2,t}-r_t} \tag{9.21}$$

它与式（9.13）表达的经济含义相同。两种情况下个人投资外债的行为对本国通货膨胀的影响一致。

当 $\phi=1$ 时，中央银行持有个人的全部外汇储备，式（9.21）变为：

$$\Pi'_{2,t}=\frac{\beta_{2,t}+\mu_2}{\mu_2 N_{2,t}}\cdot\frac{s^*_{2,t-1}}{\bar{y}_{2,t}-\bar{g}^*_{2,t}} \tag{9.22}$$

式（9.22）与式（8.13）在形式上完全相同。此时个人因为不再持有外汇储备，就不再对外债进行投资，因而通货膨胀不再受到个人外汇储备增长的影响。但是，国家 2 整体外汇储备的增长对通货膨胀的影响是否消失了呢？显然，答案是不会的。而且，我们认为官方外汇储备的增长同样会造成通货膨胀上涨。

一方面，当个人被动性将所持有的外汇收入转化为本币后，其可用于购买本国债券的名义储蓄着增加 ΔM，即中央银行外汇占款。在这种情况下，如果政府不能通过增加发行债券来吸收该笔资金，则个人在维持原有政府债券余额的基础上，增加 ΔM 势必会被转化为当期的个人消费。也就是说，在产出不发生改变的状态下，外汇占款必然会从国内货币供给的角度给通货膨胀施以上涨的压力。

另一方面，如果政府能够通过增加债券发行完全吸收个人持有的 ΔM。此时个人所持有的本国政府债券余额将相应地增加 ΔM。那么从货币市场而言，外汇占款对通货膨胀的影响将消失。但是，通过对比发现，此时 $s^*_{2,t-1}$ 与 $\bar{g}^*_{2,t}$ 较之式（8.13）均会增大。其结果便是通货膨胀水平的上涨。

当 $0<\phi<1$ 时，国家 2 的通货膨胀与外汇储备规模的关系与时前述两种情形的综合。即，个人投资外国政府债券、外汇占款或政府债务增加均会造成通货膨胀的上升。所以这里不再重复分析。

可见，无论哪种情形，外汇储备增长最终都会造成通货膨胀水平上涨。当结汇比例 $\phi=0$ 时，外汇储备对通货膨胀的影响是直接的，见式（9.21）。它说明外汇储备的增加会直接作用于该国通货膨胀水平的上涨。而当 $0\leqslant\phi\leqslant 1$ 时，外汇储备规模对通货膨胀不产生直接作用。但会因外汇占款的形成或者政府债务的增加而间接使通货膨胀水平上升。因此，为了便于观察，我们将 $0\leqslant\phi\leqslant 1$ 时国家 2 外汇储备增加对通货膨胀水平上升的作用列于表 9.2 中。

表 9.2　外汇储备增长对通货膨胀上升的影响

ϕ 取值	影响方式	传导路径	具体形式
$\phi=0$	直接	①对外投资行为	①外汇储备投资于外国政府债券
$\phi=1$	间接	②国内货币市场 ③政府债务行为	②外汇占款→通货膨胀上升 ③本国政府债务增加→通货膨胀上升
$0<\phi<1$	直接/间接	①、②、③	①、②、③

资料来源：笔者编制。

9.2.2.3　对外汇占款影响通货膨胀的货币主义分析

当中央银行通过结汇制度集中持有本国代表性个人的外汇储备时，外汇占款被投放到货币市场之中。如果没有货币冲销或政府扩大债券规模等对冲机制的作用，通货膨胀水平必然会随着代表性个人消费水平的被动增加而增加。

假设国家 2 的经济行为分为 2 期：第 1 期为初始状态，没有外汇收入；第 2 期个人在总收入不变的情况下，拥有外汇收入，且期初中央银行通过购入居民外汇储备。由费雪货币需求方程式 $M^dV=PY$ 以及 $M^s\equiv M^d$① 可得：

① 中央银行货币政策实施中，名义货币供给 = 实际货币需求。

$$P_1 = M_1^s V_1 / Y_1 \tag{9.23}$$

其中，P_1 第 1 期的价格；M_1^s 为第 1 期的货币供给；V_1 为第 1 期的货币流通速度；Y_1 为第 1 期的社会总产出。当国家 2 的中央银行在第 2 期初开始集中形成官方外汇储备，同时向商业银行投放外汇占款 $\Delta M \equiv \phi eR$。那么，$M_2^s = M_1^s + \Delta M$。

进一步，假设上述外汇占款直接通过商业银行转化为个人本币储蓄，而不存在信用创造或货币冲销行为。此时，第 2 期的价格水平可以被表示为：

$$P_2 = (M_1^s + \phi eR) V_2 / Y_2 \tag{9.24}$$

假设货币流通速度不变 $V_2 = V_1$。同时，个人总收入不变，从而社会总产出不变 $Y_2 = Y_1$，则式（9.24）可以被改为：

$$P_2 = (M_1^s + \phi eR) V_1 / Y_1 \tag{9.25}$$

又因为 $\Pi_2 = P_2 / P_1$，将式（9.22）、式（9.24）代入可得：

$$\Pi_2 = (M_1^s + \phi eR) / M_1^s \tag{9.26}$$

对于式（9.25），若 $\phi \neq 0$，则 $\Pi_2 > 1$。即外汇储备增长后，国家 2 中央银行所投放的等值外汇占款会造成本国价格水平的上涨，从而形成通货膨胀。这就是中央银行在通过购买个人外汇储备形成官方储备的过程中所引发的通货膨胀效应。

9.2.3 制约通货膨胀传导的现实影响因素

9.2.3.1 中国外汇管理中的 ϕ 值

从表 9.2 中可以看出，ϕ 的取值直接影响外汇储备对通货膨胀传导的经济路径。而在中国的外汇管理体制中，长期以来的强制结汇造就了官方集中持有居民、企业外汇头寸的现实，使 ϕ 的取值接近于 1。这样一来，由动用外汇储备购买他国债券影响通货膨胀的传导机制必然受到约束。也就是说，前述理论模型中的代表性个人无法持有外汇储备用于海外投资，从而大大削弱了传导路径①所示的外债持有对中国通货膨胀上升形成的压力。由此，因官方持有外汇储备形成的外汇占款就成为影响我国通货膨胀的首要因素。

9.2.3.2 个人外汇储备投资渠道不畅

基于前一点制约因素的存在，我国持有外汇头寸的投资者首先是不能形成大量的个人外汇储备进行对外投资；其次即使在我国外汇管理体制从强制结汇向意愿结汇的改革过程中，我国普通投资者面对他国政府债券等金融资产时，也不拥有便利、高效的投资渠道。这样就造成即使我国没有结汇制度的存在，外汇储备也很难直接转化为他国政府债券。因此，这个局面进一步阻塞了前述传导路径①的实现。

9.2.3.3 货币冲销政策

在上述两个制约因素共同发挥作用的前提下，路径②的传导机制是否能全部发挥效用呢？中国货币管理当局一系列的货币冲销政策操作削弱了路径②的影响程度。由于外汇占款已经成为我国货币发行中的一个重要组成部分，不能合理地规避、降低其所带来的货币投放压力，势必会形成物价的大幅上涨。因此，我国中央银行近几年持续性的通过公开市场操作，用央行票据的发行来缓解外汇占款所产生的负面影响。应该说，从实际效果上看，相关货币冲销政策的实施确实有效地控制了基础货币投放和物价水平大幅上涨的出现。但是，由于货币冲销成本的存在（利息支付以及操作成本），以及我国经济高速增长下对通货膨胀的必然影响，货币冲销政策是否能完全消除外汇储备增长所带来的影响还需进一步考察与检验。

总之，基于代表性个人消费效用最大化的外债投资分析框架表明，增加持有储备货币发行国的政府债券会对外汇储备积累国通货膨胀水平的上涨形成拉动作用。就中国而言，因为中央银行集中持有外汇储备资产，会弱化甚至抵消上述通货膨胀效应的显现。不过，因外汇储备增长致使外汇占款增加，从而影响物价水平上涨的经济路径依然存在。

第 10 章 改革开放以来中国的通货膨胀

经过改革开放 40 年的飞速发展，中国的经济总量跃升世界第二，并且在 2019 年人均 GDP 也已超过 10 276 美元①。虽然我国从未出现诸如德国、津巴布韦等遭遇的恶性通货膨胀，但是 1979 年至今依然能够看到以 CPI 为代表的价格水平出现了显著波动。

10.1 中国通货膨胀的整体情况

从图 10.1 中可以看出，在 1979～2019 年，中国的居民消费价格指数呈现出先扬后抑的走势。一方面，1997 年以前，中国的 CPI 年同比增长率曾经出现过两次较为大幅的上涨：一次是 1988～1989 年，该指数均超过了 18%；另一次是在 1994 年，该数字更是达到了 24.1%。这主要是因为中国在计划经济体制向市场经济体制转轨的过程中，货币政策的安排、实施与市场经济发展之间存在不协因素。

另一方面，从 1998 年开始，中国的年度 CPI 同比增长率数据始终维持在 6% 以下。即使是 2002 年以后，当经济保持每年 10% 左右的高速增长速度时，中国的通货膨胀水平依旧没有出现大幅度的、持续性的上涨。但是，

① 国家统计局《2019 年国民经济和社会发展统计公报》。

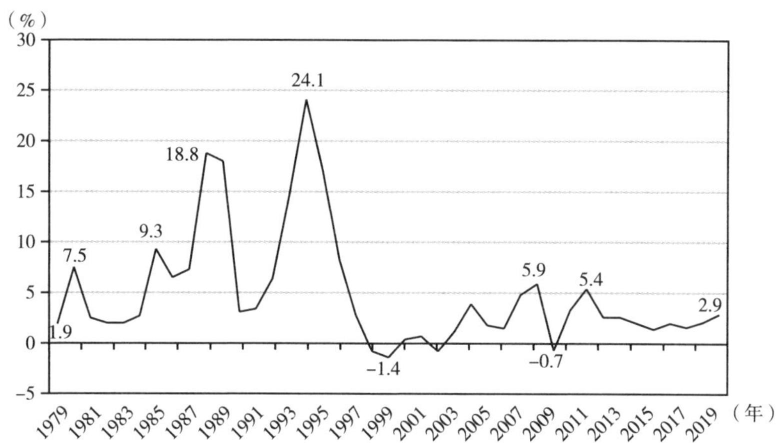

图 10.1　1979 ~ 2019 年中国居民消费价格指数同比变动情况

资料来源：笔者根据国家统计局官方数据编制。

2007 年美国次贷危机以后，中国的通货膨胀压力有了明显的上升。虽然年均 CPI 增长率没有超过 6%，但是如果我们仔细观察其间的月度数据会发现，月度同比增长率在 2008 年以及 2011 年曾多次超过 6%、7% 甚至 8%。这说明在过去一段时间内，我国国内经济所面临的通货膨胀压力还是较为显著的。

除了我们能够在不同时期观察到较为明显的通货膨胀外，在 1997 ~ 2001 年中国还出现了持续时间不长的通货紧缩。究其原因：一是因为 20 世纪 90 年代后期我国开始实施了加紧宏观调控、稳定金融秩序和有力管理固定资产投资等措施，其紧缩效果在 1998 年末开始逐渐显现；二是因为 1997 年东南亚金融危机给我国所处的外部经济环境造成了破坏，进而传递到我国，造成内、外需不足，居民购买力严重下降，商品价格持续走低。

总之，自 20 世纪 80 年代开始，通货膨胀水平的高低始终是我国经济发展中一个不可忽视的问题。20 世纪的最后 20 年里，中国通货膨胀水平的起起落落凸显了经济体制改革过程中所遇到的矛盾。而 21 世纪开始的前 11 年内，通货膨胀水平的走势又反映出了外部经济环境以及金融危机对中国经济的影响效果。

10.2 中国通货膨胀的阶段性表现

10.2.1 1980～1986年的通货膨胀情况

1978年12月，中国共产党第十一届三中全会召开后，中央政府决定把工作重心转移到经济建设上来，并做出了进行经济改革的决议。中央工作会议在1979年4月进一步决定，用3年时间进行国民经济调整，实行“新八字”方针，即“调整、改革、整顿、提高”。在这样的时代背景下，国家从1979年便开始了一系列的价格改革。例如，从1979年起，政府提高了粮食、棉花等18种主要农产品的收购价格。其中粮食收购价提高30.5%，棉花提高25%，油脂油料提高38.7%。并对粮棉油等主要农副产品实行超购加价政策，扩大议价收购范围。同时政府还有计划地提高了煤炭、铁矿石、生铁、钢锭、钢坯和有色金属、水泥等产品的出厂价格。其中原煤提价30.5%，生铁提价30%，钢材提价20%。而燃料原料价格的提高，致使与此密切相关的下游产品和高附加值的卷烟、酿酒业等成本上升。1979年11月，国家又提高了畜产品、水产品和蔬菜等8种副食品的价格，并相应给予城镇居民5元/人/月的价格补贴。

与此同时，国家还从1978年开始增加基础设施建设的力度与财政支出规模。1978年全国基本建设投资规模增长31.6%，比当年经济增速高出近20个百分点。1978年、1979年国家财政支出增速分别达到31.8%和14.6%，远远高于同期29.5%和1.2%的财政收入增长速度。大规模的基础设施建设和赤字财政，造成货币市场超额的现金投放：1979年现金投放比1978年增长235%，1980年末市场货币流通量达346.2亿元，比1978年末增长63.3%，远远超过1980年我国近12%的GDP名义增长水平。从而，1980年的居民消费价格指数比1979年上涨7.5%，成为改革开放以来我国经历的第一次通货膨胀。

为了治理通货膨胀，1981 年国家开始实行紧缩的经济政策。当年国家财政支出增速下降 7.4%，财政支出从 1980 年逆差 68.9 亿元转入顺差 37.4 亿元，固定资产投资规模仅增长 5.5%，新增贷款 364.4 亿元，而同期新增存款 387.1 亿元，改变了前几年新增贷款大于新增存款的局面。外贸进出口逆差从 1980 年的 19 亿元美元缩小到 0.1 亿美元，居民消费价格指数涨幅为 2.5%，并在随后的几年时间里，一直控制在 3% 以下的水平。

但是好景不长，1985 年的第二次通货膨胀再次出现。1984 年中共十二届三中全会通过了《关于经济体制改革的决定》，决定改革僵化的经济管理体制。国家放开了除粮、棉、油等 11 种重要农产品之外的全部农产品价格，放开了计划外生产的生产资料价格，致使当年农业生产资料价格上涨 4.8%。过热的经济又导致了固定资产投资和消费资金的双膨胀，引发银行信贷的失控和货币发行量过猛。国内信贷增速从 1983 年的 13% 跃至 1984 年的 31%，并且在 1985 年保持这一增速。在此种情形下，1985 年居民消费价格指数同比上涨 9.3%，创改革开放以来物价上涨水平的新高。

为了抑制通货膨胀，国务院发布了一系列宏观调控措施，控制固定资产投资规模，加强物价管理和监督检查，全面进行信贷检查。经过这样一系列措施，CPI 水平在 1986 年初开始回落：从 3 月的 7.4% 回落到 4 月的 5.4%，接着又从 5% 的水平进一步下降，到 1986 年 8 月回落到 4% 以下。

10.2.2 1988～1989 年的通货膨胀情况

在 1986 年和 1987 年，我国的通货膨胀水平被控制在 7% 左右，初步显现了对 1985 年高通胀的治理效果。但是为了尽快实现经济体制改革目标的实现，1988 年我国的金融市场又开始放松银根。1988 年金融机构新增贷款首次突破 2 000 亿元，达到 2 150.2 亿元，比 1987 年增加 478.8 亿元，多投放 752.1 亿元。现金投放 679.5 亿元，是 1987 年的 2.88 倍。财政赤字突破 100 亿元，达到 134 亿元，是 1987 年的 2.13 倍。财政信贷的扩张，推动了投资进一步增长：1988 年投资增速达到 25.4%，比 1987 年提高 4.9 个百分点。

在财政信贷扩张的同时，国家进一步对农副产品和一些材料价格进行了调整：当年农业生产资料价格指数上涨16.3%，农业生产资料价格上涨带动了农副产品以及轻工业用消费品价格水平的跳跃性上升。价格大幅上升加重了居民对通货膨胀的预期心理，出现了改革开放以来的“抢购潮”。1988年全社会消费品零售总额比1987年增加2 620亿元，增长27.8%，比1987年提高10.2个百分点。受此影响，1988年7月，居民消费者价格指数同比上升幅度达19.2%。而自1988年8月至1989年6月，CPI同比增长率屡创新高，在1989年2月创下28.4%。因此，我国居民消费价格指数的年增长率也从1986年的6.5%增至1988年的18.8%和1989年的18%。这就成为继1985年首次通货膨胀后，我国改革开放以来首次恶性通货膨胀周期。

1989年后，中央开始做出治理经济环境、整顿经济秩序的决定，采取了许多切实措施，大力压缩固定资产投资规模，控制消费基金过猛增长，清理整顿流通领域的公司，并采取了一系列金融调控措施。1989年金融机构新贷款增速19.1%，比1988年减少2.4个百分点；现金投放210亿元，比1988年减少469.5亿元，下降近70%；新增城乡居民存款1 347.4亿元，比1988年增加611.8亿元。这些都有效抑制了投资和消费：投资增速由1988年的25.4%转为下降7.2%，商品供应得到改善，居民消费趋于理性平稳。到1990年，全国社会消费品零售总额比1989年仅增长2.5%，物价指数上涨3.1%。

10.2.3 1992～1996年的通货膨胀情况

经过1989～1991年3年治理整顿，我国经济秩序好转。但由于这一时期主要精力放在治理各种混乱经济关系，压缩投资规模，消除经济过热现象，巩固经济基础，因而经济增长速度下降。1990年经济增长速度仅为3.8%，成为改革开放以来经济增长速度最低的一年。1992年邓小平南方谈话发表后，被压抑的投资和经济增长冲动爆发出来，除了扩大再生产的投资项目外，大量资金还被应用于投资开发区和房地产。在“开发区投资热”“房地产投资热”的带动下，投资规模迅速膨胀，1992年投资增长达到44.4%，1993年更是达到61.8%。在金融领域，由金融改革应运而生的金融市场和新兴金融机构也得到了快速发展。但由于发展不规范，这些机构成为专业银行向非金融领域投资的中介，出现了乱投资、乱拆借等情况，造成社会信用一度膨胀。1992 年、1993 年金融机构新增贷款分别达到 4 626. 4 亿元和 6 335. 4 亿元，分别增长 23. 4% 和 25. 2%，比同期经济增长速度高出 9. 2 个和 10. 8 个百分点。在投资和信贷的扩张下，国民经济虽然出现了快速发展的新势头：1992 年、1993 年经济增长速度都超过 14%，可这也导致了社会总需求和总供给严重失衡，物价上涨过猛：1993 年、1994 年物价分别上涨 14. 7% 和 24. 1%。

针对经济过热和通货膨胀态势严重的情况，中央发布了《关于当前经济情况和加强宏观调控的意见》，对经济进行再次治理整顿。这次整顿除了应用前几次的措施外，也注意吸收以前治理通货膨胀的经验教训，因而有两个特点：一是非常重视金融调控的作用，由于财政收入占国民收入的比重从 20 世纪 80 年代近 30% 下降到 15% 左右，因此，金融成为这次宏观调控的主要工具。在采取的 16 条措施中，有 7 条直接与银行有关，调控核心是整顿金融秩序，治理乱拆借、乱集资、乱投资“三乱”，使过热经济降温，减少通货膨胀压力。二是强调抑制通货膨胀时要保持经济平稳发展，防止因过度紧缩而使经济出现滑坡，实现软着陆。经过 3 年时间，宏观调控取得了显著成效，投资增速从 1993 年的 61. 8% 下降到 1996 年 14. 8%，贷款增速从 1993 年的 25. 2% 下降到 1996 年的 21%，经济增长速度从 1993 年 14% 回落到 1996 年的 10% 的适宜区间，物价涨幅也从 1994 年的 24. 1% 下降到 1996 年的 8. 3%。

10. 2. 4　2007 ~2011 年的通货膨胀情况

20 世纪后期先后出现的通货膨胀给我国国民经济造成了不同程度的影响。但是在改革开放的大背景下，经过中央政府和货币当局的持续性治理，到 21 世纪初基本消除了物价水平过快上涨的局面。并且，受东南亚金融的影响，我国的物价水平还出现了近 5 年的零增长甚至负增长：1998 年为 -0. 8%；1999 年为 -1. 4%；2001 年为 -0. 8%。从 2003 年开始，我国经济在上一次成功软着陆的基础上显现出高亢的增长势头，并取得了全球瞩目的成绩。高增长、低通胀成为这一时期的显著特点，如表 10. 1 所示。

表 10.1　　2003～2011 年中国 GDP、CPI 同比增长率　　单位:%

指标	2003 年	2004 年	2005 年	2006 年	2007 年	2008 年	2009 年	2010 年	2011 年
GDP	10	10.1	11.3	12.7	14.2	9.6	9.2	10.3	9.2
CPI	1.156	3.884	1.822	1.463	4.75	5.864	-0.703	3.3	5.417

资料来源：笔者根据国家统计局数据编制。

我国在 2003～2006 年，GDP 年增长率保持均在 10% 以上，且 CPI 同比增长率只在 2004 年超过 3%，其余 3 年均低于 2%。然而，2007 年开始，我国在继续保持高速经济增长的同时，居民价格消费指数的年同比增长率也开始抬头。虽然 2009 年出现了负增长，但其余年份所表现出的通货膨胀压力还是较为明显的。具体来看，我们将 2007～2011 年 CPI 的月度数据描绘为图 10.2。

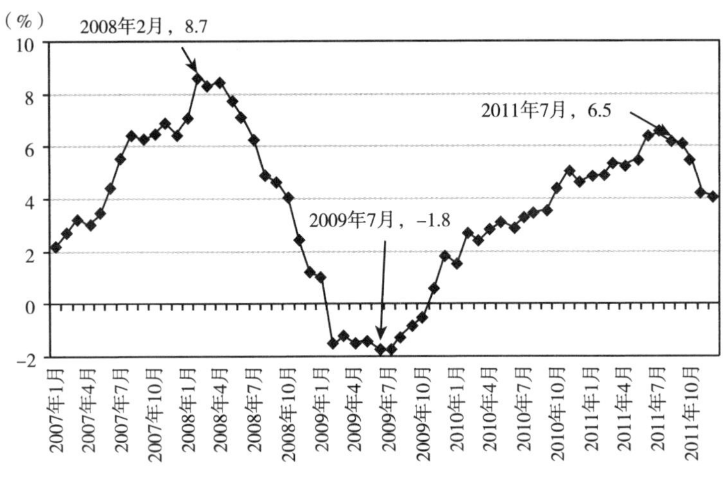

图 10.2　2007～2011 年中国月度 CPI 同比增长率

资料来源：笔者根据国家统计局数据编制。

2007 年至 2011 年底，我国的通货膨胀分别在 2008 年和 2011 年呈现出两个峰值：2008 年 2 月 CPI 同比增长 8.7%，2011 年 7 月为 6.5%。一方面，2008 年的通货膨胀主要是受各方面价格因素的影响。在食品价格上，2006 年开始我国猪肉与粮食价格出现持续地上涨，推动了其他食品价格的普遍上涨。在生产资料价格上，2007 年我国原材料、燃料、动力购进价格同比上涨

4.1%。其中仅 11 月，燃料、动力类和黑色金属材料类的购进价格就分别同比上涨了 9.9% 和 9.7%。而在国际市场中，原油价格从 2007 年开始呈现单边上涨态势，直到 2008 年 6 月，布鲁特北海原油期货价格才在达到每桶 140 美元后开始走低。这些都直接推升了我国 2008 年通货膨胀的上涨。

另一方面，2011 年出现的通货膨胀则是治理 2008 年金融危机后国内经济下滑所产生的负面影响。2008 年，我国为了刺激经济恢复以及汶川的灾后重建等，实施了扩大内需的 4 万亿投资计划。与之配套的各方投资总计超过 10 万亿元人民币。虽然我国的经济刺激计划很好地完成了保证 GDP 平稳增长的目标，但货币供给的集中投放也在 2011 年体现出了对物价水平的深刻影响。虽然 2009 年的物价水平出现负增长，但 2009 年末，广义货币供应量 M2 余额为 60.6 万亿元，同比增长 27.7%。而到 2010 年末，该数字分别为 72.6 万亿元和 19.7%。较之 2007 年（16.7%）、2008 年（17.8%），2009 年和 2010 年我国 M2 的增速明显加快。这无疑给 2011 年国内物价水平的上涨埋下了伏笔。加之 2010 年我国开始采取了一系列的政策措施控制高企的房价，造成房地产市场逐步冷淡，削弱了货币投放的消化力度（虽然房地产市场不应是正常的货币消化渠道）。因此，从现实来看，自 2010 年，我国的通货膨胀水平进入了一个新的上涨阶段并在 2011 年 7 月达到最高。

第 11 章 中国投资美国国债的通货膨胀效应实证分析

投资他国政府债券会诱发本国通货膨胀水平的提高已经在前面被理论模型加以证实。那么中国的现实情况是否能够进一步验证该经济行为以及影响路径的存在呢？本章我们则借助 15 年的历史数据对中国投资美国国债的行为与我国 CPI 等经济变量的关系展开实证。

11.1 实证思路与方法

11.1.1 实证思路

如前所述，我国持有的外汇储备存在两种路径影响通货膨胀。同时，又因为诸多因素的制约，我国现阶段所持美国国债对物价水平上升的推动力可能会转化为因外汇占款增加所形成的对通货膨胀的影响。所以本节的实证思路将按照上一章所得出的通货膨胀生成路径①和路径②分两个层次展开分析：一是考察中国投资美国国债是否对通货膨胀水平的上升能产生显著的影响，由此判断路径①的现实可行性；二是检验“外汇储备—基础货币—通货膨胀”

这条理论路径是否存在。其中，对于第二个层次的实证分析又分为两个步骤：先判断外汇储备与基础货币之间的联系，再研究基础货币变动对通货膨胀的影响。

我们选择 2005 ~ 2019 年中国外汇储备余额（FR）、美国国债余额（B，后文简称美债）、基础货币以及中美各自的居民消费价格指数（CPI）的月度数据，共 132 个样本（每个序列），它们分别来自中国人民银行官方网站、美国 TIC 数据系统、外汇管理局官方网站以及中国国家统计局官方网站。这里，我们以 CPI 作为考察中国通货膨胀的现实依据，并以 2004 年 12 月为基数 1。同时，为了消除不同时间序列异方差的存在，我们对三个变量分别取自然对数，得到 lnFR、lnM 和 lnCPI。

在这当中，我们选择中国人民银行储备货币规模作为基础货币数据进行计算。这是因为外汇储备一国央行货币发行环节的重要渠道。在其资产负债表中的对应关系即为外汇储备与储备货币的同时变化。

11.1.2 实证研究方法

11.1.2.1 序列平稳性检验——ADF 检验法

在进行时间序列研究的过程中，先要对其平稳性进行检验。这是因为采用非平稳的时间序列进行相关性分析可能存在“伪回归”问题。例如有时候时间序列的高度相关仅仅是因为两者同时随时间有向上或向下变动的趋势，并没有真正的联系。那么，这样所得结果就不能体现出变量之间内在的、稳定的且有现实意义的相关关系。

在这里，平稳性是指如果一个随机过程（如白噪声）的均值和方差在时间过程上都是常数，并且在任何两时期的协方差值仅依赖于该两时期间的距离或滞后，而不依赖于计算这个协方差的实际时间。用数学表达即为：

假定某个时间序列是由某一随机过程（stochastic process）生成的，即时间序列 X_1，X_2，…，X_t（$t=1$，2，…，n）的每一个数值都是从一个概率分布中随机得到。如果满足下列条件：

（1）均值 $E(X_t)=u$ 是与时间 t 无关的常数；

（2）方差 $Var(X_t)=\sigma^2$ 是与时间 t 无关的常数；

（3）协方差 $Cov(X_t, X_{t+k})=\gamma_k$ 是只与时间间隔 k 有关，与时间 t 无关的常数；

则称该随机时间序列是平稳的（stationary），而该随机过程就是一个平稳随机过程（stationary stochastic process）。

对于时间序列的平稳性，学者们常利用单位根检验（unit root test）进行考察，并采用普遍被接受的 ADF 检验法。单位根检验最早由迪基和富勒（Dickey and Fuller）在 1976 年提出。他们认为当一个序列的特征根 φ 在单位圆内时，则该序列平稳；反之，该序列为非平稳序列。同时，他们建立了 DF 统计量对 1 阶自回归序列 AR（1）的单位根进行检验。后来为了更好地将单位根检验应用到 AR（p）过程，他们又建立了扩展的 DF 检验方法，即 ADF 法（Augmented Dickey-Fuller）。

在 ADF 检验中，单位根检验的回归方程为：

模型 1：$\Delta X_t = \delta X_{t-1} + \sum_{i=1}^{m} \beta_i \cdot \Delta X_{t-i} + \xi_t$

模型 2：$\Delta X_t = \alpha + \delta X_{t-1} + \sum_{i=1}^{m} \beta_i \cdot \Delta X_{t-i} + \xi_t$

模型 3：$\Delta X_t = \alpha + \beta_t + \delta X_{t-1} + \sum_{i=1}^{m} \beta_i \cdot \Delta X_{t-i} + \xi_t$

模型 3 中的 t 是时间变量，代表了时间序列随时间变化的某种趋势（如果有）。虚拟假设都是 H_0：$\delta=0$，即存在单位根。模型 1 与另两模型的差别在于是否包含有常数项和趋势项。

实际检验时首先从模型 3 开始；其次是模型 2；最后是模型 1。何时检验拒绝零假设，即原序列不存在单位根，为平稳序列，何时停止检验。否则，就要继续检验，直到检验完模型 1 为止。一个简单的检验是同时估计出上述三个模型的适当形式，然后通过 ADF 临界值表检验零假设 H_0：$\delta=0$。只要其中有一个模型的检验结果拒绝了零假设，就可以认为时间序列是平稳的。当三个模型的检验结果都不能拒绝零假设时，则认为时间序列是非平稳的。这里所谓的模型适当的形式就是在每个模型中选取适当的滞后差分项，以使模型的残差项是一个白噪声。

11.1.2.2 序列的长期均衡关系——Johansen 协整检验

如果能够得到被考察的时间序列均为单整平稳的，那么接下来需要判断他们之间是否存在稳定长期的均衡关系。因为只有变量之间存在稳定的均衡关系才能进一步研究它们内在的因果联系。

对于变量之间长期均衡关系的考察，比较普遍的方法便是采用协整关系检验。它被用以刻画两个或多个序列之间的平衡或平稳关系。1978 年恩格尔和格兰森（Engle and Granger）提出的协整理论及其方法为非平稳时间序列的直接建模提供了一种途径。他们指出，两个或多个非平稳时间序列的线性组合序列可能是平稳的，假如这样一种平稳的或零阶单整的线性组合存在，那么这些非平稳时间序列之间被认为具有协整关系。

约翰森（Johansen）于 1988 年并与朱赛勒斯（Juselius）一起又于 1990 年提出、发展了一种用向量自回归模型进行检验的方法，通常称为 Johansen 检验或 JJ 检验。它可用来判断两个或多个时间序列之间的长期均衡关系。其基本思想是基于 VAR 模型将一个求极大似然函数的问题转化为一个求特征根和对应特征向量的问题。

11.1.2.3 格兰杰因果检验

格兰杰因果关系检验法（Granger causal relation test）是美国加州大学著名计量经济学家格兰森（Granger）于 1969 年提出，后又经过塞米斯（Sims，Hendry，Richard）等的发展、推广和完善的一种检验方法。

格兰森在其研究中重点讨论了 X 是否引起 Y 生成与变化的问题。他认为这个问题主要看现在的 Y 能够在多大程度上被过去的 X 解释，以及加入 X 的滞后值是否使解释程度提高。如果 X 在 Y 的预测中有帮助，或者 X 与 Y 的相关系数在统计上显著时，就可以说“Y 是 X 格兰杰引起的”。在这一思路的基础上，格兰森建立了所谓的格兰杰因果检验。即，如果两个经济变量 X、Y 在包含过去信息条件下对 Y 的预测效果要好于单独由 Y 的过去信息对 Y 的预测，那么变量 X 就有助于变量 Y 预测精度的改善，此时 X 对 Y 存在格兰杰因果关系。

11.1.2.4 向量自回归模型——VAR

借助 VAR 模型对外汇储备与通货膨胀、GDP 等经济指标内在联系进行研究已经是学术界十分普遍与成熟的方法。它是基于数据的统计性质建立的模型。1980 年西姆斯（Ch-restopher · Sims）将其引入经济学中，成为经济系统动态性研究的重要分析工具。VAR 模型主要是从预测能力的角度来研究 A 对 B 的影响，也就是研究引入了 A 的模型对 B 的预测精度是否会高于未引入 A 的模型，依此来判断 A 是否是 B 的 Granger 原因。换句话说，VAR 是一种特殊的 Granger 因果检验。VAR(p) 模型的数学表达式为：

$$y_t = \alpha + \Phi_1 y_{t-1} + \cdots + \Phi_p y_{t-p} + Hx_t + \xi_t$$

其中，y_t 是 k 维内生变量列向量；x_t 是 d 维外生变量列向量；p 是滞后阶数；T 是样本个数。$k \times k$ 维矩阵（$\Phi_1, \Phi_2, \cdots, \Phi_p$）和 $k \times d$ 维矩阵 H 是待估计的系数矩阵。ξ_t 是 k 维扰动列向量，它们相互之间可以同期相关，但不与自己的滞后值相关，且不与等式右边的变量相关。一般地，将上式称为无约束的向量自回归模型，也就是我们所说的 VAR。

VAR 模型把系统中每一个内生变量作为系统中所有内生变量的滞后值的函数来构造方程，从而可以将单变量（y_t）自回归模型推广到由多元时间序列变量（y_t，x_t，…）组成的“向量”自回归模型。在待估计的方程中，变量前的系数 Φ_p、H 则是我们进行演算的重点。通过系数的正负以及大小来判断滞后时间序列与被解释变量的关系。同时，对于滞后阶数 p，规范的确定方法是采用 AIC 或 SC 等信息准则来选取。因为它们可以兼顾模型的简洁性和精确性。

另外，VAR 中变量的时间序列是否需要满足平稳性的条件呢？西姆斯认为，即使在变量非平稳的情况下，也无须对变量进行差分来使之平稳化。因为建立 VAR 模型的目的一般都不是为了统计推断和参数估计，进行差分会降低模型的拟合度，丢失变量间的相互关系。当然，我们在进行研究的过程中，首要还是观察变量的平稳性，用以探究它们之间是否具有长期的均衡关系。

11.1.2.5 脉冲响应函数和方差分解

由于 VAR 模型是一种非理论性的模型，因而在分析 VAR 模型时，往往不是分析一个变量的变化对另一个变量的影响如何（如 OLS 估计中的系数），而是分析当一个误差项发生变化，或者说模型受到某种冲击时对系统的动态影响。这种分析方法称为脉冲响应函数方法（impulse response function, IRF）。它可以刻画某因素的变动对下一期该变量和另一变量的影响的动态调整随时变化的过程。简单说，它被用于衡量来自随机扰动项的一个标准差冲击对内生变量当前和未来取值的影响。这种影响及其动态过程是通过描述所产生的波动轨迹实现的，即显示任意一个变量的扰动如何通过模型影响所有其他变量，最终又返回自身的过程。

而方差分解（variance decomposition）是通过分析每一个结构冲击对内生变量变化（通常用方差来度量）的贡献度，进一步评价不同结构冲击的重要性。因此，方差分解给出对 VAR 模型中的变量产生影响的每个随机扰动的相对重要性的信息。

11.2 实证结果

11.2.1 美国国债投资与中国通货膨胀的关系

根据前一章的分析可知，持有他国政府债券作为外汇储备资产对本国通货膨胀具有向上的拉动作用。但是结合中国的经济现实我们同样意识到，受结汇制度以及外汇资产投资渠道的制约，中国目前居民不具备投资美国国债的可能与路径。那么，以官方储备为基础形成的美债投资余额理应对我国通货膨胀的影响很有限，或者说传导路径①在现实中不易于实现。因此，我们这里将通过对中国所持美国国债与通货膨胀的关系进行实证检验。

对于两个变量之间的联系以及因果关系，首先需要对序列的平稳性判断；

其次再考察它们之间的内在关系。根据式（8.13）对中国所持美债月度余额（B）进行价格（月度环比）调整，得到美债的月度实际余额（b）。同时，为了消除时间序列的异方差可能，对其取自然对数表示为 lnb，再通过 EViews10 计算得到表 11.1。

表 11.1　美债实际余额与中国 CPI 的 ADF 统计检验结果

变量	ADF 检验值	1% ADF 临界值	检验结果	I（）
lnb	-1.33772	-4.01014	非平稳	I（1）
lnCPI	-2.260913	-3.46945	非平稳	I（1）
dlnb	-13.1459	-4.01044	平稳	—
dlnCPI	-10.20413	-3.46945	平稳	—

资料来源：笔者编制。

由表 11.1 可知，美债实际余额（lnb）与中国的居民消费价格指数（lnCPI）在 1% 的显著水平上同为一阶单整序列。在这种情况下，我们进而对序列进行 Johansen 检验和格兰杰因果检验，以考察它们之间是否存在长期均衡关系或因果联系，如表 11.2 与表 11.3 所示。

表 11.2　美债实际余额与中国 CPI 的 Johansen 协整检验

变量	协整关系假设	特征根	迹统计量	5% 临界值	P 值	检验结果
Lnb	0	0.115337	22.13719	15.49471	0.0043	拒绝
lnCPI	至多 1 种	0.003942	0.691158	3.841466	0.4058	通过

资料来源：笔者编制。

由表 11.2 可以清楚地看到，Johansen 协整检验表明两个变量在 95% 的置信区间内存在协整方程。这种协整关系的代数表达式为：

$$\ln CPI = 0.1259 \ln b + e$$

上式明确了中国投资美国国债的行为与国内 CPI 存在长期稳定关系。这也证实了本书在前面研究中所推理出的美债实际余额对我国通货膨胀具有一定的向上拉动作用。

但遗憾的是，我们利用 VAR 模型等方法在进一步考察两者之间的相互影响时，没能够得到更加深刻的验算结果。也就是说，格兰杰因果检验以及VAR 均无法更加详细地描述 Lnb 与 LnCPI 之间的联系。不过，这一点恰恰是与实证检验前的定性分析相一致的：美债对我国通货膨胀的影响在路径①下是不通畅的。

那么，根据上一章的修正模型，包括美债投资对我国通货膨胀的影响是否能通过路径②实现呢？这则需要我们对"外汇储备—基础货币—通货膨胀"的传导机制进行进一步的实证。

11.2.2 外汇储备、基础货币与通货膨胀

需要说明的是，不同于前面分析中的数据处理，根据式（9.25），这里所用到的外汇储备与基础货币均为名义余额，无须进行价格调整后再取自然对数。在此基础上，我们对相关变量序列的平稳性进行检验，得到表 11.3。

表 11.3　　ADF 统计检验结果

变量	ADF 检验值	1% 临界值	检验结果	I（）
lnFR	-1.942097	-4.011044	非平稳	I（1）
lnM	-0.221199	-4.012618	非平稳	I（1）
lnCPI	-2.260913	-3.46945	非平稳	I（1）
dlnFR	-4.504900	-4.011044	平稳	—
dlnM	-5.314585	-4.012618	平稳	—
dlnCPI	-10.20413	-3.46945	平稳	—

注：d（）表示一阶差分。
资料来源：笔者编制。

由表 11.3 可知，外汇储备（lnFR）、基础货币（lnM）以及通货膨胀（lnCPI）均为一阶平稳序列，即符合 I（1）过程。接下来，我们分别考察外汇储备与基础货币以及基础货币和 CPI 之间的联系。

11.2.2.1 外汇储备与基础货币

表 11.4 显示，Johansen 检验拒绝了原假设，表明外汇储备与基础货币之

间确实存在着长期均衡关系。进一步，格兰杰因果检验显示（见表 11.5），外汇储备（lnFR）与基础货币（lnM）之间存在着单向的因果关系，即外汇储备（lnFR）是基础货币（lnM）的格兰杰原因。

表 11.4　　外汇储备与基础货币的 Johansen 协整检验

变量	协整关系假设	特征根	迹统计量	5% 临界值	P 值	检验结果
lnFR	0	0.079579	22.84014	15.49471	0.0033	拒绝
lnM	至多 1 种	0.046477	8.328494	3.841466	0.0039	拒绝

资料来源：笔者编制。

表 11.5　　外汇储备与基础货币的格兰杰因果关系

原假设	滞后阶数	F 统计量	P 值
lnFR 不是 lnM 的 Granger 原因	2	5.53153	0.0047
lnM 不是 lnFR 的 Granger 原因	2	6.29247	0.0023

资料来源：笔者编制。

至此，我们可以认为外汇储备（lnFR）是引发基础货币（lnM）变动的一个原因。那么这种联系的影响方向又是如何呢？我们将两者之间的数学联系用最小二乘法回归方程加以表示，得到：

$$\ln M = 1.2068 + 1.0803 \ln FR \tag{11.1}$$

$$R^2 = 0.90 \quad F\text{统计量} = 1\,654.966 \quad Prob(F) = 0.0000$$

从式（11.1）可以看出，该估计模型的拟合度较好地表明外汇储备的变化对基础货币的变化具有较为明显的正向作用：外汇储备 1% 的变动会引起基础货币 1.0803% 的同向变化。这说明我国外汇储备对基础货币的影响十分显著，相关系数为 1.08 甚至可以表明外汇占款的变化会 100% 的反映到基础货币的变化上。

11.2.2.2　基础货币与 CPI

类似地，我们依次对基础货币与通货膨胀进行 Johansen 检验以及格兰杰因果检验，并分别得到表 11.6 和表 11.7。

表 11.6　　基础货币与 CPI 的 Johansen 检验

变量	协整关系假设	特征根	迹统计量	1%临界值	P 值	检验结果
lnM	0	0.150481	33.14415	25.87211	0.0052	拒绝
lnCPI	至多 1 种	0.023881	4.278185	12.51798	0.7016	接受

资料来源：笔者编制。

表 11.7　　基础货币与 CPI 的格兰杰因果关系

原假设	滞后阶数	F 统计量	P 值
lnCPI 不是 lnM 的 Granger 原因	2	0.96762	0.3820
lnM 不是 lnCPI 的 Granger 原因	2	9.35189	0.0001

资料来源：笔者编制。

通过上述检验结果，我们同样观测到基础货币（lnM）与通货膨胀（lnCPI）存在一种长期均衡关系。进一步，前者在较大概率上是后者的格兰杰原因。两者之间的 OLS 估计模型为：

$$\ln CPI = 2.3677 + 0.2048\ln M \qquad (11.2)$$

$$(58.80737) \quad (61.59214)$$

$$R^2 = 0.95 \quad F\text{统计量} = 3\,793.59 \quad Prob(F) = 0.0000$$

可见，基础货币的变化对通货膨胀变化的影响显著，前者 1% 的变化会引起后者 0.2048% 的同方向变化。至此，通过上面两个逻辑层次的分析，我们认为外汇储备对通货膨胀的作用可以通过“外汇储备—基础货币—通货膨胀”来实现。

11.2.3　外汇储备、基础货币和 CPI 的 VAR 分析

在我们得到三个变量基本的因果联系后，下面我们进一步对他们之间的相互影响的程度进行探讨。对于这个问题，我们借助 VAR 模型加以判断。为了能够更为清晰地看出其中的经济联系，我们对它们的取值进行新的处理：选取它们各自的增长率来进行实证检验。而经济变量增长率的表示方式则是取三个变量自然对数的一阶差分的形式。因此，外汇储备、基础货币以及 CPI

的增长率分别表示为 dFR、dM、dCPI。由于 lnFR、lnM 和 lnCPI 均为 I（1）过程，则表示它们各自的一阶差分自然为 I（0）过程，有助于进行 VAR 的准确分析（VAR 并不必然要求序列平稳）。

根据 AIC 和 SC 准则确定 VAR 模型中的滞后阶数为 2。利用 EViews11 得到 VAR 模型估计的结果，如表 11.8 所示。

表 11.8　外汇储备、基础货币和 CPI 的 VAR 模型估计结果

项目	dCPI	dM	dFR
dCPI（-1）	0.018112	-0.294865	-0.303515
dCPI（-2）	-0.039818	-0.014383	0.482871
dM（-1）	0.060574	-0.097748	0.086696
dM（-2）	0.053293	-0.151575	0.000595
dFR（-1）	0.033453	-0.086274	0.391255
dFR（-2）	-0.027342	0.419664	0.284870
C	0.001307	0.009735	0.001442

资料来源：笔者编制。

就模型演算的结果而言，我们重点关注的是影响 CPI 和基础货币的相关因素。从表中我们可以看到，滞后一个月的基础货币增长对 CPI 上升的影响较为明显，达到 6.06%。这说明基础货币的增长确实给我国居民消费价格带来了正向的影响，但是随着时间的推移以及相关货币回笼政策实施，该影响能较快地减弱（这一点与我们观测滞后 2 阶以上的 VAR 模型演算结果时一致）。而外汇储备的增长在 1 个月后对我国月度 CPI 同样具有正向的影响，且该影响高于其他滞后期。

对于基础货币投放，前一个月的 CPI 水平会对其产生较为明显的抑制作用，1 个百分比的 CPI 增长会制约基础货币 -29.49% 的投放。这很好地体现了央行应对物价波动时货币政策实施的及时性。但是外汇储备在滞后两个月的外汇储备增长会较之滞后一个月会对基础货币投放产生更为强劲的带动作用。这说明因外汇储备形成的外汇占款并不是马上进入流通领域，并且绝大部分等额货币能够被央行的市场操作所抵消。

为了更为直观地辨别三个经济变量之间影响程度，我们还可以利用脉冲响应函数加以诠释。根据演算结果，我们得到了三个主要的变量关系。

图 11.1 描绘了基础货币对 CPI、外汇储备对 CPI 以及外汇储备对基础货币的广义脉冲响应轨迹。整体来看，通过三个图形的纵轴数值大小我们可以看到基础货币对 CPI 的冲击（a）最为显著。而其他两个方面的脉冲响应相对平稳。这是符合经济现实规律的。因为外汇储备对基础货币的拉动作用往往会受到中央银行货币冲销政策实施的削弱，进而造成外汇储备对 CPI 的直接影响趋于平缓（b）。

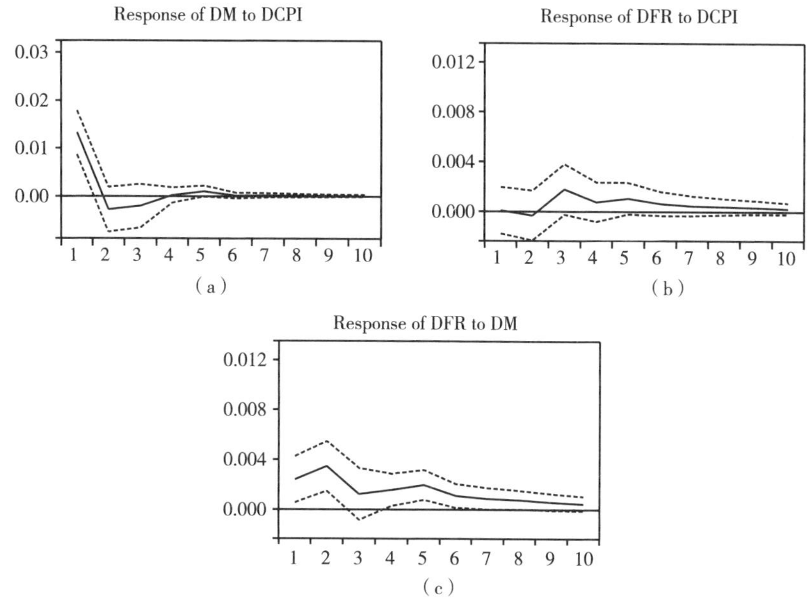

图 11.1　脉冲响应

具体来看，图 11.1（a）显示出我国 CPI 增长在受到基础货币增长的一个标准差冲击后，从第 2 个月到第 4 个月被抑制，第 5 个月转正并逐步消失。而外汇储备增长对 CPI 的冲击在第 2 个月达到最大，而后在 10 个月后趋于消亡。这说明外汇储备增长对我国 CPI 的影响是先抑后扬，并且拉动效应确实具有滞后性。随着货币冲销政策的实施，该冲击逐渐变弱，但影响时间较长。我们再看图 11.1（c），外汇储备增长对基础货币增长的冲击从第一个月开始逐渐减弱，但是持续时间长，直到观测期末也没有被消除。

进一步，我们从图 11.1 三幅图形以及各自数值上看，图 11.1（b）所显示的汇储备对 CPI 的影冲击恰恰是另外两个图叠加的效果，即先抑后扬，冲击幅度相对平稳。这也印证了外汇储备增长对 CPI 的影响是经过前两个过程叠加后得到的，即由外汇储备影响基础货币投放，再由基础货币增加拉动 CPI 上涨。

另外，除了利用广义脉冲响应函数外，我们还对影响 CPI 增长的基础货币增长和外汇储备增长进行了方差分解，借以得到后两者对前者增长的贡献率。根据表 11.9 可知，在所考察的影响因素中，除中国 CPI 增长自身惯性所产生的大部分作用外，有 18% 左右的贡献来自基础货币增长，1.2% 左右的影响是因为外汇储备增长。这一结果是与广义脉冲函数所得到的影响趋势基本吻合的。

表 11.9　　中国 CPI 增长的方差分解

时期	标准差	CPI 增长	基础货币增长	外汇储备增长
1	0.004931	100.0000	0.000000	0.000000
2	0.005358	87.48480	11.93673	0.578475
3	0.005568	81.39979	17.89402	0.706191
4	0.005601	80.61017	18.49546	0.894365
5	0.005615	80.26854	18.47863	1.252827
6	0.005620	80.15156	18.55978	1.288658
7	0.005621	80.12192	18.55927	1.318811
8	0.005622	80.09339	18.55616	1.350456
9	0.005623	80.07571	18.55841	1.365881
10	0.005623	80.06594	18.55791	1.376157
11	0.005624	80.05912	18.55752	1.383361
12	0.005624	80.05476	18.55762	1.387623

资料来源：笔者编制。

11.3　实证结论与启示

通过本章对我国中央银行动用外汇储备投资于美国国债行为的实证分析，我们可以得到以下结论。

11.3.1 美债持有对我国通货膨胀上涨的影响路径不通畅

以 2005～2019 年的经济数据为基础进行的实证表明，我国通过中央银行对美国国债的购买行为在长期上与通货膨胀上涨存在稳定关系。但是该关系无法用更为直接的代表式表达。这就证明在我国，增持美债无法被我们用最为直观的数学方法找到拉动 CPI 上涨的证据。但这却印证了第 10 章结尾我们所考虑的：中国不断增持美债的行为难以被转化为对通货膨胀影响的直接动力，毕竟我国央行手中握有较多的货币冲销手段。

11.3.2 中国所持美债的增长会因外汇占款增加带动通货膨胀上升

通过对外汇储备、基础货币以及通货膨胀的分层次考察，我们发现在 2005～2019 年，投资美债的经济效应确实转变为由外汇储备增长到基础货币增加，再到通货膨胀上升的传导路径。我们同时看到外汇储备增长对通货膨胀上升的直接作用效果在这个传导过程中被逐渐弱化。

11.3.3 中国外汇储备增长对我国价格水平的影响可以是间接的

中国的通货膨胀，尤其是以 CPI 为代表的价格指数出现上升，一方面有前述外汇占款的正面影响；另一方面也受到中央银行货币冲销政策的抑制。同时我们注意到，过去一段时间以来，中国外汇储备增加的渠道主要来自经常项目顺差。这就造成了进出口部门可以获得由外汇盈余收入在结汇环节换回的人民币。这部分资金虽然在转存商业银行可以被中央银行的货币冲销政策进行一定程度的消化，但是出口盈余部门的货币资金相对充裕也会从其他领域推动我国价格水平，从而以一个间接的路径拉动我国通货膨胀的上涨。如出口企业相继成立房地产企业或动用自有盈余资金投资房地产型企业与项目，从而造成房地产市场的火热，进而带动相关生产资料与商品的价格上涨。

11.3.4 外汇储备增长存在溢出效应

中国外汇储备积累的模式与进程可能造成国内资源的配置偏向可贸易部门，使市场机制产生扭曲（张曙光和张斌，2007）。其中，出口部门的外汇盈余造成的货币资金充裕会给其带来更多融资便利，例如优惠的信贷政策等。而这种融资便利在国内金融市场上又会形成一定的溢出效应。例如，对内部企业，特别是非进出口部门的中小企业在面对有限的货币资源时，被出口盈余企业挤压了潜在的融资渠道，从而存在推动我国长期以来部分中小企业融资难困境进一步加剧的可能。此时，中小企业融资难的局面又使我国货币市场的利率水平出现一定程度的攀升，进而造成中小企业生产经营成本上升，最终体现到产成品环节也就是价格水平的上涨。这样一来，也从另一个角度说明对我国通货膨胀水平的推动。

第 12 章 中国外汇储备管理的建议主张

前面分别对投资美国国债给中国经济带来的两种效应进行了论述与实证检验。结果显示，中国投资美国国债一方面会造成主权财富损失，并转移到美国政府用于帮助其清偿真实债务；另一方面也会对中国的通货膨胀上涨存在作用机理，只是由于传导路径的不畅，最终体现为外汇占款增加推动物价上涨。基于此，本章将针对投资美国国债所面临与出现的问题，并结合外汇储备增长的现实，对中国外汇储备投资管理提出具有针对性的完善建议。

12.1 本书的主要分析结论

12.1.1 政府债券的发行与流通具有两种经济影响

本书的分析与实证表明，在封闭经济中，一国政府通过发行债券弥补财政赤字的行为会形成政府债券的机会成本铸币税收益。同时，在以代表性个人消费效用最大化为政府效用目标的框架内，政府债券被个人购买后会对本国的通货膨胀上涨产生拉动作用。

将上述经济影响进一步扩大到政府债券在两国间流通后，研究结果显示：(1) 持有他国政府债券的行为意味着本国要向对方支付债券铸币税用于帮助后者清偿政府的真实债务；（2）个人持有他国政府债券会对本国通货膨胀产生推动作用，或者改善本国原有通货紧缩的局面。

12.1.2 中国投资美国国债时会使主权财富发生转移

基于政府债券铸币税的存在，本书在前人研究的基础上解释了中国投资美国国债时所担负的成本之一实际上是在向美国支付债券铸币税。更为重要的是，这种铸币税的支付行为不仅表示中国潜在主权财富（外汇储备）收益的损失，还表示中国主权财富转移到美国政府，并帮助美国政府清偿既有的真实债务。同时，实证研究显示，与主权财富转移相比，中国投资美国国债的最大金融风险还是来源于人民币兑美元汇率升值所产生的资本损失。

上述主权财富转移效应给中国带来的启示是：对外发行人民币债券可以给我国政府带来债券铸币税收益。因此，适度加快人民国际化进程具有积极的意义。

12.1.3 投资美国国债对中国通货膨胀的影响是间接的

因中央银行集中持有外汇储备，所以投资美国国债对中国通货膨胀无法产生直接的影响作用，转而会遵循货币数量论的传导路径，由外汇占款的增加向我国的物价水平施加上涨的压力。换句话说，投资美国国债对中国通货膨胀水平上升的推动作用是间接的。同时，无论该作用效果是否是直接的，由于中央银行可以对货币供给实施冲销干预等操作，最终体现的物价水平上升是不显著的。

但是，这个结论并不表示该通货膨胀效应是不存在的。它对于未来中国投资美国国债等主权金融资产的行为具有重要启示：随着意愿结售汇制度的实施以及货币政策干预成本的增加，投资他国政府债券或者其他海外金融资产可能会对中国通货膨胀产生新的推动路径。

12.2 外汇储备管理的政策建议

12.2.1 针对“主权财富转移效应”的对策建议

主权财富转移效应的最大启示便是对外发行政府债券可以获得隐性的融资收益。我们应该充分认识这一效应，尽力弱化中国外汇储备投资中的主权财富流失，同时通过人民币债券的对外发行来增加我国的铸币税收益，并获得他国主权财富流入，帮助我国政府真实债务的清偿。因此，基于此启示，中国一方面需要减少或放缓投资美债的规模或步伐，特别是对长期美债的投资；另一方面我们应加快人民币国际化进程，提早获得主权财富转移的正效应。

12.2.1.1 逐步降低美元储备的比例

美元在中国外汇储备中的高比例是我们选择投资美国国债的重要原因。所以逐步降低美元比例是解决中国所持美债过多的必要条件。

首先，渐进式调整外汇储备的币种结构。一方面，由于当前中国外汇储备规模非常巨大，对中国外汇储备币种结构进行大规模调整必将影响汇率水平，对本国经济产生较大的冲击。这一特点决定了中国外汇储备币种结构调整必定是一个渐进式的过程。这不仅有利于全球经济稳定，也有利于中国维持进出口贸易的稳定，并保证经济高质量增长。另一方面，就美元储备的比例而言，同样需要渐进式的调整策略。美国既是全球最大的经常账户逆差国，也是资本流入最多的国家。正因为如此，美国长期以来一直是依靠资本账户来平衡国际收支。同时，包括中国在内亚洲地区的很多国家的经济发展严重依赖对美国的净出口。这样一来，直接减少美元储备不利于进出口结算需要。因此，中国的渐进式调整方式才是最优选择。

而且，这种渐进式调整储备货币的策略还能稳定中国外汇储备资产的价值。因为，如果我国迅速地将美元资产转向投资于其他货币资产，一定会导致美元资产在市场中的供给增加，美元资产的市场价值降低，本国持有的美元资产价值也会随之缩水。

其次，适当降低美元在中国外汇储备中的比重。中国的外汇储备在币种结构上过于集中美元。而美元对世界上其他主要货币已经出现了明显的贬值趋势。这就造成了中国现有外汇储备资产面临着资本损失的风险。不过由于外汇储备资产性质特殊，对于投资工具的流动性要求是比较高的。而从目前全球的商品市场或是其他非美元资本市场的发展情况看，美元资产较其他货币资产具有更广泛的交易平台与交易机制。所以继续持有相当比例的美元资产将是一个相对长期的投资策略。但是因为汇率风险等问题的存在，客观上还是要求我们适时适当地通过多种途径降低美元在外汇储备货币中的比例，进而推动外汇储备资产向非美元资产转化，降低外汇储备面临的汇率风险等问题。

12.2.1.2 减少长期美债投资规模

根据前面的分析可知，我国现有的美元资产中，长期美债是最为主要的投资对象。而依照“主权财富转移效应”的实证分析，中国持有的长期美债是造成主权财富转移到美国的最突出因素。同时，在汇率风险成为我国投资美债的最大成本前提下，持有较多的长期美债虽然看似可以获得更高的利息收入，但是实际上却可能面临更高的汇率损失（至少2005～2011年是这样）。而从债务风险上看，虽然美国国债券目前是国际金融市场上炙手可热的且相对安全的金融资产（对比欧债等），但是通过修宪不断提高的美国财政负债比例还是给我国大规模投资美国国债埋下了安全隐患。

因此，持有巨额的长期美债不仅不利于外汇储备流动性的实现，也不符合现实美元汇率波动背景下保持主权财富安全的安排。我们应该在充分保证外汇储备资产的流动性与安全性的前提下，适度降低长期美元资产在我国外汇储备资产中的比例。这既可以更好地保证我国外汇储备的整体投资收益，也可以尽量避免可能出现的美债危机带来的困扰。进一步，即使在美元资产比例不发生改变的情况下，降低长期美债的持有，还可以通过丰富外汇储备资产的投资渠道来实现，例如动用外汇储备投资他国养老基金（张斌，2011）等。

12.2.1.3 加快人民币国际化进程，增加主权财富规模

人民币国际化是人民币汇率制度改革以及资本金融账户改革的终极目标。它的实现可以给我国带来诸多的经济利益。仅就外汇储备投资管理而言，其好处如同本书第6章至第8章分析的那样。一方面，人民币国际化可以使人民币债券成为面向全球发行的金融资产。这样一来，他国持有人民币债券理论上会使我国通货膨胀水平有所降低。另一方面，同样是因为人民币债券的对外发行，还可以让我国的财政部门获得债券铸币税收入，从而增加我国主权财富规模。这是实现外汇储备积极管理目标的有效途径（杨帆和陈平，2006）。

不过，虽然人民币国际化会给我国带来很多收益，但是一个更为现实的问题可能是：随着人民币国际化的实现，人民币汇率水平会在人民币逐步变为自由浮动的过程中增加我国外汇储备增加的速度，甚至是激增。这是因为人民币升值必然引发外资对人民币及其相关资产投资热情的增加，进而造成大量的外资流入中国，也许是资本投资，也许是实体投资，但无论哪种形式，最终都会反映到外汇管理局的资产负债表当中。即使这个过程中我国的意愿结售汇制度已经能够完全稀释央行对外汇储备吸收的程度，但是外资进入的现实从根本上还是增加了我国整体的外汇储备规模（由官方持有变为私人持有）。那么，由此带来的通货膨胀压力或其他影响将进一步增加。

进一步来看，如果人民币汇率波动剧烈，特别是出现贬值，那么外资出逃又会成为一种必然现象（2017～2019年尤为明显）。此时给我国实体经济或者虚拟经济造成负面影响可能会极大地制约我国经济增长目标的实现，甚至引发经济滑坡。所以说，结合前一个有利方面来看，人民币国际化给我国外汇储备带来的影响是双方面的。这就需要我们适度地、有计划地实施人民币国际化策略。

12.2.2 基于“通货膨胀效应”的管理建议

12.2.2.1 合理控制外汇储备增长

（1）正确看待中国既有的外汇储备规模。本书多次提及中国现有外汇储

备的规模过于庞大，也通过不同指标的核算肯定了该结论。但是必须承认的是，在巨额外汇储备给我国带来诸多不利影响的同时，它同样给我国的经济发展提供了良好的保障。如果没有充足的外汇储备作为后盾，很难想象我国对外经济部门的发展是否还能如此顺畅与高效。

中国超过3万亿美元的外汇储备是特定时期、特定经济背景与外汇管理制度下的产物。从2014年12月开始，我国的外汇储备增加速度已经出现放缓的态势。这其中既有意愿结售汇制度安排得以实施的原因，也有全球经济环境恶化给我国对外经济部门造成冲击的影响。无论哪种因素，中国外汇储备实际上已经进入了一个稳步、小幅增长的阶段。但是，我国既有的外汇储备规模是不会也不可能快速地发生根本性扭转的。而稳定的经济增长既需要外汇储备的支撑，也会稳步增加我国现有的外汇储备规模。所以在目前学术界无法精确测算中国外汇储备的适度规模时，正确认识外汇储备的作用是我们处理好优化调整工作的根本与基础。

（2）扩大人民币汇率浮动范围，缓解外汇储备增长压力。2012年4月17日起，银行间即期外汇市场人民币兑美元交易价浮动幅度由5/1 000扩大至1/100。这是2005年人民币汇率改革以来的又一次重大调整。这一举措大大降低了之前稳定人民币汇率的操作成本。给人民币汇率设定浮动范围，虽能保障我国的汇率稳定，但1%的波动范围还是制约了人民币汇率以市场为导向的形成机制的实现。当然，人民币汇率在当前不适宜也不可能完全放开。可是较大的浮动范围能更好地使汇率水平反映市场供求，缓解中央银行被动接受外汇的局面，大大减轻外汇储备增长的压力。因此，在保证金融风险可承受的范围内，继续加大人民币汇率浮动范围是缓解外汇储备增长的有效途径之一。

（3）利用经济结构调整促进外汇储备规模的合理化。党的十八大、党的十九大明确了我国经济结构调整的整体布局以及金融改革向纵深发展的方向。从粗放到集约，从外需到内需，从高耗能到低排放，这些都是我国经济转型时期高质量发展的关键环节。在此情形下，我们应充分利用上述调整的有利时机，特别是降低经济对外依存度将有助于逐步改变我国外汇储备高增长局面。虽然经济结构调整势必会造成部分对外经济部门的低迷，但是从长远来看，这既是我国经济发展的必经之路，也是调整我国外汇储备规模的最佳契机。单纯为了降低外汇储备规模或制约外汇储备增长的政策安排不利于我国经济增长，也不符合经济发展客观规律。因此，借助“十二五规划下”的经济结构调整来逐步释放外汇储备增长的压力是使我国外汇储备规模趋于合理化的较好路径。

（4）采用多元化的外汇储备投资策略。

①利用多元化的外汇储备投资策略，降低投资美国国债给中国带来的负面影响。外汇储备多元化投资一直是我国长期采用的投资策略。无论从风险管理还是从收益管理的角度来看，该策略都具有十分重要的现实意义（王爱俭和林楠，2007；王学龙和王绍宏，2008）。更重要的是，本书对投资他国政府债券的通货膨胀效应的分析表明，合理分散对他国政府债券的投资能够起到缓解通货膨胀上涨。因此，中国在降低美元储备的同时，可以逐步降低对美债的投资规模，转而持有欧元债券、日元债券等。并且，结合主权财富转移效应的存在，多元化的投资策略还意味着中国应减少对外币政府债券的投资，增加其他投资模式下的外汇储备使用规模，从而降低中国外汇储备投资的成本。

②完善适于居民、非居民的外汇投资渠道。本书在第 8 章第 3 节的修正模型构建中讨论了银行结售汇制度对中国官方外汇储备增长的作用，同时揭示了此模式下外汇占款增加对通货膨胀上涨的推动作用。虽然 2007 年国家外汇管理局《关于境内机构自行保留经常项目外汇收入的通知》的出台标志着我国自 1994 年沿袭 13 年的强制结售汇制度已经改为意愿结售汇制度，也使我国的对外进出口企业虽然现已身处一个更为开放的政策环境之中，但由于我国金融市场的外汇避险工具以及投资标的依旧匮乏，加之资本项目的尚未开放都阻碍了经常项目下意愿结售汇给企业主动保留更多外汇头寸带来的促进作用。反而人民币升值预期会进一步促使外汇持有者更乐于将外币转化为人民币进行存放。因此，若想在意愿结售汇制度下缓解我国官方外汇储备增加的速度，还需外汇市场以及投资领域进行更为深入的改革与完善，扩大适合居民、非居民的外汇储备投资渠道，减少官方集中持有外汇储备的规模，进而减少外汇占款对通货膨胀的影响力。

(5）改善我国外汇储备积累路径。虽然本书集中探讨了投资美国国债和外汇储备增长给中国通货膨胀带来的不同影响，但我们也从注意到了外汇储备增长可能给中国经济带来的溢出效应，即出口部门的外汇盈余会给其带来更为便利的投融资环境。此时，无论是出口部门对资产价格等的推动作用，还是中小企业面临的融资困境，都会从其他角度推动我国通货膨胀的上涨。因此，从控制通货膨胀上涨以及解决中小企业融资难等角度出发，我们需要进一步改善外汇储备增长模式，缓解外汇储备积累过程中形成的非对称的货币投融资局面，从而实现对中国经济均衡增长的有效拉动。

12.3 构建涵盖美国国债投资的多层级投资管理体系

12.3.1 外汇储备投资管理的层次

虽然美国国债是我国现有外汇储备中最大的投资对象，但是它依旧仅仅是中国外汇储备投资的一个方面。随着中国与美国双边贸易的持续下降，外汇储备中美元地位会逐渐降低，其他币种的金融资产的投资规模必然会逐步提高。所以在管理外汇储备投资的过程中，先需要拥有一套能够涵盖美债、欧债等在内的较为系统的管理体系。

外汇储备投资管理体系应包含以下四个层级。首先是决策层对外汇储备投资方向进行决策分析与制定；其次是具体的操作部门对外汇储备投资进行现实选择；再其次是利用相关评估手段对其中的金融风险、管理效果、成本收益等方面进行跟踪评估；最后是依据上一层级的评估结果对该决策及其实施效果进行信息反馈，以帮助决策层修正、完善相关政策与操作空间的制定，为新的外汇储备投资策略提供决策依据。

当然，上述四个层级不是相互独立的。它们一方面代表着某个外汇储备投资决策从制定到实施和评估的过程，同时还代表在任何环节的处理上都应遵循的思路。例如，决策层既包括对外汇储备管理的方针、策略进行整体把握的领导机构，也包括在各个层级部门中的决策环节。又如执行层，虽然它是依据决策层的要求进行操作，但其还应具备独立的判断与识别能力，能够适应市场的变化与反应，自主地选择时机。也就是说，执行层同样需要拥有对储备积累、资产交易等方面进行具体操作的决策能力。只有上述四个层级相互配合、紧密联系才能顺利开展外汇储备管理工作，也才能形成一个完整的外汇储备投资管理体系。

12.3.2 外汇储备投资管理体系框架

依据上述外汇储备投资管理的层级设置，结合中国目前的外汇储备管理现状，我们认为中国的外汇储备投资管理体系应包含以下四个子系统。

12.3.2.1 币种配置管理系统

它是专门针对我国外汇储备货币配置与调整进行管理的系统。它决定着外汇储备对外投资时对不同币种金融资产的投资规模。同时，它也会受到资产选择系统的影响。如果某币种资产具有较强的投资价值，那么当该币种在外汇储备中的规模过低时，就需要本系统及时进行调整，增持该种货币。

12.3.2.2 资产选择系统

它是对海外金融资产进行投资选择、实际操作的模块。它负责我国外汇储备的资产配置，包括对美国国债投资进行的市场操作。它的决策与操作直接受制于币种配置系统对于储备货币的选择安排。

12.3.2.3 监测与评估系统

该系统是对既定外汇储备投资进行实时跟踪与量化评估的模块。正如本书分析的那样，外汇储备投资中的一个重要问题便是成本—收益的核算。譬如，我国增持美国国债所造成的成本收益变动需要通过此系统进行界定与评估；同时该变动究竟是铸币税支出的增加还是通货膨胀水平的上升，抑或是两者皆有，也需要在此系统中加以分析、判断。

12.3.2.4 风险管理系统

在这个系统中，可以对现有的外汇储备投资根据市场变化以及金融风险的暴露情况（如汇率、利率风险等），及时、有效地分析所面临的风险状况以及潜在的风险损失，并提出建设性意见与完善方案供币种配置系统和资产选择系统参考。上述体系能够将原有“消极管理+单层次管理”（王娜，2008）的模式转变为主动、积极的投资管理。各个子系统要想完成各自环节的任务目标，必须紧密配合、相互依托，从安全性、流动性以及收益性三个方面均衡地实施外汇储备投资。

12.3.3 系统考核外汇储备投资风险

12.3.3.1 对经济成本的考核

经济成本是指因外汇储备规模变动或资产结构变动所引发的国民经济变动的成本，例如投资美国国债所产生的诸多效应。目前学术界对外汇储备给一国经济带来影响的判定主要集中在三点：一是引发通货膨胀变动；二是降低货币政策独立性；三是对该国汇率形成冲击。虽然不能说此三点内容全部被所有学者认同与肯定，但是现实中的经济表现确实可以给我们一个更倾向于肯定的回答。而本书主要是对第一点进行了辨别与检验且得到了肯定的答案。基于此，我们认为货币管理部门可以对上述三点所形成的经济影响进行充分的调研与甄别，并由此量化外汇储备对不同经济因素的影响，进而逐步形成可以进行评估与预测的考核指标。当然，该指标的确立与研判需要较为烦琐的工作，且经济的不确定性与复杂多变性也制约了上述三个方面影响的检验与核实。但是，只有认真地对待该问题，才能在不断努力中得到一个更为接近现实的考核方案，并用以指导、优化我国未来的外汇储备投资管理工作。

12.3.3.2 对储备货币成本的考核

储备货币成本是指在持有外汇储备或进行相关操作时所担负的货币收益与支出。这种支出又可以被分为显性成本与隐性成本。前者是能够在中央银行资产负债表中体现的，例如外债投资收益或后者损失等；后者则是无法进行直接计算与观测的。之所以我们将隐性支出也列为考核对象，是因为即使是隐性支出同样是外汇储备投资管理中的成本，是可以被量化的。我们不能因为无法现实观测就忽视它们的存在。如本书所研究的投资美国国债的成本是一种铸币税支出。虽然它不会被以铸币税的名目列入资产负债表，但是它对于中美两国是具有现实意义的。

因此，货币当局或外汇管理部门需要对因持有外汇储备所带来的成本与收益进行全面的评估，并在此基础上建立货币成本考核指标，及时、有效地监测我国外汇储备积累与使用中的资金往来。

12.3.3.3 对金融安全进行监测

我们已经很真切地关注到金融安全成了我国外汇储备管理研究中的重要逻辑参数。长期以来，对于我国的外汇储备管理而言最重要的是汇率风险以及金融市场利率波动风险。除了汇率和利率指标外，美国的非常规货币政策空间以及美债的主权信用风险等外部冲击已经进一步延展了我们所面临的金融安全范畴。因此，科学、合理地评估外汇储备是否能够保证我国金融安全稳定十分必要。

对外汇储备金融安全的综合监测主要是用来刻画与描述汇率、利率等外部冲击给我国的外汇储备、国际清偿力、政府信用以及内部金融市场结构等带来的影响。例如美元汇率波动对外汇储备价值的影响，或美国债券利率波动对美债投资收益的影响等。这个指标较之前两个指标是易于计算与获得的。陶士贵与陈建宇在 2017 年所做的压力测试研究就是一个很好的尝试和思路。因此，我们可以先从这个冲击变量入手，进而逐渐形成系统考核外汇储备资产及其投资效果的指标体系。

12.4 提升人民币国际地位，弱化美元霸权

12.4.1 加快推进人民币国际化时机业已成熟

无论是知名学者的已有研究还是本书的理论推导，均已证明本币国际化程度越高，外汇储备需求越低，且储备资产安全性越高。在这个鲜明观点成立的前提下，积极推进人民币国际化势必成为改善我国外汇储备管理策略与风险评估的重要手段。

从央行前行长周小川同志在任时稳步推进人民币国际化至今，我国已经在国际金融市场上取得了令人瞩目的成就：（1）中国已与38个国家或地区签署了双边货币互换协议，累积金额超过3万亿元人民币；（2）2016年，人民币被正式纳入国际货币基金组织的SDR篮子货币，且所占权重超过日元，仅次于美元、欧元与英镑；（3）截至2019年，人民币的国际储备货币地位进一步提升，超越英镑成为全球第五大储备货币。

可以说，人民币国际化不仅仅是稳步推进，更是留下了一个又一个坚实的脚印。与此同时，人民币汇率浮动区间的扩大，进一步粉碎了“汇率操纵国”的阴谋论段，为我国赢得了良好的国际金融声誉，并且人民币兑美元汇率破7的局面，并未抑制我国进出口贸易的高质量发展态势。2019～2020年，我国在WTO框架内，还积极推进金融开放步伐，从海外金融机构准入门槛的降低，到美国运通集团成功在中国取得支部清算牌照，都充分表明中国已经做好全方位应对金融挑战的战略部署，为人民币进一步融入国际货币体系奠定了扎实的现实基础。

因此，在良好的金融生态环境下，我国应加速人民币国际化进程，充分利用储备货币发行国的优势，降低外汇储备规模，规避各方面的金融风险。具体来看，在保证人民币汇率波动可承受范围内，通过货币互换协议的存量规模，扩大人民币作为支付结算货币的比例，抢占储备货币市场，在“一带

一路”、亚投行等合作框架内，借助更加便利优惠的人民币投融资渠道，加速人民币在国际市场的流通范围与速度。

12.4.2 重新审视中美贸易摩擦背后的货币战争

自 2017 年美国对我国中兴通讯实施“制裁”以来，中美贸易摩擦成为全球关注的焦点。“美国优先”的政策主张成为全世界希望合作共赢的国家嗤之以鼻的无理要求。美国利用二战以来所形成的金融地位与科技优势，阻挡我国包括高科技行业在内的众多领域的高速发展。美国一系列举措背后，既是对我国 5G 科技等的霸凌，更是对全球货币体系秩序自然演进的一次阻挠。

历史证据表明，英镑与美元的崛起，均是在实体经济全球合作下逐步形成的。其中既有金融体系的创新，又有各国对金融稳定的迫切需求。英镑作为国际货币领导者的时代，是它在国际金本位制时期，成功与煤炭钢铁交易相联系的时代；而美元取代英镑的核心地位，也恰恰是在布雷顿森林体系的基础上，与石油交易向挂钩，形成石油—美元价格体系的时代。无论哪种情形，储备货币成为大宗商品之锚均是一个必要条件。

在 21 世纪互联网科技进步、大数据系统以及区块链技术加持的新时代，一种潜在的大宗商品货币锚已经若隐若现。如果说 20 世纪是“能源—货币”之间的必然联系，那么在可预见的未来，“科技—货币”自然将是历史无法阻挡的趋势。因此，我们需要清醒地审视中美贸易摩擦背后隐藏的一个重要矛盾——货币之争。

同样是历史的证据，15 世纪席卷欧洲大陆的“重商主义”思潮，其本质不在于商，而在于货币。以特朗普为代表的“重商主义”者，正试图利用“合理”的贸易纷争再次占据、确立国际货币体系中美元的价值体系。所有的数据均能证实，美国对中国的贸易逆差根本不足以动摇美国经济基础，也不足以改变美国在科技金融领域的领先地位。唯一的一个合理解释便是：“美国优先”战略不仅仅可以抑制中国高科技领域的发展，避免美国在 5G 等领域的坍塌，还能够阻隔人民币在国际贸易合作与科技合作当中的积极作用，削减人民币作为支付结算货币和储备货币的经济载体，从而避免美元在全球范围内被逐步弱化的情况出现。一旦美元作为储备货币的市场份额被降低，那么抛售美元资产、降低美国国债在各国央行的比例会使美国政府的债务负担被迫地放大，甚至出现国际清偿力危机。

12.4.3 建立以人民币为货币锚的国际储备体系新秩序

在充分阐释了人民币国际化的历史机遇以及“美国优先”推崇者背道而驰的霸权主义后，我们建议在人民币作为国际储备货币的初级阶段，在世界范围内借助技术进步与贸易合作全力打造以人民币为货币锚的新的国际储备新秩序。

中国的高铁技术、5G技术等领域已经成为党的十八大至今引领全球科技革命的标志性成果。在可以预期的未来，它们必将进一步提升全球各国居民的福利水平，为世界范围内的经济增长提供充足的动力保证。虽然我们在很多方面与发达国家还存在技术差距，并且正面临着以美国为首的部分国家的贸易压制，但是毫无疑问，他们一切破坏合作共赢的举措终将失败。没有任何一个国家愿意在即将到来的5G时代居于人后。因此，暂时性的障碍无法改变中国积极开展对外合作、建立良好科技生态环境的决心。

近年来的全球经济发展显示，储备货币作为能源领域的锚不再适合未来的发展需要。煤炭、石油作为非可再生资源，正逐步被新能源、绿色能源所代替。伴随能源消费模式的转变，技术进步、技术合作已经成为所有国家共同努力的方向。因此，我们可以利用既有优势，逐步建立起规范的“高铁—人民币”，“5G专利—人民币”等价格体系与交易市场，用以实现扩大人民币交易结算范围。同时，人民币作为商品、技术定价锚的形成，能够极大降低上述交易市场的汇率风险与交易成本，进一步提升各国经济福利，稳定合作共赢的关系。

参考文献

[1] 戴维·罗默. 高级宏观经济学 [M]. 上海：上海财经大学出版社，2009.

[2] 杰弗里·萨克斯，费利普·拉雷恩. 全球视角的宏观经济学 [M]. 上海：上海人民出版社，2004.

[3] 彭文华. 国际金融 [M]. 重庆：重庆大学出版社，2009.

[4] 任碧云. 货币银行学 [M]. 北京：中国财政经济出版社，2001.

[5] 王爱俭. 国际金融理论研究：进展与评述 [M]. 北京：中国金融出版社，2005.

[6] 巴曙松，朱元倩. 基于可加模型的外汇储备影响因素的实证分析 [J]. 金融研究，2007 (11)：1-12.

[7] 白晓燕，罗明. 基于资本急停预防的中国外汇储备需求研究 [J]. 世界经济研究，2012 (6)：16-23.

[8] 陈浪南，黄寿峰. 人民币汇率波动影响我国外汇储备变动的理论模型与实证研究 [J]. 系统工程理论与实践，2012 (7)：1452-1463.

[9] 窦祥胜. 中国国际储备需求的理论与实证分析 [J]. 统计研究，2005 (10)：56-58.

[10] 范德胜. 我国巨额外汇储备对货币供应量和物价的影响研究 [J]. 南京社会科学，2007 (7)：16-21.

[11] 方先明，裴平，张谊浩. 外汇储备增加的通货膨胀效应和货币冲销政策的有效性——基于中国统计数据的实证检验 [J]. 金融研究，2006 (7)：13-21.

[12] 冯晓华. 我国巨额外汇储备的运用研究——基于1997-2007年中

国国际收支平衡表的分析 [J]. 世界经济研究，2008 (12)：35 -40.

[13] 高瞻. 我国外汇储备、汇率变动对通货膨胀的影响——基于国际收支视角的分析 [J]. 国际金融研究，2010 (11)：4 -10.

[14] 谷宇. 金融稳定视角下中国外汇储备需求的影响因素分析——兼论外汇储备短期调整的非对称性 [J]. 财经科学，2013 (1)：47 -59.

[15] 郭德友. 扩张性货币政策下美国政府债券铸币税的测算与动态分析 [J]. 统计与决策，2012 (12)：150 -153.

[16] 郭德友. 外汇储备增长、美国国债增持与中国通货膨胀的互动关系研究——基于代表性个人效用最大化的分析视角 [J]. 现代财经，2013 (3)：67 -77.

[17] 何帆，陈平. 外汇储备的积极管理：新加坡、挪威的经验与启示 [J]. 国际金融研究，2006 (6)：5 -14.

[18] 胡兵，韩雨. 基于格兰杰因果检验的中国外汇储备决定机制研究 [J]. 求索，2012 ( )：636 -637.

[19] 胡燕京，高向艳. 中国外汇储备规模及其影响因素的实证分析 [J]. 广东金融学院学报，2005 (1)：65 -69.

[20] 黄寿峰，陈浪南. 人民币汇率、升值预期与外汇储备相关性研究 [J]. 管理科学学报，2011 (3)：60 -71.

[21] 黄继. 关于中国外汇储备需求的动态分析 [J]. 世界经济文汇，2002 (6)：62 -69.

[22] 黄晓薇，贾君怡，郭敏. 宏观事件冲击与我国外汇储备的期限结构管理——基于美债上限调整的事件研究 [J]. 财经研究，2015 (10).

[23] 康立. 中国外汇储备对货币政策的影响 [J]. 中南财经政法大学学报，2006 (1b)：84 -144.

[24] 孔立平. 全球金融危机下中国外汇储备币种构成的选择 [J]. 国际金融研究，2010 (3)：64 -72.

[25] 李斌，李岸潮. 中国外汇储备适度规模问题的实证研究 [J]. 统计与决策，2009 (5)：100 -101.

[26] 李翀. 论我国外汇储备的性质和损益 [J]. 中山大学学报社会科学

版，2012（2）：173－180.

［27］李丽艳，曾启．持有高额外汇储备会促进还是会抑制本币国际化？——基于供求均衡视角和多国数据的分析［J］．国际金融研究，2019（8）．

［28］李佳，王庆皓．后金融危机时期中国外汇储备的适度规模研究［J］．广东金融学院学报，2010（11）：54－60.

［29］李培军．中国外汇储备需求的实证分析——基于SVAR方法的分析［J］．东北财经大学学报，2012（4）：57－62.

［30］李巍，张志超．一个基于金融稳定的外汇储备分析框架——兼论中国外汇储备的适度规模［J］．经济研究，2009（8）：27－36.

［31］李勇，邓晶，王有贵．中国通胀、资产价格及货币政策间关系研究——基于开放经济视角的分析［J］．国际金融研究，2011（10）：23－29.

［32］李众敏．我国外汇储备的成本、收益及其分布状况研究［J］．经济社会体制比较，2008（4）：87－93.

［33］刘冬雨．中国外汇储备的最优规模：理论与实证［D］．山东：山东大学，2011.

［34］刘红忠，周赟．基于产出冲击的国际储备需求的跨期均衡分析——真实经济的视角［J］．财经研究，2008（8）：17－28.

［35］刘晶，董巍．中国外汇储备投资组合的优化配置——基于欧美国债数据的实证研究［J］．亚太经济，2012（3）：105－109.

［36］刘莉亚．新汇率制度下我国外汇储备最优币种结构配置的理论分析与实证计算［J］．财贸经济，2009（11）：24－29.

［37］刘振彪，朱向文，殴显，我国国际储备需求的实证分析［J］．中南大学学报（社会科学版），2004（5）：622－625.

［38］马杰，张灿．DCC-GARCH-CVaR模型与中国外汇储备结构动态优化［J］．世界经济，2012（7）：62－82.

［39］彭飞，史本山，黄登仕．极大极小价值离差的资产选择模型研究［J］．管理学报，2004（11）：290－294.

［40］饶晓辉．平滑消费视角下中国外汇储备的最适持有量［J］．经济科

学，2012（4）：14－23.

［41］史祥鸿. 基于现行汇率制度的外汇储备规模研究［J］. 国际金融研究，2008（7）：75－80.

［42］盛柳刚，赵洪岩. 外汇储备收益率、币种结构和热钱［J］. 经济学(季刊)，2007（7）：1255－1276.

［43］石凯，刘力臻，聂丽. 中国外汇储备币种结构的动态优化［J］. 广东金融学院学报，2012（11）：91－103.

［44］宋国友. 中国购买美国国债：来源、收益与影响［J］. 复旦大学学报（社会科学版），2008（4）：31－38.

［45］宿玉海，张雪莹. 对我国外汇储备超适度规模的实证分析——基于改进的阿格沃尔模型［J］. 财经科学，2011（10）：22－28.

［46］孙中叶. 开放型平衡发展贸易战略构建——外汇储备规模增加的诱因视角［J］. 金融理论与实践，2012（2）：26－29.

［47］陶士贵，陈建宇. 中国外汇储备安全管理压力测试与实证分析［J］. 财经科学，2017（1）.

［48］陶士贵，周晶. 美国金融制裁对我国外汇储备风险防控的警示——基于文献研究［J］. 武汉金融，2017（5）.

［49］谭燕芝，张运东. 外汇储备规模的宏观经济影响因素分析——基于中国、日本的比较研究［J］. 国际金融研究，2011（1）：61－68.

［50］童锦治，赵川，孙健. 出口退税、贸易盈余和外汇储备的一般均衡分析与中国的实证［J］. 经济研究，2012（4）：124－135.

［51］王爱俭，林楠. 中国外汇储备投资多样化研究［J］. 现代财经，2007（3）：3－8.

［52］王丹，李海婴. 中国外汇储备规模实证检验研究［J］. 武汉理工大学学报（社会科学版），2004（8）：425－427.

［53］王娜. 中国外汇储备管理研究［M］. 成都：西南财经大学，2008.

［54］王群林. 中国外汇储备适度规模实证分析［J］. 国际金融研究，2008（9）：73－79.

［55］王荣，王英. 基于系统 GMM 分析的我国外汇储备与城乡指数的动

态关系研究［J］. 管理现代化，2018（3）.

［56］王三兴，饶为民. 超额外汇储备、汇率稳定与流动性对冲［J］. 财政研究，2011（7）：27－30.

［57］王伟，杨娇辉，王曦，朱立挺. 发展阶段、汇兑安排与中国高外汇储备规模［J］. 世界经济，2016（2）.

［58］王学龙，王绍宏. 论外汇储备投资多元化及其风险管理［J］. 现代财经，2008（1）：38－41.

［59］汪洋. 铸币税：基于不同视角的理解［J］. 经济学（季刊），2005（4）：639－662.

［60］王永茂. 基于金融稳定功能视角的中国外汇储备规模探讨［J］. 统计与决策，2012（20）：165－167.

［61］王永中. 中国外汇储备的构成、收益与风险［J］. 国际金融研究，2011（1）：44－52.

［62］王珍，赵瑞君. 我国外汇储备的成本—收益分析［J］. 统计研究，2012（11）：49－54.

［63］温兴春，龚六堂. 资本账户开放、外汇净资产与福利变动［J］. 国际金融研究，2019（10）.

［64］肖林. 大宗商品价格变化与汇率波动的动态关系——兼论中国外汇储备结构调整［J］. 财经科学，2012（4）：10－19.

［65］肖文，刘莉云，刘寅飞. 中国外汇储备适度规模与需求结构研究——基于修正的 Agarwal 模型［J］. 财贸经济，2012（3）：46－52.

［66］谢太峰，刘妍. 人民币汇率与我国外汇储备关系的实证分析［J］. 金融理论与实践，2011（10）：33－36.

［67］许涤龙，邱士勤，席玲慧. 外汇储备增长对物价水平影响的实证研究［J］. 统计与决策，2010（14）：101－103.

［68］杨雷. 中国外汇储备的合理规模及政策建议［J］. 财政研究，2009（11）：49－52.

［69］杨权，裴晓婧. 资本账户开放、金融风险与最优外汇储备［J］. 国际金融研究，2011（7）：21－33.

[70] 杨胜刚，龙张红. 基于模糊决策理论的中国外汇储备币种结构研究 [J]. 财经理论与实践，2009 (3): 8 - 13.

[71] 杨胜刚，龙张红，陈珂. 基于双基准与多风险制度下的中国外汇储备币种结构配置研究 [J]. 国际金融研究，2008 (12): 49 - 56.

[72] 杨胜刚，谭卓. 基于层次分析法的中国外汇储备货币结构管理研究 [J]. 财经理论与实践，2007 (3): 2 - 7.

[73] 杨艺，陶永诚. 中国国际储备适度规模测度 1994 - 2009——基于效用最大化分析框架的数值模拟 [J]. 国际金融研究，2011 (6): 9 - 13.

[74] 易行健. 人民币实际有效汇率波动对外汇储备影响的实证研究：1996 - 2004 [J]. 数量经济技术经济研究，2007 (2): 3 - 10.

[75] 殷孟波，郑宇. 基于最大化铸币税原则的宏观金融风险分析 [J]. 金融研究，2010 (1).

[76] 喻海燕，田英. 中国主权财富基金投资——基于全球资产配置视角 [J]. 国际金融研究，2012 (11): 47 - 54.

[77] 喻海燕，朱孟楠. 世界金融危机背景下我国外汇储备管理研究：基于管理收益的思考 [J]. 经济学家，2009 (10): 79 - 86.

[78] 赵海青. 中国外汇储备币种结构优化研究 [J]. 河海大学学报 (哲学社会科学版)，2012 (12): 68 - 72.

[79] 赵洪岩. 中国外汇储备收益率与欧元资产所占比例分析 [J]. CCER 中国经济观察，2006 (2): 38.

[80] 张斌. 亚洲经济体是否应该在外汇储备中增加亚洲货币资产——基于中国的答案 [J]. 国际金融研究，2011 (3): 11 - 17.

[81] 张斌. 明确外汇储备管理目标，推进管理体制改革 [J]. 国际经济评论，2011 (5): 31 - 34.

[82] 张斌，王勋. 中国外汇储备名义收益率与真实收益率变动的影响因素分析 [J]. 中国社会科学，2012 (1): 62 - 75.

[83] 张斌，王勋，华秀萍. 中国外汇储备的名义收益率和真实收益率 [J]. 经济研究，2010 (10): 115 - 128.

[84] 张纯威. 美元本位、美元环流与美元陷 [J]. 国际金融研究，2008

(6): 4-13.

[85] 张冬. 中国外汇储备增长贡献因素的实证分析——基于贸易出口和FDI流入的分析 [J]. 对外经贸, 2012 (4): 109-111.

[86] 张冀, 王乐. 基于数值模拟下的中国外汇储备潜在损失分析 [J]. 财经研究, 2011 (6): 47-57.

[87] 张健华, 张怀清. 人民银行铸币税的测算和运用: 1986-2008 [J]. 经济研究, 2009 (7): 79-90.

[88] 张明. 略论中国外汇储备面临的潜在资本损失 [J]. 经济理论与经济管理, 2010 (1): 19-23.

[89] 张明, 全方位透视中国外汇储备下降: 估值效应、适度规模与资产结构 [J]. 学术研究, 2018 (7).

[90] 张鹏. 论中国外汇储备规模和增速的不合理性 [J]. 财经研究, 2003 (6): 8-12.

[91] 张曙光, 张斌. 外汇储备持续积累的经济后果 [J]. 经济研究, 2007 (4): 18-29.

[92] 张书家, 费逸. 中国外汇储备影响因素的理论与实证分析 [J]. 理论界, 2009 (8): 56-58.

[93] 张志华. 人民银行巨额外汇储备的经济性质及其出路 [J]. 财经科学, 2009 (12): 1-9.

[94] 郑凌云. 2007 年主权财富基金境外投资概况及 2008 年展望 [J]. 国际金融研究, 2008 (6): 14-19.

[95] 周爱民, 吴明华, 宋敏. 中国外贸差额及外汇储备月度变动特征——基于结构突变的数据分析 [J]. 系统工程与理论实践, 2012 (4): 2129-2134.

[96] 周光友, 罗素梅. 外汇储备最优规模的动态决定——基于多层次替代效应的分析框架 [J]. 金融研究, 2011 (5): 29-41.

[97] 祝国平, 程呈. 货币国际化条件下的外汇储备: 规模与结构 [J]. 东北师大学报 (哲学社会科学版), 2020 (1).

[98] 朱孟楠, 王雯. 外汇储备投资: 亚洲新兴市场国家的比较与借鉴

[J]. 金融理论与实践，2008 (6)：32 - 37.

[99] 朱孟楠，曹春玉. 加息周期、汇率安排与储备需求 [J]. 金融研究，2018 (1).

[100] 朱孟楠，曹春玉. 货币国际化、金融稳定与储备需求 [J]. 统计研究，2019 (3).

[101] 朱孟楠，段洪俊. 金融安全、流动性与中国外汇储备风险管理——基于交易价差估计的主权债市场流动性及其风险分析 [J]. 金融论坛，2019 (3).

[102] 朱孟楠，段洪俊. 中国外汇储备市场风险测度——基于 GARCH-EVT-COPULA 模型的利率和汇率风险集成分析 [J]. 武汉金融，2019 (3).

[103] 时卫干. 对中央银行干预及冲销操作成本的研究 [R]. 经济发展论坛工作论文，No. FC20050054.

[104] 沈姗姗. 中国外汇储备结构优化研究 [D]. 武汉：华东科技大学，2010.

[105] 王娜. 中国外汇储备管理研究 [D]. 成都：西南财经大学，2008.

[106] Cagan, Phllip D. The Monetary Dynamics of Hyperinflation. In Studies in the Quantity Theory of Money [M]. University of Chicago Press, 1956.

[107] Heller R, Knight M. Reserve Currency Preferenees of Central Bank [M]. Princeton University, 1978.

[108] Triffin R. Gold and the Dollar Crisis [M]. New Haven. Yale University Press, 1960.

[109] Bahmani-Oskooee, Malixi M. Effects of devaluation on the LDCs Demand for International Reserves [J]. Journal of Economic Development volume 16, No. 2 1991 (11).

[110] Bilosn J. F., Frenkel J. A. International Reserves: Adjustment Dynamics [J]. Economics letters, 4 (3) 1979: 267 - 270.

[111] Cai X, Teo K, Yang X, et al. Portfolio Optimization Under A Minimax Rule [J]. Management Seienee, 2000, 46 (7): 957 - 972.

[112] Cambell, Chan J. Y., Y, Viveira L. M., A multivariate model of strate-

gic asset allocation [J]. Journal of Financial Economics, 67 (1), 2003: 41 -80.

[113] Cifarelli G. , Paladino G. The International Reserves Glut: Is It For Real? [J]. Dipartimento Di Scienze Economiche No. 142, January 2006.

[114] Goldberg L. S. , Is the International Role of the Dollar Changing? [J]. Current Issues in Economic and Finance, Volume 16, No. 1, 2010 (1): 1 -7.

[115] Choi, Changkyu, Baek, Seung-Gwan, Portfolio-Flow Volatility and Demand for International Reserves [J]. Seoul Journal of Economics, Vol. 19, No. 2, 2006: 199 -214.

[116] Clark P. B. Optimum International Reserves and the Speed Adjustment [J]. The Jounal of Political Economy, Vol. 78, No. 2, 1970 (3): 356 -376.

[117] Frankel F. , The demand for international reserves by developed and less developed Countries [J]. Economica, 41, 1974: 14 -24.

[118] Hiroshi K, Hiroaki Y. Mean-Absolute Deviation Portfolio Optimization Model and lts Applicationto Tokyo stock Market [J]. Management Science Vol. 37, No. 5, 1991: 519 -531.

[119] Kelly M. G. The demand for international reserves [J]. American Economic Review, 60 (4) 1970: 655 -667.

[120] Klein M, Neimann. Seigniorage: What is it and who get? [J]. Weltwirtschaftliches Archiv, 1990: 205 -221.

[121] Landell-Mills J. M. The Demand for International Reserves and their Opportunity Cost [R]. IMF working paper, wp/88/105, December 1988.

[122] Maldonado W. L. , Tourinho O. A. , Valli M. Endogenous Foreign Capital Flow in A CGE Model for Brazil: The Role of International Reserves [J]. TEXTO PARA DISCUSSÃO No. 1042, September 2004.

[123] Malixi M, Bahamani-Oskooee. Effects of devaluation on the LDCs Demand for International Reserves [J]. Journal of Economic Development volume 16, No. 2 1991 (11).

[124] Neumann M. A Comparative Study of Seigniorage: Japan Germany

[J]. Bank of Japan Monetary and Economic Studies, Vo.l 14. No.1, 1996: 104 - 142.

[125] Ra H-R. Demand for International Reserves: A Case Study for Korea [J]. The Journal of the Korean Economy, Vol. 8, 2007 (1): 147 - 175.

[126] Ramaswamy S. Reserve Currency Allocation: An Alternative Methodology [R]. BIS Working Paper No. 72, August 1999.

[127] Sasso L. New Trends in China's Foreign Investment Strategy [J]. The International Spectator, 42: 3, 399 - 407.

[128] Sekine E. China Seeks to Actively Invest Foreign Exchange Reserves [J]. Nomura Capital Market Review, Vol. 10 No. 4, 2007.

[129] Sekine E. China's Foreign Exchange Reserves and China Investment Corporation's Steps towards Diversifying How It Manages Its Portion of Them [J]. Nomura Journal of Capital Markets Winter, 2009 Vol. 1 No. 4.

[130] Speranza M. G. Linear programming models for Portfolio optimization [J]. Finance, 1993 (14): 107 - 123.

[131] Tobin, Markowitz H. Portfolio Selection [J]. Journal of Finance, 1952 (7): 77 - 91.

[132] Young M. R. A minimax-Portfolio Seleetion rule With linear Programming solution [J]. Managemeni Seience, 1998 (44): 673 - 683.

[133] Zhang C, Pang H. Excess Liquidity and Inflatio n Dynamies in China: 1997 - 2007 [J]. China & World Economy, 2008 (16): 1 - 15.

[134] Aizenman J. , Marion N. Reserve Uncertainty and the Supply of International Credit [R]. UCSC Department of Economics Working Paper No. 492, July 2001.

[135] Aizenman J. , Marion N. , The high demand for international reserves in the far east: What's going on? [R]. NBER Working Paper 9266, 2002 (10).

[136] Aizenman J. , Lee J. International Reserves: Precautionary vs. Mercantilist Views, Theory and Evidence [R]. Working Paper, WP/05/198, October 2005.

[137] Aizenman J., Lee J. Financial Versus Monetary Mercantilism: Long-Run View of Large International Reserves Hoarding [R]. IMF Working Paper, WP/06/280, August 2006.

[138] Aizenman J. On the Paradox of Prudential Regulations in the Globalized Economy: International Rserves and the Crisis: A Reassement [R]. NBER Working Paper 14779, March 2009.

[139] Aizenman J., Sun Y. The Finacial Crisis and Sizable International Rserves Depletion: from 'Fear of Floating' to the 'Fear of Losing International Reserves' [R]. NBER Working Paper 15308, October 2009.

[140] Aizenman J., Jinjarak Y., Park D., International Reserves and Swap Lines: Substitutes or Complements? [R]. NBER Working Paper 15804, 2010 (5).

[141] Badinger H. The Demand for International Reserves in the Eurosystem [R]. IEF Working Paper Nr. 37, December 2000.

[142] Bernard K. M. International Reserve Adequacy in Central America [R]. IMF Working Paper, No. WP/11/144, June 2011.

[143] Buite W. H., Eaton J. International Balance of Payments: Financing and Adjustment [R]. NBER Working Paper, No. 1120, May 1983.

[144] Buite W. H. SEIGNIORAGE [R]. IMF working paper No. 12919, 2007.

[145] Canzoneri M., Cumby R. E., Diba B., Lopez-Salido D., The Macroeconomic Implications of a Key Currency [R]. NBER Working Paper 14242, 2008 (8).

[146] Cheung Y., Qian X. W. Hoarding of International Reserves: Mrs. Machlup's Wardrobe and the Joneses [R]. CESifo Working Paper No. 2065, 2007 (7).

[147] Chinn M., Frankel J. Will the Euro Eventually Surpass the Dollar as Leading International Reserve Currency? [R]. Havard University RWP05 – 064, 2005 (12).

[148] Dellas H. Currency Switch and the Choice of an International Reserve Currency [R]. IMF Working Paper, WP/89/27, April 1989.

[149] Dooley M., Lizondo J. The Currency Composition of Foreign Exchange Reserves [R]. IMF Staff Dissertations NO. 36, 1989.

[150] Dooley M., Folkerts-Landau D., Garber P. The Reviede Bretton Woods Systme: The Effects of Periphery Intervention and Reserve Management on Interst Rates and Exchange Rates in Enter countries [R]. NBER Working Paper 10332, March 2004.

[151] Dominguez K. M. E., Hashimoto Y., Ito T. International Reserves and the Global Financial Crisis [R]. NBER Working Paper 17362, 2011 (8).

[152] Edwards S. A note on the demand for international reserves by less developed countries [R]. UCLA Department of Economics working paper No. 222, November, 1981.

[153] Edwards S. The Demand for International Reserves and Exchange Rate Adjustment: The Case of LDC's, 1964—1972 [R]. NBER Working Paper, No. 1063, January 1983.

[154] Eichengreen B., Mathieson D. J. The Currency Composition of Foreign Exchange Reserves: Retrospect and Prospect [R]. IMF Working Paper, WP/00/13, July 2000.

[155] Eichengreen B. Sterling's Past, Dollar's Future: Historical Perspectives on Reserve Currency Competition [R]. NBER Working Paper 11336, May 2005.

[156] Eliza, et al. Demand For International Reserves in ASEAN-5 Economies [R]. Munich Personal RePEc Archive Paper, No. 11735, 2008 (11).

[157] Flood R., Mrion N. Holding International Reserves in an Era of High Capital Mobility [R]. IMF working paper WP/02/62, April 2002.

[158] Hauner D. A Fiscal Price Tag for International Reserves [R]. IMF Working Paper, WP/05/81, April 2005.

[159] Hu YF. Government Bond Seigniorage, Money Seigniorage and Their

Responses to Monetary Policy Shocks [R]. CAMA working paper, 2004.

[160] Jeanne O., Rancière R. The Optimal Level of International Reserves for Emerging Market Countries: Formulas and Applications [R]. IMF working paper, wp/06/229, 2006 (10).

[161] Kathryn M. E, Dominguez, Yyko H., et. International Reserves and the Global Financial Crisis [R]. NBER Working Paper 17362, August 2011.

[162] Kim I. External Adjustment and the Optimal Demand for International Reserves [R]. IMF Working Paper 89/90, October 27, 1989.

[163] Lim E-G. The Euro's Challenge to the Dollar: Different Views from Economists and Evidence from COFER (Currency Composition of Foreign Exchange Reserves) and Other Data [R]. IMF Working Paper, WP/06/153, June 2006.

[164] Liu K. How to Manage China's Foreign Exchange Reserves? [R]. 2007.

[165] Neumann M. Seigniorage in the United states: How Much Does the US Government Make from Money Production? [R]. Federal Reserve Bank of St. Louis working paper (March/April), 1992.

[166] Obstfeld M. Dynamic Seigniorage Theory: An Exploration [R]. NBER working paper, No. 2869, 1989.

[167] Obstfeld M, Shambaugh J C., Taylor A M.. Finacial Stability, the Trilemma, and International Reserves [R]. NBER Working Paper 14217, August 2008.

[168] Papaioannou E., Portes R., Siourounis G. Optimal Currency Shares in International Rserves: The Impact of the Euro and the Prospects for the Dollar [J]. NBER Working Paper 12333, June 2006.

[169] Sumlinski M. International Reserves—Too Much of a Zipf's Thing [R]. IMF Working Paper, WP/08/11, January 2008.

[170] Viceira L. M., Gimeno R. The Euro as A Reserve Currency for Global Investor [R]. Documentos de Trabajo NO. 1014, 2010.

[171] Wen Y. Making Sense of China's Excessive Foreign Reserves [R]. Federal Reserve Bank of St. Louis Working Paper Series, 2011.

[172] Yeyati E. The Cost of Reserves [R]. UTDT working paper, October 2006.

[173] Young M. R. A minimax Portfolio seleetion rule with linear programming solution [R]. Working Dissertation No. 9612 – 9624, 1996.

[174] HE Y. A Test on Determinants of China's Demand for International Reserves [D]. Ohio USA, The College of Arts and Sciences of Ohio University, 2009.

[175] Ball C. P., Reyes J. A., International Reserve Holdings: Interest Rates Matter! [EB]. http://ssrn.com/abstract = 922054.

[176] Scherer B., Gintschel A. Currency Allocation as Dual Benchmark Optimization [EB/OL]. http://www.modelizacion.es/PDF, 2003.

[177] Hong P. Global imbalances and the international reserve system [EB/OL]. http://ssrn.com/abstract = 720225, May 2005.

[178] Sula O. Demand for International Reserves: A Quantile Regression Approach [OL]. http://ssrn.com/abstract = 1304804.